高等院校金融学核心课程系列教材

本教材第1版曾获首届全国教材建设奖全国优秀教材二等奖

投资项目评估

（第2版）

Evaluation of Investment Projects

（Second Edition）

王　晋　丁　琳　主编

中国财富出版社有限公司

图书在版编目（CIP）数据

投资项目评估／王晋，丁琳主编．—2 版．—北京：中国财富出版社有限公司，2023.8
（高等院校金融学核心课程系列教材）
ISBN 978 - 7 - 5047 - 7839 - 0

Ⅰ.①投… Ⅱ.①王… ②丁… Ⅲ.①投资项目—项目评价—高等学校—教材
Ⅳ.①F830.59

中国版本图书馆 CIP 数据核字（2022）第 254059 号

策划编辑	李 丽	**责任编辑**	邢有涛 郭怡君	**版权编辑**	李 洋
责任印制	尚立业	**责任校对**	孙丽丽	**责任发行**	杨 江

出版发行	中国财富出版社有限公司		
社　　址	北京市丰台区南四环西路 188 号 5 区 20 楼	**邮政编码**	100070
电　　话	010 - 52227588 转 2098（发行部）		010 - 52227588 转 321（总编室）
	010 - 52227566（24 小时读者服务）		010 - 52227588 转 305（质检部）
网　　址	http://www.cfpress.com.cn	**排　　版**	宝蕾元
经　　销	新华书店	**印　　刷**	宝蕾元仁浩（天津）印刷有限公司
书　　号	ISBN 978 - 7 - 5047 - 7839 - 0/F·3567		
开　　本	787mm×1092mm 1/16	**版　　次**	2023 年 8 月第 2 版
印　　张	15.75	**印　　次**	2023 年 8 月第 1 次印刷
字　　数	336 千字	**定　　价**	49.00 元

再版前言

《投资项目评估》自2014年出版以来，受到了广大读者的青睐。该书理论起点高、实践性强的特点，使其成为本科、成人教育、职业教育和网络教育及业内培训的教材。2021年10月《投资项目评估》获国家教材委员会首届全国教材建设奖优秀教材二等奖，其在投资项目评估教材领域居于国内一流。随着国内外项目论证与评估的原理、方法和技术的拓展和提高，在众多院校与实践界的要求下，本书重新修订出版。

作为荣获首届全国教材建设奖的教材，虽然《投资项目评估》（第2版）相对于首版做了一系列调整与改动，但依旧保留了其作为国内一流投资项目评估教材所拥有的优秀品质。《投资项目评估》（第2版）按照投资项目评估内在的逻辑关系，对知识模块进行了重新组合与安排，着眼于理论与实践的结合。全书紧紧围绕这一目标，系统地阐述了投资项目评估的基本理论知识，重点介绍了实务的操作流程，并且紧密结合中国经济发展、改革开放的最新实践，努力捕捉投资项目评估新动态。据此形成了本书理论与实务相结合、独具特色的知识体系，具有较强的可操作性的特点。

《投资项目评估》（第2版）正是在这样的基础与背景下进行修订的。此次再版修订主要包括了以下内容：

1. 尽可能地使用近年来的最新数据，对书中大部分图、表以及相关的描述性文字进行了数据和内容更新。

2. 根据来自教学一线的反馈，对原教材部分章节内容进行了调整与改写，为教与学提供支持。

3. 在坚持“应用经济学视角”的基础上，进一步强调“中国视角”，并将其贯穿全书，讲述投资项目评估的“中国故事”，引导学生思考现实中的问题，提高分析解决问题的能力。

时值本书修订再版之际，我们迎来了中国共产党第二十次全国代表大会的胜利召开。党的二十大报告明确宣示党在新征程上举什么旗、走什么路、以什么样的精神状态、朝着什么样的目标继续前进，这是新时代中国特色社会主义思想的世界观和方法论。

这也是我们学习、从事投资项目评估的世界观与方法论，我们要用党的创新理论、创新思想武装头脑、指导实践。在投资项目评估中具体要做到：①坚持人民至上、坚持守正创新、坚持问题导向、坚持系统观念，在提升投资项目评估质量、效益、水平，推动经济高质量发展中体现担当作为。②深刻领悟生态文明思想的历史逻辑、理论逻辑、实践逻辑，持续走好生态优先、绿色发展之路。在投资项目评估中坚持节约优先、保护优先、自然恢复为主的方针，助力加快建立健全绿色低碳循环发展的经济体系。③坚持以推动高质量发展为主题，着力提高全要素生产率，着力提升产业链供应链韧性和安全水平，服务重要产业、重大项目、重点工程建设，推动经济实现质的有效提升和量的合理增长。

我国真正意义上的投资项目评估开始于改革开放后，在几十年的时间里，伴随着中国经济波澜壮阔的发展，中国的投资项目评估理论与技术也取得了巨大的发展，贡献了中国智慧和力量。

站在第二个百年征程的新起点上，中国投资项目评估研究者和实践者，要秉持初心、步履不停，为建设中国特色、中国风格、中国气派的投资项目评估学而不断努力。

本书由西安交通大学王晋副教授、长安银行监事长丁琳担任主编，再版由王晋对全书进行了修改补充，最终定稿。西安财经大学姚芳玲、西安交通大学王茜薇担任副主编。各章的撰写人如下：王晋撰写第一章、第二章、第三章、第七章；丁琳撰写第四章、第五章；姚芳玲撰写第九章、第十一章；王茜薇撰写第六章、第八章；西安财经大学姚畅燕撰写第十章。

值本书再版之际，我们要感谢中国财富出版社有限公司的支持和鼓励，是他们以极高的专业素质和水准，保证了本书的高质量。本教材在写作过程中参阅了大量的国内外研究成果、相关资料和同类书籍，为了体现对知识产权和他人劳动成果的尊重，我们在书中引用处或书后参考文献中均进行了详细注释与说明，在此一并表示感谢。

虽然本书是基于获得国家级教材建设奖进行的修订，但仍有一些不尽如人意之处，这也是一个极具时效性与动态发展学科的研究中我们始终需要面对的问题，其实一部优秀教材的本质属性就是要给广大教师与学生提供思路、道理与方法的。

敬请广大读者惠予指正，以便我们再版时予以修正。

王　晋

2023年春于古都西安

第1版前言

投资项目评估学科的发展，实质上是评估理论与评估方法发展和完善的过程，也是实践经验总结和升华的过程。一些经济学家和银行家基于投资项目管理的需要，通过几十年的实践、探索、总结与研究，形成了一套较为完善、科学的理论和方法，构成了投资项目评估的学科体系。

我国真正意义上的投资项目评估开始于改革开放后。1984 年，我国吸收世界银行项目评估经验编写了《工业贷款项目评估手册》，这是我国有关投资贷款项目评估的第一本手册，它为我国投资项目评估制度化、系统化奠定了基础。由此，拉开了中国金融机构实施贷款项目的评估序幕。

“投资项目评估”作为财经类专业核心课程，是一门极具理论高度和实践广度的学科，并且始终处于动态发展之中。本书是建立在作者多年的教学实践与科学研究基础上，结合应用型本科人才培养目标，按照投资项目评估内在的逻辑关系，对其知识模块进行了重新组合与安排，着眼于理论与实践的结合。全书紧紧围绕这一目标，系统地阐述了投资项目评估的基本理论知识，重点介绍了实务的操作流程，并且紧密结合中国改革开放的最新实践，努力捕捉投资项目评估新动态。据此形成了本书理论与实务相结合、独具特色的知识体系，具有较强的可操作性。

1. 本书按项目评估的内在联系，对其知识模块进行了重新组合与安排，构建了一个结构完整、逻辑性强的体系。本书在编写过程中不是简单地分为理论部分和实践部分，不是一种拼凑式的板块结构，而是始终把握明确的研究对象和贯穿全课程的逻辑主线，准确地描述投资项目评估的基本概念和原理，全面系统地反映投资项目评估的教学科研新动态。在对各种投资项目技术可行性与经济合理性进行的综合评估中，本书更加侧重于经济合理性的评估。当然，在理论的阐述中，本书也始终把握着应用型本科的培养目标，尽可能用准确、活泼的文字和图表来加以阐述，力求做到简明扼要。

2. 本书理论与实践相结合，重实务，具有较强的可操作性。本书重点在于为投资项目评估教学实践提供支持，集合了投资项目评估实务所需的实践性、操作性和综合性教学资源，突出全面提高学生实践能力的特色。

3. 本书注重教学，尽可能地为教与学提供方便，同时立足于学生自主学习、自我建构。按照知识的认知过程，本书在每章的编排上首先提出学习目标，具体分为知识目标和能力目标。同时每章均以投资项目评估领域的热点或来自实际生活的案例导入，激发学生进行思考和探究的兴趣。在每章结束时安排了复习题，在书后详细列出了参考文献，为有兴趣开展课外学习的同学提供一些线索。对于一些最新的实践，教材虽然提供了素材，但它所能提供的毕竟有限，本书给出进一步学习的线索和切入点。所以在某种意义上讲，教材的最终成果，不只是编写者完成，还给学生留出空间，成为编写者与学生共同完成的作品。

本书由西安交通大学王晋，宝鸡市副市长、经济学博士丁琳任主编，拟定编写大纲、确定内容框架、设计撰写体例，并对全书进行了修改补充，最终定稿。西安财经学院姚芳玲、西安交通大学王茜薇任副主编。

值本书付梓出版之际，我们要感谢中国财富出版社编辑老师的支持和鼓励，是他们以极高的专业素质保证了本书的高质量。本教材在写作过程中参阅了大量的国内外研究成果、相关资料和同类书籍，为了体现对知识产权和他人劳动成果的尊重，我们在书中引用的当页或书后参考文献中均进行了详细注释与说明，在此一并表示感谢。

由于水平所限，加之时间仓促，本书仍有一些不尽如人意之处，在结构体系、原理的精确性和写作风格的统一等方面会存在一些缺点和不足，敬请广大读者惠予指正，以便我们再版时予以修正。

王　晋

2014 年于古都西安

目　　录

第一章　投资项目评估导论

学习目标

投资项目评估作为项目管理的一个环节，是投资决策的重要依据。本章作为全书的导论，重点在于对投资项目评估等相关核心概念、内容及其关系进行界定，据此构建本书的学科体系。在对各种投资项目的技术可行性与经济合理性进行的综合评估中，本书更加侧重于经济合理性的评估，这是学习者一开始就应该把握的重点，带着这样的认识，进入本书的学习。

1. 知识目标

※ 掌握投资和投资项目的含义、特点及分类，掌握投资项目管理周期的概念。

※ 掌握投资项目可行性研究的概念、作用及内容。

※ 掌握投资项目评估的概念、原则、内容及工作程序。

※ 了解投资项目评估的产生和发展，了解我国投资项目评估的发展。

2. 能力目标

※ 理解投资项目可行性研究与投资项目评估的关系。

※ 掌握本书更加侧重于经济合理性评估的课程结构体系特色。

表 1－1 是 2000—2017 年，我国三大需求（消费、投资和出口）对国内生产总值增长的贡献率和拉动情况，阅读并理解表下问题。

表 1－1　三大需求对国内生产总值增长的贡献率和拉动

年份	最终消费支出		资本形成总额		货物和服务净出口	
	贡献率（%）	拉动（百分点）	贡献率（%）	拉动（百分点）	贡献率（%）	拉动（百分点）
2017	58.8	4.1	32.1	2.2	9.1	0.6
2016	66.5	4.5	43.1	2.9	－9.6	－0.7

续 表

年份	最终消费支出		资本形成总额		货物和服务净出口	
	贡献率（%）	拉动（百分点）	贡献率（%）	拉动（百分点）	贡献率（%）	拉动（百分点）
2015	59.7	4.1	41.6	2.9	-1.3	-0.1
2014	48.8	3.6	46.9	3.4	4.3	0.3
2013	47.0	3.6	55.3	4.3	-2.3	-0.1
2012	54.9	4.3	43.4	3.4	1.7	0.2
2011	61.9	5.9	46.2	4.4	-8.1	-0.8
2010	44.9	4.8	66.3	7.1	-11.2	-1.3
2009	56.1	5.3	86.5	8.1	-42.6	-4.0
2008	44.2	4.3	53.2	5.1	2.6	0.3
2007	45.3	6.4	44.1	6.3	10.6	1.5
2006	42.0	5.3	42.9	5.5	15.1	1.9
2005	54.4	6.2	33.1	3.8	12.5	1.4
2004	42.6	4.3	61.6	6.2	-4.2	-0.4
2003	35.4	3.6	70.0	7.0	-5.4	-0.6
2002	55.6	5.1	39.8	3.6	4.6	0.4
2001	49.0	4.1	64.0	5.3	-13	-1.1
2000	78.1	6.6	22.4	1.9	-0.5	0.0

注：①三大需求指支出法国内生产总值的三大构成项目，即最终消费支出、资本形成总额、货物和服务净出口；②贡献率指三大需求增量与支出法国内生产总值增量之比；③拉动指国内生产总值增长速度与三大需求贡献率的乘积。

资料来源：历年《中国统计年鉴》。

请思考：

1. 在经济学中俗称的拉动经济的“三驾马车”中，如何理解投资对国民经济贡献情况（贡献率比重）？

2. 结合美国次贷危机和我国2008年年底的4万亿元刺激经济的计划，理解为何2009年，投资贡献率达到86.5%（在学习中举一反三，收集相应的国内外经济资料，保持对宏观经济的敏感，这是学好投资项目评估应具有的宏观经济背景）。

3. 实际上，GDP反映的仅是经济增长的“数量”，而不是经济增长的“质量”，只有 GDP 的增长是不够的，阅读相关资料，从科学发展观的角度，理解合理的投资贡献率指标应该处于何种水平。

相关知识链接1—1

兴建三峡工程的决策

1992 年 3 月 21 日，时任国务院副总理邹家华在第七届全国人民代表大会第五次会议上作《关于提请审议兴建长江三峡工程议案的说明》，说明共分七大部分：①三峡工程的审查过程；②关于兴建三峡工程的重要性和必要性；③关于三峡工程的建设方案；④关于三峡工程的技术可行性；⑤关于建设资金筹集的可行性；⑥关于水库移民、生态与环境和人防问题；⑦对三峡工程决策的建议。他指出，三峡工程是一项规模宏大的水利枢纽工程，在防洪、发电、航运和供水等多方面将产生巨大的综合效益。有关三峡工程的勘测、科研、设计和试验工作自 20 世纪 50 年代初开始，经全国有关部门和各方面人士通力合作，已持续进行了近 40 年，通过前期的深入工作，需要研究和解决的主要问题已基本清楚，并有了对策。建设方案通过重新论证和审查，考虑和吸收了各方面的有益意见和建议，更趋完善。三峡工程的前期工作已经可以满足可行性研究阶段的要求。建设三峡工程是必要的，技术上是可行的，经济上是合理的，随着经济的发展，国力是可以负担的，当前决策兴建三峡工程的条件已经基本具备。

1992 年 4 月 3 日，第七届全国人民代表大会第五次会议审议了国务院《关于提请审议兴建长江三峡工程议案》，决定批准将兴建长江三峡工程列入国民经济和社会发展十年规划，由国务院根据国民经济发展的实际情况和国家财力、物力的可行性，选择适当时机组织实施。至此，历时半个世纪的研究和论证，终于拍板了。以“科学的论证，民主的决策”来评价兴建三峡工程的决定，一点也不过分。

资料来源：新华社《瞭望》新闻周刊2009 年 12 月（第 49 期）《三峡论战风云录》，2010 年 3 月（第 12 期）《三峡工程的三次争论》，部分节略。

请思考：

通过三峡工程历时半个世纪的研究和论证，可以看出投资项目评估的重要和艰辛。本章是全书的导论，这里描述的三峡工程评估基本情况，主要是引起同学们对投资项目评估这一门决策技术的重视，充分认识到投资项目评估是项目管理的一个重要环节，是投资决策的重要依据。带着这样的认识，进入以下的学习。

第一节　投资和投资项目

一、投资及其分类

（一）投资的含义

投资（Investment）是指货币转化为资本的过程，投资可分为实物投资、资本投资和证券投资，前两者是以货币投入企业，通过生产经营活动取得一定利润，后者是以货币购买企业发行的股票和公司债券，间接参与企业的利润分配。

在西方发达国家，投资通常是指为获取利润而投放资本于企业的行为，主要是通过购买国内外企业发行的股票和公司债券来实现。在西方投资一般是指间接投资，主要介绍如何计算股票和债券的收益、怎样评估风险和如何进行风险定价，帮助投资者选择获利最高的投资机会。

而在我国，对投资的理解既包括股票、债券投资，也包括购置和建造固定资产、购买和储备流动资产的经济活动，有时也用来指进行上述经济活动所必须运用的资金，而运用资金的过程又是一种经济活动。因此，投资一词具有双重含义，既用来指特定的经济活动，又用来指特种资金。

简而言之，可以把投资定义为：投资是指经济主体（法人和自然人）为了获得预期收益而在现时投入生产要素（资金或资源），从而形成资产并实现其增值的经济活动的总称。从定义中看出，一项投资活动中至少包括投资主体和货币或其他经济资源等投资客体两个方面。预期收益主要指经济收益，也包括社会效益，投入的资金（资源）可以是货币资金，也可以是实物资本或其他资源。各种资源都可以折算成一定的货币价值量，为了便于计算和比较也需要折算成货币价值量，因此，投资最一般、最抽象的表现形式，就是垫付货币资金（资本）。

投资的另一层含义也可解释为经济主体（法人和自然人）投入资金或资本，给投资企业带来其他利益，并通过分配（如利息、使用费、股利和租金）来增加财富而持有资产。这种资产不仅仅局限在金融资产以及经济概念上的“资本”，也指具有创造生产能力的所有有形和无形资产，主要包括动产、不动产和其他财产权，如抵押权、留置权、享用权；公司的股份、股票、债券、债权；各种具有经济价值的给付请求权；知识产权；法律赋予或通过合同而具有的经营特权（自然资源的勘探、提炼或开发的特许权）。

相关知识链接1-2

西方经济学家对投资含义不同角度的表述

西方经济学家基于投资的基本特点，对于投资含义有着以下不同角度的表述：

（1）从投资与消费的关系来界定投资。投资的解释，一般是与投资者的消费动机相联系，投资者无非是通过投资使自己的财富保值增值，从而使自己的消费安排不致受到影响，使自己的消费效用得到提高。如威廉·F. 夏普（William F. Sharpe，资本资产定价模型的奠基者），将投资定义为："为了（可能不确定的）将来的消费（价值）而牺牲现在一定的消费（价值）。"

（2）从资本的形成过程来界定投资。西方经济学家编写的《现代经济学辞典》对投资概念的解释为："该术语最常用来指能增加或保持实际资本存量的支出流量。"在《简明不列颠百科全书》中的定义为："投资指在一定时期内期望在未来能产生收益而将收入变换为资产的过程。"沃纳·西奇尔在《微观经济学·基本经济学概念》中的定义为："投资是资本货物的购买"。萨缪尔森在其《经济学》中认为："对于经济学者而言，投资的意义总是实际的资本形成——增加存货的生产，或新工厂、房屋和工具的生产……只有当物质资本形成产生时，才有投资"。

（3）将投资区分为广义投资和狭义投资。如 G. M. Dowrie 和 D. R. Fuller 在《投资学》中定义："广义的投资是指以获利为目的的资本使用，包括购买股票和债券，也包括运用资金以及建筑厂房、购置设备、原材料等从事扩大生产流通事业；狭义的投资指投资人购买各种证券，包括政府公债、公司股票、公司债券、金融债券等。"

（4）从宏观经济分析的角度来界定投资。爱德华·夏皮罗在其《宏观经济分析》中认为："投资在国民收入分析中只有一个意义——该经济在任何时期以新的建筑物，新的生产耐用设备和存货变动等形式表现的那一部分产量的价值。"

资料来源：

①威廉·F. 夏普，戈登·J. 亚历山大，杰弗里·V. 贝利，赵锡军等译，《投资学（第5版）》，中国人民大学出版社，2013年12月。

②保罗·萨缪尔森，高鸿业译，《经济学》，商务印书馆，1980年。

③爱德华·夏皮罗，杨德明，王文钧等译，《宏观经济分析》，中国社会科学出版社，1985年。

（二）投资的特点与作用

1. 投资的特点

投资的特点主要表现在：

（1）投资是一定投资主体的经济行为。投资主体包括：①投资所有主体：负责提供投资资源或负责偿还债务，并享受资产收益；②投资决策主体：负责方案的具体确定；③投资实施主体：负责按已确定的方案，组织投资的具体实施，将投资资源转化为资本。

从静态的角度来说，投资是现在垫支一定量的资金；从动态的角度来说，投资则是为了获得未来收益的经济行为。无论对个人还是对整个社会来说，在收入一定的情况下，要投资，就要放弃或者说要牺牲一定的消费。因此，投资必须花费现期的一定收入。

（2）投资具有时间性。即投入的价值或牺牲的消费是现在的，而获得的价值或消费是将来的，也就是说，从现在支出到将来获得收益，总要经过一定的间隔，表明投资是一个行为过程。一般来说，这个过程越长，未来收益的获得越不稳定，风险就越大。所以，投资存在着明显的时滞性。现时投入资金的活动要持续很长时间，而且投入的资金在一段时期内不能为社会提供有效的产出。因此，为了使投资能够发挥正常的扩大再生产能力，保证经济运行的连续性，需要合理安排每一个时期的投资活动。

（3）投资的目的是获取收益。投资主体总是基于一定的目的才进行投资的，投资目的也就是投资动机。投资活动是以牺牲现在价值为手段，以赚取将来的价值为目标。将来的价值超过现在价值，投资者方能得到正收益。投资本质在于经济行为的“获利性”即实现资本增值。“利”的含义是多方面的，投资收益可以是利润、利息、股息等各种形式的收入，可以是资本利得，也可以是资本金增值，还可以是各种资产或权利。

（4）投资所获取的预期收益具有风险性。现在投入的价值是确定的，而将来可能获得的收益是不确定的，这种收益的不确定性即为投资风险。投资是资本的垫付活动，从资本的垫付到回收与增值需要经过一个较长的时期。在这个较长的时期中，由于政治、经济、技术、自然、心理等多个因素的变化，投资预期收益不确定，投资者有蚀本甚至破产的可能性。这就是说，投资所获取的预期收益具有风险性。如果投资能获得预期收益，使投资者具有内在动力，那么投资的风险性又使投资者受到内在的约束。同时，投资的风险性与收益性均衡。投资必定有风险，而投资者希望获取预期的收益。只有在收益和风险相统一的条件下，投资行为才能得到有效调节。

（5）投资影响的不可逆性。投资的过程是组合各种资源形成新的生产能力的过程，它主要是资金的物化过程。投入的资金一旦得到了物化，就被固化在某一场所，具有显著的固定性和不可分割性。投资产生的效果无论好坏都将对国民经济产生持续的影响，如果某项投资行为被证明是错误的，在短期内将难以消除其不良影响；同时，扭转错误的投资行为，也需要付出巨大的代价。这意味着，从相当长的一段时期来说，投资影响通常是不可逆的。投资的这一特点要求人们在投资活动中应保持谨慎的态度，尽力提高投资的质量。

2. 投资的作用

投资的作用主要表现在：

（1）投资是一个国家经济增长的基本推动力。①增加投资可以为经济发展提供必要的要素和动力，由于反映国家经济总量的国内生产总值（GDP）由消费、投资、政府支出和进出口净值构成，增加投资一方面可以直接为GDP增长做出贡献，另一方面则通过投资的乘数效应，使收入和消费增加，并通过社会再生产的内在关联效应，引致GDP的进一步增长。②投资是国民经济持续健康发展的关键因素。主要表现在：合理引导投资流向可以优化资金投向，改善经济结构；通过政策调整增大投资比重可以确保关键产业和重点项目的投资。

（2）投资与企业发展密切相关。企业是国民经济的细胞，而投资是社会和经济生活的血液，二者的关系极为密切。从生产力角度来考察，投资是企业发展的第一原动力，因为企业的建立和发展都离不开投资，企业的运行也离不开投资。

（3）投资可以促进人民生活水平提高。一方面，投资为改善人民物质文化生活水平创造了条件。生产性投资可以扩大生产能力，促进生产发展，直接为改善人民生活水平提供物质条件；非生产性投资可以促进社会福利和服务设施建设，从文化、教育、卫生、娱乐等方面提高人民生活水平。另一方面，投资可以创造更多的就业机会，增加劳动者收入，从而使人民生活水平得到改善和提高。

（4）投资有利于国家的稳定和国际交往。经济良性发展必然有利于国家政治局面的稳定发展，最终使社会呈现出安定团结的局面。此外，随着世界经济一体化以及科学技术、交通和通信手段的迅速发展，投资已不再是一个狭小的国内概念，而是逐渐趋于国际性，国际投资成为现代国际交往的主要形式之一。通过直接或间接的国际投资，各国可以共同利用国际市场，利用国际经济资源，还可以学习国际上的先进技术，并将本国经济融入世界经济体系，从而大大加快本国经济发展进程，在国际交往和竞争中提升本国形象。

（三）投资的分类

投资活动非常复杂，可以从不同的角度进行分类。投资活动大体可以分为以下几类：

1. 短期投资和长期投资

按投资期限或回收期限的长短，投资可分为短期投资和长期投资。

短期投资是指回收期在一年以内的投资，主要包括现金、应收款项、存货、短期有价证券等投资；长期投资是指回收期在一年以上的投资，主要包括固定资产、无形资产、对外长期投资等。

通常情况下，短期投资资金周转快，流动性好，风险相对较小，但收益率也较低。长期投资回收期长，短期变现能力较差，风险较高，但长期的盈利能力强。在某种情况下，短期投资和长期投资之间是可以转化的，如购买股票是一种长期投资，无偿还期限；但股票持有者可以在二级市场进行短线操作，卖出股票，这又是短期投资。选择短期投资还是长期投资，主要由投资者的投资偏好所决定。

2. 直接投资和间接投资

按投资行为的介入程度，投资可分为直接投资和间接投资。

直接投资是指投资人直接将资本用于开办企业、购置设备、收购和兼并其他企业等，通过一定的经营组织形式进行生产、管理、销售活动以实现预期收益。它是指投资者拥有全部或一定数额的企业资产所有权和经营权，对企业具有全部或较大控制力的投资。直接投资的实质是资金所有者和资金使用者的合一，是资产所有权和资产经营权的合一。它在资产的经营管理上充分体现了投资者的意志，投资人能有效地控制资金的使用，并能实施全过程的管理。

间接投资是指投资者不直接投资开厂设店，仅凭持有股票债券获取一定的收益，因此对企业资产及其经营不具有直接的所有权和经营权，一般也无控制权（如果所持公司股票股份数额达到一定的比例，将对公司具有控制权，这时即变为直接投资）。间接投资的实质是资金所有者和资金使用者分开，资产所有权和资产经营权分离，它在资产的经营管理上不体现投资者的意志。

3. 生产性投资和非生产性投资

按照投资的领域，投资可以分为生产性投资和非生产性投资。

生产性投资是指投入生产、建设等物质生产领域中的资产，非生产性投资是指投入非物质生产领域中的资产。

4. 外延性投资和内涵性投资

按照投资在扩大再生产中所起作用的方式，投资可以分为外延性投资和内涵性投资。

外延性投资是指用于扩大生产经营场所、增加生产要素数量的投资，它代表“投入生产的资本不断增长”。外延性投资的实质是从投资生产要素数量的增加上来扩大投资规模，以促进社会扩大再生产的进行。

内涵性投资是指用于提高生产要素的质量、改善劳动经营组织的投资，它代表“资本使用效率不断提高”。内涵性投资的实质是提高投资的使用效率、加强劳动过程的组织管理、提高劳动效率。

二、投资项目及其分类

（一）投资项目的含义

投资项目作为承担具体投资活动的主体，既符合项目的一般要求，也体现了投资固有的特性。投资项目应具有两大基本特征：一是主观方面的特征，即投资项目是作为一定的管理主体而存在的；二是客观方面的特征，即投资项目在客观上必须具备单次性任务的特征。同时，投资项目又具有资金使用的长期性、影响的不可逆性、实施的延续性与波动性等特征。

鉴于以上两点，投资项目是指在一定的技术和社会经济条件下，在规定的期限内，为完成某项开发目标而规划的投资、政策、机构以及其他方面的综合体。它具有独特的时间（投资项目寿命期）和独特的空间（投资项目场址），是一个便于计划、筹资、执行的时间和空间单位。通常一个投资项目大致可以包括以下内容：①具有对土建工程、设备及其安装、劳动力的资金投入，且投入金额较大；②具有对工程设计、技术方案、监督施工、改善实施和维修等方面服务的能力；③具有一个负责实施各项活动的、高效精干的组织机构，能够整合各种资源并能协调与有关各方的关系；④任务成果的价值影响较大，能够影响政府的有关政策，如价格、税收、补贴和成本回收等，使投资项目与所属行业、部门和国民经济的发展目标保持一致，并提高投资项目自身的经济效益；⑤具有明确的投资项目目标和具体的实施计划，对时间或质量的约束性条件的规定非常严格。

（二）投资项目的特点

投资项目特点包括：

1. 唯一性

投资项目作为一种组织形式和单次性任务，是非重复性工作，不可能成批地进行生产。就投资任务和最终成果而言，不存在两个完全相同的投资项目。其差异缘于投资项目系统内外的影响因素太多，不确定性程度较大。由于投资项目所处时间、空间不同，以及经济主体和投资环境有别，就会派生出许多差异。例如，两个基本相同的投资项目在不同的环境下实施很可能出现一个收益良好，另一个却很不尽如人意的现象。投资项目的单次性和非重复性特点决定了投资项目管理的特殊性和复杂性。

2. 目标性

投资项目应当有明确的任务目标，否则投资项目管理将无法做到有的放矢。如项目建成的工期目标、工程质量必须符合设计文件和规范要求，达到交付验收的使用标准，工程造价应控制在预先规定的总投资预算内完成等。一般地，投资项目只有一个最终统一目标——收益目标，投资项目的其他要素及其他目标都应为收益目标服务并统一于收益目标的要求之下。而投资项目的工期、成本、质量目标应是服从于收益目标的二级目标。

3. 周期性

任何一个投资项目，从产生意向、论证决策到建设实施和投产使用、评价总结，都必须按一定的顺序依次经历各个工作阶段。每个投资项目都要经历的这一过程，被称为投资项目周期。对于一般投资项目来说，投资项目的周期可分为三个阶段：第一阶段是投资项目前期阶段，主要包括明确投资项目的任务、基本要求、所需投入生产要素、目标及成本收益分析论证；第二阶段是投资项目实施阶段，即具体组织投资项目的实施以实现投资项目的目标；第三阶段是投资项目终结阶段，包括投资项目的总结、清理等。不断对投资项目周期性及其各个工作阶段进行分析研究和总结，是加强投资项目管理、提高投资项目成功率的客观需要。

4. 约束性

约束性是指限制性条件，如投资项目的工期、成本和质量要求。投资项目是一件任务，而任何任务都有其限定条件，投资项目的限定条件就构成了投资项目的约束性。投资项目的限定条件一般包括投资项目中的劳动力、资金、时间和质量等限制条件。投资项目的约束性为投资项目的实施和完成提供了一个最低的参考标准。

5. 整体性

投资项目应当实行统一核算和统一组织管理。一般地，投资项目的各种生产要素之间存在着某种联系，只有将其有机地结合起来才能确保投资项目目标的有效实现，这在客观上就形成了一个系统。

（三）投资项目的分类

1. 按投资项目的性质划分

投资项目按其性质可以分为新建、扩建、改建、迁建、恢复投资项目。

新建投资项目是指新开始的投资项目，此外，原有的投资项目规模小，经过投资新建后，新增加的固定资产价值超过原有固定资产价值3倍以上，这样的投资项目也可以算作新建投资项目；扩建投资项目是指在现有的规模基础上，为扩大生产能力或工程收益而增建的投资项目，如企业为扩大原有产品的生产能力，增建主要的生产车间及独立的生产线等；改建投资项目是指投资者为了提高产品质量、加速技术进步、增加产品的花色品种、促进产品升级换代、降低消耗和成本等，采用新技术、新工艺、新材料等对现有设施、工艺条件进行设备更新或技术改造的投资项目；迁建投资项目是指由于种种原因，经有关部门批准迁到其他地点建设的投资项目；恢复投资项目是指因自然灾害、战争等原因，使原有固定资产全部或部分报废，后又投资恢复建设的投资项目。

2. 按投资使用方向和投资主体的活动范围划分

投资项目按投资使用方向和投资主体的活动范围可以分为竞争性投资项目、基础性投资项目和公益性投资项目。

竞争性投资项目主要是指那些投资收益水平较显著、市场调节比较灵敏、具有市场竞争能力的行业部门的投资项目。它们主要包括工业（不含能源）、商业、餐饮业、供销仓储业、建筑业、房地产业、公共服务咨询业、金融保险业，以及部分国家支柱产业的重点投资项目和高风险投资项目等。这类投资项目以盈利为主要目标，由投资主体自主决策、自担风险、自负盈亏。竞争性投资项目的投融资、建设和经营直接面向市场。竞争性投资项目的商业性和风险性最为显著。

基础性投资项目主要是指具有一定的自然垄断性且投资规模大、建设周期长、收益不显著的基础产业和基础设施投资项目。这类投资项目与国计民生关系特别密切，对国民经济发展影响特别深远。它主要包括农林水利业、能源业、交通运输业、邮电通信业及城市公用设施等。基础性投资项目还可进一步分为两个部分：一部分属于在一定时期具备市场竞争条件的投资项目，由政府引导社会资金、企业资金和外资参与投资，逐步推向市场；另一部分是不具备市场条件的投资项目，其投融资应由各级政府负责。

公益性投资项目是指那些不以营利为目标且社会效益显著的投资项目。这类投资项目除少数公益性投资项目（如体育馆、影剧院等）略带经营性质外，大多数不产生明显的财务收益和经济收益，但社会收益显著。公益性投资项目的这种特性决定了其投融资应由政府承担，即由政府运用财政性资金采取无偿追加拨款的方式进行投资建设。公益性投资项目主要包括科研、教育、文化、卫生、体育、环保、广播电视等设施，公检司法等政权设施，政府、社会团体、国防设施等。其中科研、教育、文化、卫生系统随着改革的深入和发展，出现了以有偿服务等收费形式作为补充的方式。

三大类型投资项目的投资主体、投融资方式及投资使用方式如表1－2所示。

表1－2　　投资项目的投资主体、投融资方式及投资使用方式

投资项目	竞争性投资项目投融资	基础性投资项目投融资	公益性投资项目投融资
投资主体	主要由企业、个人投资	政府与企业投资	主要由政府投资
投融资方式	经营性投资	政策性与经营性投资结合	主要是政策性投资
投资使用方式	风险性和规模性投资	有偿重点投资	主要是无偿投资

3. 按投资项目的规模划分

投资项目按其规模可分为大型、中型和小型投资项目。大型投资项目、中型投资项目和小型投资项目的划分一般是按投资项目的年生产能力或投资项目的总投资规模来确定的，其划分标准是以国家颁发的《大中小型建设项目划分标准》为依据。

投资从宏观上对国民经济发展的影响较大。要实现良好的宏观投资收益，必须从比较具体的方法而不是抽象的理论着手对投资进行恰当的管理。由于投资的最终载体是投资项目，在一定时期内，国家从宏观层面无论投入数量多么庞大的资金，都是将资金分别投入各个具体的投资项目中去，因此投资项目作为开展投资活动的现实经济实体，是对投资进行管理的恰当场所之一。可以这样认为，如果国家的每个投资项目（或者大多数投资项目）的效益普遍较好，那么良好的宏观投资效益就比较容易实现；如果投资项目的效益普遍不佳，那么将难以获得理想的宏观投资效益。

第二节　投资项目管理周期与投资项目可行性研究

一、投资项目管理周期

投资项目管理周期是指投资全过程中各项工作必须遵循的先后工作阶段、工作次序及其内在联系。投资项目管理周期一般包括三个方面的内容：投资活动客观上包括的工作内容和类型；投资全过程中性质不同的各阶段划分；各阶段、各项工作间的联系。

（一）投资项目管理周期的特点

1. 周期性

无论何种投资项目，都必须完整而严格地划分为投资前期、投资建设时期和生产经营时期，每一时期又分不同阶段进行，不可跳越其中某一阶段，否则就会违背客观规律而受到惩罚。

2. 整体性

由于投资项目本身的整体性而要求对投资项目进行整体化管理。包括投资项目范围的整体性、目标的整体性和项目运行过程的整体性。不仅要求投资项目能够达到投资项目预期目标所要求完成的全部工作，而且体现投资项目运行过程的完整性，要求在投资项目运行过程中，各个工作阶段的各项工作都要按照规定的顺序相互衔接、相互制约、紧密联系，互为前提和后果，使投资项目达到最佳整体效果。

3. 时限性

投资项目建设时间的长短、建设速度的快慢，都会直接影响投资项目的经济效益和社会效果。一方面，要让投资项目实施过程中的人、财、物在单位时间内创造出更高的价值；另一方面，可以尽快使投资项目建成投产，达到设计生产能力，创造更多财富，加速投资回收。

4. 综合性

由于投资项目的运行过程是一个庞大的系统工程，涉及各学科各部门，诸如经济、政治、文化、地理、历史、社会和管理等自然与社会学科，还涉及科学研究、工程技术、生产流通、财政、金融、投资等各综合计划管理部门，需要各方面人才和各部门通力合作，密切配合协调、共同努力才能完成，因此综合协调和科学管理是十分重要的。

（二）投资项目管理周期的阶段划分

按照一般投资项目评估者和经济学家的观点，可将一个典型的投资项目分成以下几个步骤：①投资意向；②市场研究与投资机会分析；③投资项目建议书；④初步可行性研究；⑤可行性研究；⑥决策立项；⑦设计任务书；⑧初步设计；⑨建设准备；

⑩技术设计；⑪施工图设计；⑫施工组织设计；⑬施工准备；⑭施工过程；⑮生产准备；⑯竣工验收；⑰投产运营和投资回报；⑱投资项目后续评估。

步骤①~⑥是分析论证性质的工作，主要解决的是投资项目的选择问题，也就是“肯定”或“否定”的问题。所以这六个步骤可称为投资项目管理周期的第一个阶段：投资项目决策阶段。

步骤⑦~⑪是规划布置性质的工作，主要是确定并拟定投资项目的具体实施方案。这五个步骤可称为投资项目管理周期的第二个阶段：投资项目规划设计阶段。

步骤⑫~⑯是具体的资源组合性质的工作，主要任务是在确定性约束条件下优化实施过程。可称为投资项目管理周期的第三个阶段：投资项目实施阶段或施工阶段。

最后两个步骤即⑰⑱是总结评价性质的工作，这个阶段可称为投资项目管理周期的终结阶段。

从投资角度出发，投资项目管理周期的过程大致分为：投资前期、投资建设时期和生产经营时期。

投资前期包括：项目设想、项目初选、项目准备和项目评估四个工作阶段（投资前期各阶段工作的目的和要求如表1－3所示）；投资建设时期包括：项目实施阶段；生产经营时期包括：项目投产经营、项目评估总结。

投资项目管理周期示意如图1－1所示。

表1－3　　　　投资前期各阶段工作的目的和要求

研究阶段	项目设想	项目初选	项目准备	项目评估
研究目的和内容	鉴别投资方向，寻求投资机会，选择投资项目，提出投资项目的投资建议	对投资项目进行初步评价，广泛分析筛选方案，确定投资项目的初步可行性	对投资项目的技术方案和经济效益进行评价，多方案比较，提出结论性意见	综合分析各种效益，对投资项目可行性研究报告进行全面审核评估，分析其真实性和可靠性
研究要求	编制投资项目建议书	编制投资项目初步可行性研究报告	编制投资项目可行性研究报告	提出投资项目评估报告
研究作用	为初步选择投资项目提供依据	判定是否有必要进行下一步详细的可行性研究	作为投资项目的投资基础和重要依据	为投资决策者提供最后依据
估算精度	±30%	±20%	±10%	±10%
研究费用（占总投资的百分比）	0.2%~1%	0.25%~1.25%	大项目0.8%~1% 中小项目1%~3.0%	—
需要时间	1~3个月	4~6个月	8~12个月或更长	—

资料来源：周惠珍，《投资项目评估》，东北财经大学出版社，2013年。

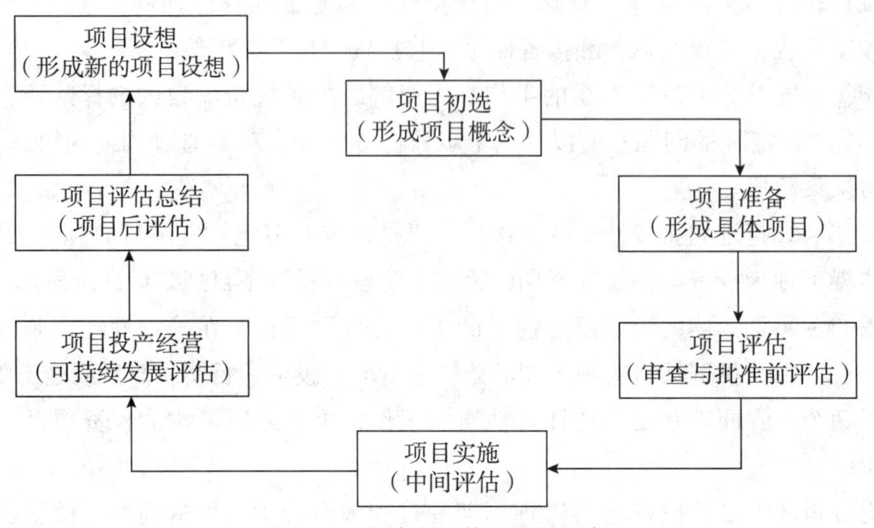

图1-1 投资项目管理周期示意

贷款项目管理周期

贷款项目管理周期是指银行等金融机构对贷款项目进行管理的全过程。它是从资金供应者的角度出发，关注所投入的资金在项目实施的各个阶段的运行状况，以保证资金的增值得以顺利实现。世界银行在长期的贷款实践中总结得出的贷款项目管理周期自20世纪80年代引入我国以后，在我国银行界得到了普遍的应用，对提高银行贷款管理水平起到了积极的作用。

贷款项目管理周期在管理的时间间隔上与投资项目管理周期保持一致，但管理的侧重点有所不同。

一、准备时期

准备时期是银行根据自身的经营目标，结合国家的发展战略和相关政策制度，在充分分析项目主办者提交的项目机会研究报告（或项目建议书）和可行性研究报告的基础上，选定发放贷款的项目，作出贷款决策的过程。准备时期主要分为以下两个阶段：

1. 初选阶段

初选阶段是银行进行贷款项目管理的首要阶段，即银行介入项目形成的最初途径，有利于银行参与项目的投资决策。在初选阶段中，银行根据国家的发展规划和有关政策，在初步调查研究的基础上，分析各个项目主办者提交的机会研究报告（或项目建议书），从中挑选出符合银行经营目标和贷款条件的备选项目。

银行对项目进行初选时的评价内容与机会研究报告（或项目建议书）的内容基本一致，通过初选的项目表明了银行对它的初步认可，这并不意味着银行已经作出了贷款决策。实际上银行还需要与项目主办者一起就有关方面进行深入的调查研究和论证，如果进一步的论证表明贷款对银行不利，银行仍然可以在下一阶段中作出否决贷款的决策。

2. 评估阶段

评估是指银行在对项目进行初选的基础上，对初步认可的项目全面审查其提交的可行性研究报告，进而编制银行的项目评估报告。在项目评估报告中就是否提供项目贷款作出结论，经过评估认可的项目，银行将与项目主办者签订贷款合同，这正式表明了银行的贷款决策。

二、执行时期——付款阶段

执行时期是贷款项目的实施阶段，银行根据与项目主办者签订的贷款合同中规定的内容，结合项目建设进度，向项目发放贷款。因此，银行对贷款项目的管理进入付款阶段，从项目开始建设到建成完工为止，银行的主要工作就是为项目提供资金，并对资金的数量和用途进行监督，保证贷款得到合理有效使用，以促进项目按期建成投入使用，及时实现投资收益。

三、回收总结时期

回收总结时期是银行在项目投入使用、产出收益以后回收全部贷款本金及其利息，与贷款项目结项的过程。回收总结时期是银行收益得以实现的关键时期，同时又是为下一个贷款项目管理周期积蓄实力的时期。根据银行贷款项目数量多、项目管理周期循环频繁的特点，这一时期可分为两个阶段。

1. 回收阶段

回收阶段是银行根据贷款合同，从项目中逐步收回全部贷款本金和利息的过程。回收阶段的工作是否成功取决于还款的数量和时间两个方面的因素，任何一项因素与合同规定的内容不符，都意味着银行贷款项目管理的失败。因此，银行在这一阶段中还需要积极履行监督职能，对项目运行过程中尤其是运行初期存在的问题提出改进的建议，使项目的收益得以顺利实现，进而保证银行贷款回收工作的质量。

2. 后评估阶段

银行收回全部贷款本金和利息之后，应根据实际运营状况对项目进行全面的事后总结性评估，尤其是要与准备时期的可行性研究报告进行对比，发现问题，总结经验，为以后的贷款项目管理积累资料，不断地提高贷款项目管理工作的质量。

资料来源：综合相关资料编写。

二、投资项目可行性研究

（一）投资项目可行性研究的概念

投资项目可行性研究是在投资项目投资决策之前，对拟建投资项目进行全面技术经济分析论证，并试图对其作出可行或不可行评价的一种科学方法。它是投资前期工作的重要内容，是投资项目建设程序的重要环节，是投资项目的投资决策中必不可少的一个工作程序，为投资决策提供科学依据。

一个完整的投资项目可行性研究报告至少应包括三个方面的内容：一是分析论证投资项目建设的必要性，这主要是通过市场预测工作（通过市场预测分析项目产品的市场需求情况）来完成的；二是分析论证投资项目建设的可行性，这主要是通过分析生产建设条件、分析生产建设技术和论证生产工艺来完成的；三是分析论证投资项目建设的合理性（指财务上的盈利性和经济上的合理性），这主要是通过分析投资项目的收益来完成的。

（二）投资项目可行性研究的作用

投资项目可行性研究的最终成果是编制投资项目可行性研究报告，它是投资者在前期准备工作阶段的纲领性文件，是进行其他各项投资准备工作的主要依据。对于投资者而言，投资项目可行性研究有如下作用：

（1）为投资者进行投资决策提供依据。进行投资项目可行性研究是投资者在投资前期的重要工作。投资项目的成功与否会受到自然的、技术的、经济的、社会的诸多不确定因素的影响，投资者需要委托有资质、有信誉的投资咨询机构或通过多方论证，在充分调研和分析论证的基础上，提出可靠的或合理的建议，并编制投资项目可行性研究报告，其结论将作为投资决策的主要依据。

（2）为项目融资提供依据。金融机构在受理项目贷款申请时，首先要求申请者提供投资项目可行性研究报告，然后对其进行全面细致的审查和分析论证，在此基础上编制项目评估报告，评估报告的结论是银行确定是否对项目给予贷款的重要依据。

（3）为与其他单位进行商务谈判和签订合同、协议提供依据。根据投资项目可行性研究报告的有关内容，可以与有关单位签订项目相关设备订货合同、原材料供应合同、销售合同，与供电、供水、供气、通信和原材料等单位或部门签订协作配套协议。

（4）为工程设计、实施提供依据。在投资项目可行性研究报告中，对项目的建设规模、场址选择、生产工艺、设备选型等都做了比较详细的说明。投资项目可行性研究报告在获得批准之后，即可以作为项目编制设计和开展建设工作的依据。

（5）为设置组织机构和劳动定员提供依据。根据工厂生产能力和工艺过程，掌握所需劳动力的构成、数量及工资支出等。

（三）投资项目可行性研究的内容

投资项目可行性研究包括投资机会研究、初步可行性研究和详细可行性研究三个阶段。

由于对基础资料的占有程度、研究深度及可靠程度的要求不同，投资项目可行性研究各阶段的工作性质、工作内容、投资成本估算精度、工作时间与费用都不相同。这几个阶段研究内容的复杂程度由浅入深，工作量由小到大，估算精度由粗到细，因而研究工作所需的投资额和费用也逐渐增加。投资项目可行性研究的内容也可以根据项目的规模、性质、要求和复杂程度的不同，进行适当的调整和简化。

1. 投资机会研究阶段

投资机会研究阶段的主要任务是捕捉投资机会，为拟建投资项目的投资方向提出轮廓性的建议。投资机会研究又可分为一般机会研究和项目机会研究。一般机会研究是以某个地区、某个行业或部门、某种资源为基础的投资机会研究。在发展中国家，一般机会研究通常由政府部门或专门机构进行，其结果将作为中央政府制定国民经济长远发展规划的依据。项目机会研究是在一般机会研究的基础上以项目为对象进行的机会研究，即具体研究某一项目得以成立的可能性，将项目设想转变为投资建议，以引起投资者的注意和兴趣，并引导其作出投资意向。

这一阶段的工作内容相对比较粗略，一般根据同类工程项目的投资额及生产成本来估算本项目的投资额与生产成本，分析投资效果。误差一般约为±30%，研究费用一般占总投资额的0.2%～1.0%。如果投资者对该项目感兴趣，则可转入下一步的研究工作，否则，就停止研究工作。

2. 初步可行性研究阶段

对一般项目，仅靠机会研究尚不能决定项目的取舍，还需要进行更为详细的研究论证，以进一步判断项目的优劣。初步可行性研究是介于投资机会研究与详细可行性研究的中间阶段，它以投资机会研究为基础，研究内容与详细可行性研究基本相同，只是研究的深度、广度、准确度略低。

这一阶段的主要工作有：①分析投资机会研究的结论；②对关键性问题进行专题的辅助性研究；③论证项目的初步可行性，判定有无必要继续进行研究；④编制初步可行性研究报告。

初步可行性研究对项目投资的估算，一般可采用生产能力指数法、因素法、比例法等估算方法。估算精度一般控制在±20%以内，研究所需时间为4～6个月，研究所需费用占投资额的0.25%～1.25%。

3. 详细可行性研究阶段

详细可行性研究是在初步可行性研究的基础上，对项目进行详细深入的技术经济论证的阶段。这是项目投资决策研究的关键环节，其研究内容主要有以下几个方面（以工业项目为例）：

①实施纲要：简单说明研究的结论和建议；②项目提出的宏观、微观背景；③市场分析和项目的生产规模：列举市场预测的数据、估算成本、价格、营业收入（也称销售收入）及利润等；④组织人力资源：根据工厂生产能力和工艺过程，得出所需劳动力的构成、数量及工资支出等；⑤项目具体设计：生产工艺最优方案的选择，工厂的总体设计部署，建筑物的布置，建筑材料和劳动力的需要量，建筑物和工程设施的投资估算；⑥项目实施设计：说明项目建设的期限和建设进度；⑦财务和经济评价：估计投资额、成本、收益率等的指标，进行项目的财务收益分析和经济费用分析；⑧各层面的不确定性因素分析，根据详细可行性研究得出的投资额误差一般约为±10%，研究费用一般占总投资额的1.0%～3.0%（中小型项目）或0.8%～1.0%（大型项目）。

对于特定的大型复杂项目而言，还可以进行专题研究。专题研究是指对项目某一个或几个方面的关键问题进行的专门研究。专题研究一般包括：产品市场研究、原材料和其他投入物研究、实验室和中间试验研究、厂址选择研究、规模经济研究、设备选择研究等。

第三节　投资项目评估概述

一、投资项目评估概念与作用

（一）投资项目评估概念

投资项目评估是投资决策部门或贷款机构（主要是银行、非银行金融机构）对上报的投资项目可行性研究报告进行再分析、再评价，即是对拟建项目的必要性、可行性、合理性及效益、费用进行的审核和评价。在我国现行的投资管理体制下，由于承担可行性研究咨询和设计的单位隶属于相应的主管部门，加上其他一些因素的制约，因此投资项目可行性研究报告难免存在一定局限性。投资项目评估则可以避免受主管部门和建设单位的影响，克服投资项目可行性研究报告的局限性。因此，开展投资项目评估可以促进有关单位把投资项目可行性研究工作做好，为审批投资项目提供科学依据。

（二）投资项目评估作用

1. 投资项目评估是实施项目管理的基础保证

进行投资项目评估需要收集拟建项目所在地区的自然、社会、经济等方面的大量资料，这些资料是实施项目管理的基本依据和基础保证。在项目实施过程中，管理人员可以把实际发生的情况和数据与评估时所掌握的资料进行对比分析，及时发现设计施工、项目进展、资金使用、物资供应等方面的问题，以便采取措施，纠正偏差，促进项目顺利完成。

2. 投资项目评估可使投资项目的微观效益与宏观效益两者之间得到统一

投资项目的微观效益与宏观效益之间常常会产生矛盾，其根源是投资结构不合理，这是当前投资领域中最突出的问题。投资项目评估工作，既要评价企业效益，也要重视评价国民经济效益，而且两者都要得到满足才是合乎要求的投资项目。如果只是企业效益好，而国民经济效益很差，则该投资项目就不能通过。

二、投资项目评估与投资项目可行性研究的关系

（一）投资项目评估与投资项目可行性研究的联系

投资项目评估与投资项目可行性研究是投资决策过程中两项重要的工作步骤。两者同处于投资项目管理周期的投资前期，其理论基础、具体内容和目的基本上是一致的。它们之间相辅相成，缺一不可，其联系主要体现在以下三个方面：

（1）投资项目可行性研究是投资项目评估的对象和基础。投资项目评估应在投资项目可行性研究的基础上进行，没有投资项目可行性研究，就没有投资项目评估。

（2）投资项目评估是使投资项目可行性研究的结果得以实现的前提。投资项目评估从宏观与微观、长远利益与近期利益、可能性与现实性等方面综合判断投资项目可行性研究的准确度，对投资项目的可行与否作出最后决断。不经过投资项目评估，投资项目可行性研究就不能最终成立。

（3）投资项目评估是投资项目可行性研究的延伸和再评价。由于投资项目评估是对投资项目可行性研究报告各方面的情况做进一步的论证和审核，因此它是投资项目可行性研究的自然延伸和再评价。

（二）投资项目评估与投资项目可行性研究的区别

投资项目评估与投资项目可行性研究既有共性，又各有特点。它们的区别主要体现在以下几个方面：

（1）发起主体不同。投资项目评估主要是投资项目决策阶段的工作，主要是投资项目隶属的政府部门（投资项目主管部门）进行审批或贷款银行等机构为了筛选贷款对象而开展的工作；投资项目可行性研究基本上属于投资项目论证工作，是项目业主或发起人为了确定投资方案而进行的工作，它一般由设计和经济咨询单位去做。尽管两者都可以委托中介咨询机构进行，但所代表的行为主体不同，要为不同主体的不同发展目标服务。

（2）次序不同。按照投资项目管理的程序，可行性研究在前，投资项目评估在后，投资项目可行性研究是投资项目评估的对象和基础，两者顺序不能颠倒。投资项目评

估处于比投资项目可行性研究更高级的阶段，投资项目评估比投资项目可行性研究更具有权威性。

（3）侧重点不同。投资项目评估的服务主体是提供贷款的机构，所以它侧重于投资项目的经济效益和偿债能力分析；投资项目可行性研究的服务主体是业主，因此它更加侧重投资项目的建设必要性和生产建设条件分析。

（4）作用不同。投资项目评估是金融机构的贷款决策依据，或是权威机构进行审批的依据；投资项目可行性研究是投资项目发起人或业主的投资决策依据。这两种决策不能相互替代，所以两种分析也不能相互替代。

三、投资项目评估的原则

投资项目评估是投资决策的重要手段，投资者、决策机构、金融机构以投资项目评估的结论作为实施项目、决策项目和提供贷款的主要依据。因此，投资项目评估应该遵循以下原则：

（一）客观公正原则

要求投资项目评估人员实事求是地对拟建项目进行评审与估价。投资项目评估必须真实、全面、客观地反映投资项目的全貌，去粗取精，去伪存真。在投资项目评估工作中坚持实事求是的态度，首先要求投资项目评估人员深入调查研究，全面系统地掌握可靠的消息和资料；其次要求遵循投资项目评估的科学方法对投资项目进行客观的分析论证。同时，投资项目评估人员必须保持公正、客观的态度。

（二）系统性原则

系统性原则是指投资项目评估人员进行评审和估价时，应该从投资项目内部要素的内在联系、内部要素与外部条件的广泛联系进行全面的动态的分析论证，由此来判断投资项目的优劣。从投资项目的内部环境来看，投资项目无论大小都存在着诸如产品的市场需求、建设条件、生产条件、生产工艺等方面的问题；从投资项目的外部环境来看，有与投资项目的协作配套问题、行业规划问题、城市改造问题，有与投资项目有关的环境保护、生态平衡、综合利用等方面的问题，还有与投资项目效益密切联系的市场、价格、税收、信贷、利率等方面的问题。因此，在进行投资项目评估时，必须全面、系统地考虑各方面的问题。

（三）综合评价、比较择优的原则

投资项目评估不仅要运用较为精确的数学模型和严谨的逻辑推理，而且要运用行为科学和社会科学等方面的知识和方法，分析各个项目或方案实施后可能产生的经济效果、社会效果、生态效果及综合效果；最终则必须以经济效益为中心，进行综合考虑，全面评价，选择出最优的项目或方案。因此，综合评价和比较择优就成为投资项目评估必须坚持的原则。

四、投资项目评估的内容与工作程序

（一）投资项目评估的内容

投资项目评估的内容包括：

（1）项目建设必要性的评估。分别为：投资项目是否符合行业规划；通过市场调查和预测，对产品市场供需情况及产品竞争力进行分析比较；对投资项目在企业发展中的作用进行评估；对拟投资规模进行分析。

（2）建设条件评估。分别为：资源是否清楚，以矿产资源为原料的投资项目，是否具备相关机构批准的资源储量、开采价值的报告；工程地质、水文地质是否适合投资建厂；原材料、燃料、动力等供应是否有可靠来源，是否有供货协议；交通运输是否有保证，运输距离是否经济合理；协作配套项目是否落实；环境保护是否有治理方案；购进成套设备是否经过多方案比较，是否选择最优方案；投资厂址选择是否合理。

（3）投资项目技术评估。分别为：投资项目采用的工艺、技术、设备在经济合理条件下是否先进、适用，是否符合国家的相关技术发展政策，是否注意节约能源和原材料以获得最大效益；购进的技术和设备是否符合投资实际，是否配套并进行多方案比较；投资项目所采用的新工艺、新技术、新设备是否经过科学的试验和鉴定，检验原材料和测试产品质量的各种手段是否完备；产品方案和资源利用是否合理，产品生产纲领和工艺、设备选择是否协调；对技术方案是否进行了综合评价。

（4）投资项目经济数据的评估。分别为：投资估算；生产规模及产品方案数据评估；各项技术经济指标评估；产品生产成本估算；销售收入及税金估算；利润预测。

（5）投资项目财务分析。①盈利能力分析：主要计算分析全部投资回收期、总投资收益率、投资利税率、资本金利润率、净现值、净现值率、内部收益率等指标。②清偿能力分析：主要计算分析借款偿还期、资产负债率、流动比率、速动比率等指标。③财务生存能力分析：主要计算分析现金净流量能否维持投资项目的正常运营。

（6）投资项目国民经济评估。①投资项目费用和效益的分析。②投资项目国民经济利润及其比率的分析。③投资项目国民经济的外汇效果分析。

（7）投资项目不确定性分析。分别为：盈亏平衡分析；敏感性分析；概率分析。

（8）投资项目风险分析。对投资项目风险识别及评估，进一步分析各类风险的属性和特征。

（9）投资项目后评估。在投资项目建成投产或投入使用后的一定时期，对投资项目的实际投资、效益进行系统审计，对投资项目投产产生的财务、经济、社会和环境方面的效益和影响进行客观、科学、公正的评估。

（二）投资项目评估的工作程序

投资项目评估的工作程序主要包括以下步骤：

（1）组织安排。组织安排是投资项目评估工作的第一步，即组织力量、制定计划。

（2）收集资料。为直接投资提供咨询服务的投资银行等机构应收集相关资料数据，加以查证核实，并做进一步的分析研究；投资银行还应根据评估内容和分析要求，通过企业调查和项目调查，进一步收集必要的数据和资料；对于查证发现的问题和疑问，通过调查，进一步核实清楚；将收集的资料，加工整理，汇总归类，以供评估中审查分析以及编制各种调查表和编写文字说明之用。

（3）审查分析。审查分析是在收集到必要的资料以后开始的，主要包括基本情况审查和财务分析两个方面。具体内容包括：企业和投资项目概况审查；市场和规模分析；技术和设计分析；财务预测；财务效益分析；经济效益分析。

（4）编写报告。根据调查和分析结果，编写投资项目评估报告。投资项目评估报告要对投资项目可行性研究报告中提出的多种方案，加以比较评估，肯定一种最优方案，并提出对投资项目的评估结论。投资项目评估报告要按规定程序送交企业最高投资决策机构审批。

投资项目评估的产生与发展

一、西方发达国家投资项目评估的产生与发展

现代意义上的投资项目评估原理产生于20世纪30年代。当时，世界范围内的经济大萧条使西方发达国家的经济政策发生了重大变化，随着自由放任经济体系的崩溃，一些西方发达国家的政府开始实行新经济政策，并兴办公共建设工程，于是出现了公共项目评价方法。早期的投资项目评估（经济评估）主要是利用返本期、投资回收期和简单的（静态）资金利用率等经济指标，只从企业财务上的收入和支出方面考虑和分析获利能力，从项目的自身状况来考核收支平衡与否，并将其作为项目方案可行与否或取舍的依据。

20世纪60年代后，投资项目评估理论与方法日臻成熟。西方发达国家投资项目评估的经济分析从单纯的财务分析过渡到财务分析与国民经济评估及社会评估相结合的阶段，动态分析方法在企业和投资项目财务分析中得到了长足的发展和广泛的应用。这一时期，投资项目评估除了考虑时间因素外，在财务分析中还把偿还能力分析、盈亏平衡分析、敏感性分析和风险分析等作为投资项目评估的重要内容，形成了一套比较科学、系统的财务分析和国民经济评估的基本方法和指标体系。

由于社会的发展，公益事业项目日益增加，西方发达国家在对政府部门投资的公益性项目评估中逐步地采用了社会费用效益分析方法，也称社会成本利得分析、社会福利及成本分析等。投资项目评估从早期的微观财务分析开始，逐步过渡到现在以社会效益为目标，从宏观角度通过一系列指标，如国民经济增长速度、收入的公平分配、就业增长、增加出口和社会环境的改善等所能满足的程度，作为投资项目取舍的依据。

由静态经济分析到动态经济分析，是经济分析中的一个飞跃。随着社会生产的发展、项目的增加、投资规模的扩大、经济管理学科和计量学科的发展，投资项目评估的理论与方法也在不断地发展、完善。动态分析是依据资金时间价值和市场价格计算投资项目寿命周期内的现金流量，依据财务贴现率贴现后，求得净现值（Net Present Value，NPV），或依据现金流量计算出内部收益率（Internal Rate of Return，IRR），以净现值的正负或内部收益率的高低作为是否进行信贷投资的依据。这种经济分析方法与静态经济分析方法相比，更加科学，更具可比性，而且提高了实用价值。

投资项目评估学科的发展，实质上是评估理论与方法的发展、完善的过程，也是实践经验总结和升华的过程。一些经济学家和银行家基于投资项目管理的需要，通过几十年的实践、探索、总结、研究，形成了一套较为完善、科学的理论和方法，构成了投资项目评估的学科体系。在项目管理上，西方发达国家普遍采用这一先进、适用有效的方法和原理，在国民经济各个部门的投资项目评估应用中取得了不错的实际效果。

二、我国投资项目评估的发展

1. 第一个五年计划时期的投资项目经济评估

在这段时期，我国学习苏联的经验，开始对一些大型建设项目进行技术经济论证。国家先后颁发了有关办法和章程，要求安排建设项目时要进行技术经济论证，要考虑产、供、销、运的综合平衡，同时把基本建设程序划分为四个阶段，即设计任务书、初步设计、技术设计和施工图设计。当时所采取的方法是一些极为简单的静态分析方法，技术经济论证的工作也仅仅刚开始，评估方法运用上尚存许多不足，经济评估的广度和深度不够，有待于进一步发展与完善。

2. 第二个五年计划至第五个五年计划时期的投资项目的技术经济论证工作

20 世纪 60 年代，技术经济论证工作加强了项目管理工作，集中体现为三个方面：第一，充实了项目建设前期工作内容，把项目建设规模、产品方案、生产工艺方法、资源条件、原材料、材料动力、建设地点、建设用地、建设进度、投资估算等 12 项内容列入项目设计任务书；第二，扩大了编制设计任务书的建设项目范围，规定大中型项目必须编制设计任务书（不论是新建项目还是扩建改建项目），并按规定程序报批；第三，重申所有建设项目都必须严格执行基本建设程序，进一步明确基本建设计划与基本建设程序的关系，规定必须具有经批准的设计任务书的项目，才能给予拨款和施工建设。

党的十一届三中全会以后，我国投资项目的技术经济论证工作进入一个新阶段。为了确保投资项目达到预期目标，1978 年 4 月，相关部委制定并颁发了《关于基本建设程序的若干规定》等 5 个文件。同年 9 月，经国务院批准，在总结经验和吸收有关文件精神的基础上重新印发了《设计文件的编制和审批办法》。1979 年，中共中央和国务院批准了《关于改进当前基本建设工作的若干意见》。同年 5 月，相关部委又联合颁发了《关于做好基本建设前期工作的通知》。经过系统的经验总结和一系列的文件制定与执行，基本建设工作开始步入正轨，实现了“先勘察、后设计，先设计、后施工”的工作要求，形成了“设计任务书、初步设计、施工图设计、建筑安装、验收交付使用”五个阶段的基本建设工作程序。总之，此阶段是我国投资项目评估经历的一个极大的转折阶段。

3. 第六个五年计划及其以后的投资项目评估工作

随着经济建设项目增多、规模扩大，投资项目评估工作日益引起人们的关注，评估方法和理论也有了很大改进和发展。改革开放后，我国借鉴西方发达国家在投资决策方面委托咨询机构对拟建项目运用科学的方法与有益的经验，把可行性研究放在基建程序的第一环节，作为“项目建议书”阶段的必要工作，从而把项目前期工作进一步向前延伸。1982 年，我国采纳了世界银行的建议，吸收世界银行投资项目评估经验编写了《工业贷款项目评估手册》，多次修订后于 1985 年 2 月正式发行。这是我国有关投资贷款项目评估的第一本手册，它为我国投资项目评估制度化、系统化奠定了基础。为了提高投资项目评估人员的素质，中国投资银行还先后派出代表团到国外学习考察，并与联合国、世界银行等机构举办培训班。在金融机构的贷款审批中，中国投资银行首先对贷款项目进行全面评估，得到了世界银行和国务院的好评。由此，拉开了中国金融机构实施贷款项目评估的序幕。

1986 年 7 月，国家计委（现国家发展和改革委员会）正式颁发了《建设项目经济评价方法》《建设项目经济评价参数》《中外合资经营项目经济评价方法》《关于建设项目经济评价工作的暂行规定》4 个文件，从而把投资项目评估工作推上了一个新阶段，形成一个理论与实践相结合、学术研究与行政手段相协调、强调适用有效性、具有中国特色的投资项目评估的理论与方法的学科体系。1993 年，国家计委（现国家发展和改革委员会）与建设部联合发布了《建设项目经济评价方法与参数（第二版）》。我国投资项目评估理论和方法日趋成熟，越来越受到人们的重视，成为实现投资决策科学化、民主化和规范化的重要手段。随着我国投资体制改革的逐步深入，在总结我国实施《建设项目经济评价方法与参数（第二版）》的经验基础上，国家发展和改革委员会与建设部（现住房和城乡建设部）立足我国国情，并借鉴国际上投资项目评估的研究成果，于 2006 年发布了《建设项目经济评价方法与参数（第三版）》，要求在投资项目评估工作中使用。

资料来源：综合相关资料改写。

1. 本章课程体系如图 1－2 投资项目评估导论知识结构图所示。

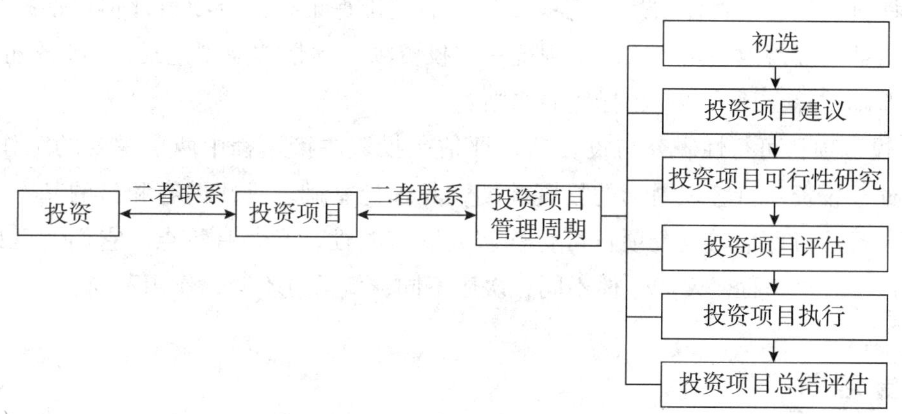

图 1－2　投资项目评估导论知识结构图

投资项目评估是投资决策的重要依据。在对各种投资项目的技术可行性与经济合理性进行的综合评估中，本书更加侧重于经济合理性的评估，这是学习者一开始就应该把握的重点，带着这样的认识，进入本书的学习。

2. 投资指货币转化为资本的过程。投资的分类按投资期限或回收期限的长短，可分为短期投资和长期投资。按投资行为的介入程度，可分为直接投资和间接投资。按照投资的领域，可以分为生产性投资和非生产性投资。按照投资在扩大再生产中所起作用的方式，可以分为外延性投资和内涵性投资。

3. 投资项目作为承担具体投资活动的主体，既符合项目的一般要求，也体现了投资固有的特性。投资项目应具有两大基本特征：一是主观方面的特征，即投资项目是作为一定的管理主体而存在的；二是客观方面的特征，即投资项目在客观上必须具备单次性任务的特征。同时，投资项目又具有资金使用的长期性、影响的不可逆性、实施的延续性与波动性等特征。

4. 投资项目按其性质可以分为新建、扩建、改建、迁建、恢复投资项目。投资项目按投资使用方向和投资主体的活动范围可以分为竞争性投资项目、基础性投资项目和公益性投资项目。投资项目按其规模可分为大型、中型和小型投资项目。

5. 投资项目评估在投资项目管理周期中，处于投资前期工作的关键阶段，其结论是投资决策的重要依据，理解投资项目评估要从理解投资项目管理周期开始。

6. 投资项目可行性研究是在投资项目投资决策之前，对拟建投资项目进行全面技术经济分析论证，并试图对其作出可行或不可行评价的一种科学方法。它是投资前期工作的重要内容，是投资项目建设程序的重要环节，是投资项目的投资决策中必不可少的一个工作程序，为投资决策提供科学依据。投资项目可行性研究包括投资机会研究、初步可行性研究和详细可行性研究三个阶段。

7. 投资项目评估是投资决策部门或贷款机构对上报的投资项目可行性研究报告进行再分析、再评估，即是对拟建项目的必要性、可行性、合理性及效益、费用进行的审核和评价。投资项目评估是实施项目管理的基础保证；投资项目评估可使投资项目的微观效益与宏观效益两者之间得到统一。投资项目评估的原则包括：客观公正原则；系统性原则；综合评价、比较择优的原则。

8. 投资项目可行性研究与投资项目评估是投资决策过程中两项重要的工作步骤。两者同处于投资项目管理周期的投资前期，其理论基础、具体内容和目的基本上是一致的。投资项目评估与投资项目可行性研究既有共性，又各有特点。它们的区别主要体现在以下几个方面：发起主体不同；次序不同；侧重点不同；作用不同。

1. 名词解释

投资　直接投资　间接投资　短期投资　长期投资　生产性投资　非生产性投资　外延性投资　内涵性投资　投资项目管理周期　投资项目可行性研究　投资项目评估

2. 简要回答投资的特点和分类。

3. 简要回答投资项目的特点和分类。

4. 投资项目评估在投资项目管理周期中居于重要地位，那么，投资项目管理周期的特点如何理解？

5. 投资项目可行性研究的作用和内容有哪些？

6. 如何理解投资项目可行性研究与投资项目评估的关系？

7. 试述我国开展投资项目评估的必要性。

第二章　资信评估

学习目标

资信评估作为一种旨在防范信用风险的社会监督手段，是市场经济发展到一定阶段的必然产物，其对市场经济的重要性和促进作用已得到了理论研究证明和部分经济发达国家实践的检验。我国的资信评估业产生于20世纪80年代末期，与部分经济发达国家相比存在一定的差距，资信评估质量有待提升。目前，我国正处于经济社会转型时期，迫切需要重构和提高社会信用基础，因此，建立和完善适合我国国情的、有效的资信评估体系，是当前我国经济运行中急需解决的重大课题之一，也是投资项目评估的重要组成部分。

1. 知识目标

※ 掌握资信评估的内容及原则。

※ 掌握资信评估的作用和资信评估指标体系的设置原则。

※ 了解企业信用等级的划分和评定。

2. 能力目标

※ 了解我国资信评估的特色，思考符合我国国情的资信评估指标体系构建原则与路径。

案例导入2-1

下文是国内某银行开办的企业资信证明业务介绍和其出具的一份企业资信证明，阅读并思考文后问题。

企业资信证明业务

【功能介绍】 企业资信证明业务为本行接受客户申请，在银行记录资料的范围内，通过对客户的资金流动记录及相关信息的收集整理，以对外出具资信证明函件的形式，证明客户信誉状况的一种咨询类中间业务。本行为客户办理的资信证明分综合资信证明及单项/多项证明。综合资信证明指本行对客户在银行的记录资料做较全面的描述并对该客户信誉状况进行评价的证明文件。单项/多项证明指本行对客户在银行记录的各单项资料与往来情况的证明文件，一般不包括银行对客户的评价。单项/多项证明主要包括存款余额证明、授信额度证明、抵押质押证明及开户证明等。

【业务特点】资信证明业务主要用于客户在商业交往中自我介绍、向合伙、合作单位出具证明、申请营业执照及其他商业及非商业用途。

【办理流程】在本行开立结算账户、无不良信用记录的企事业单位法人和其他经济组织均可向本行提出申请，填写资信证明业务申请表并提交相关文件资料。

资信证明书

编号：2012年××号

签发日期：××××年××月××日

接受人全称：

（单位名称）因投标（项目名称）需要，委托我行对其资信状况出具证明书，经确认具体情况如下：

（单位名称）在我行开立有基本结算账户。自××××年××月××日开始，到××××年××月××日止，被证明人在我行（部）办理的各项信贷业务无逾期（垫款）和欠息记录，资金结算方面无不良记录，执行结算纪律良好。

××银行股份有限公司××支行客户部

签发日期：　　　年　　月　　日

证明人声明（略）

资料来源：国内某银行网站。

请思考：

该资信证明书是某单位因投标某项目的需要，委托银行对其资信状况出具的证明书。当然这不能称为完备的企业资信评估。思考下列问题：

1. 为何资信评估是作为一种旨在防范信用风险的社会监督手段？

2. 为什么说建立和完善适合我国国情的、有效的资信评估体系，是当前我国经济运行中急需解决的重大课题之一？

案例导入2-2

表2-1是国内某著名评级公司企业信用评估等级，阅读并思考表下问题。

信用等级，反映了对于受评对象未来无法承担自身风险责任可能性的独立判断，采用三等九级制，每一个信用等级可用“+”“-”的符号进行微调，表示略高或略低于本等级，但不包括AAA+。各级别所表达的含义如下：

表 2－1　　国内某著名评级公司企业信用评估等级

等级	含义	说明
AAA	债务的偿还能力具有最大保障	企业经营处于良性循环状态，不确定因素对经营发展的影响最小
AA	债务的偿还能力很强	企业经营处于良性循环状态，不确定因素对经营发展的影响很小
A	债务的偿还能力较强	企业经营处于良性循环状态，未来经营与发展易受企业内外部不确定因素的影响，盈利能力和偿债能力会产生波动
BBB	债务偿还能力一般，目前对本息的保障尚属适当	企业经营处于良性循环状态，未来经营发展受企业内外部不确定因素的影响，盈利能力和偿债能力会有较大波动，约定的条件可能不足以保障本息的安全
BB	债务偿还能力较弱	企业经营与发展状况不佳，支付能力不稳定，有一定风险
B	债务偿还能力较差	企业受内外不确定因素的影响，经营较困难，支付能力具有较大的不确定性，风险较大
CCC	债务偿还能力很差	企业受内外不确定因素的影响，经营困难，支付能力很困难，风险很大
CC	债务的偿还能力严重不足	企业经营状况差，促使其经营及发展走向良性循环状态的内外部因素很少，风险极大
C	债务偿还能力极差	企业经营状况一直不好，处于恶性循环状态，促使其经营发展走向良性循环状态的内外部因素极少，企业濒临破产

请思考：

1. 我国资信评估的主要服务对象是准备向银行借款或者发行债券以及进行其他信用交易的企业。我国对企业信用评估与企业债券评级是作为相对独立的两项业务来开展。由于企业债券市场欠发达，因此债券评级的需求还十分有限。现在国内的资信评估机构的收入主要来自对寻求银行贷款的企业的信用评级，这一收入通常占到了评估机构总收入的 80% 左右，对企业自身的整体信用评估是我国资信评估行业的主要业务形式。

2. 初步理解企业信用等级评估中各等级的基本含义。

第一节　资信评估概述

一、资信评估概念

资信有狭义与广义之分。狭义的资信指货币借贷中的偿债能力、履约状况、守信程度及由之而形成的社会声誉，它是以偿还为条件的价值运动的特殊形式的反映，从属于信用关系。而广义的资信是指各类市场的参与者（包括各类企业、金融机构和社会组织）及各类金融工具（股票、债券、基金）的发行主体履行各种经济承诺的能力及可信任程度，已超出了金融市场的范畴，并涵盖经济社会的各个领域。在现实经济活动中，存在两种主要的资信形式，一种是以企业为主体的经济组织的资信，另一种是以证券为主体的金融工具的资信。

本书所论及的资信主要是指第一种形式的资信，其是企业基础素质、财务状况、经营状况、资产质量、社会信誉、发展潜力等各方面综合素质的集中体现。企业资信评估是由评估主体采用公正、科学、权威的资信考核标准，对企业的履约能力和信用风险进行揭示、评价、监测，采用国际通用的符号标明资信等级，并向社会公告的过程。随着生产社会化、经济国际化和国际金融市场的迅速发展，资信已成为企业发展和参与国际经济技术合作的必备条件。

资信评估在发达市场经济国家已有近百年的历史。一个国家的偿债能力和经济履约状况标志着一个主权国家的资信程度，影响着国际金融秩序和国际经济良性运行，而国家内部经济主体的资信状况则影响着一个国家内各经济主体的健康发展、金融秩序的稳定和整体经济的正常运行。资信评估最早产生于美国的债券评级，1909 年，穆迪公司的创始人约翰·穆迪所著的《铁路投资的分析》（*Analysis of Railroad Investment*）一书的出版标志着世界评估业的开创，它首次采用简单直观的符号来表示各种铁路债券的优劣等级，供投资者借鉴参考，从而理智地挑选投资对象，把握风险与收益之间的平衡。1929—1932 年经济危机的爆发，使投资者开始注意证券的还本付息能力，同时，政府也开始对信用风险的预测予以高度重视。1933 年，美国颁布《证券法》，明确所有发债主体必须经过资信等级评估，初步确立了资信评估制度。法律的规范促使美国资信评估业有了突飞猛进的发展，评估机构逐步拥有了系统的评估体系，严谨的评估秩序，业务范畴也不断扩大。资信评估在美国历史和金融发展史上的成功使世界各国都借鉴美国的经验，相继建立起适合本国国情的资信评估制度。目前，穆迪和标准普尔公司已成为全球性的评估机构，其确定的级别在许多国家都具有通用性和权威性。在我国，资信评估基本上是在 1987 年与企业债券的发行同步产生的，但受制于发育尚不成熟的金融市场，目前仍处于起步阶段。

作为一种社会监督形式，资信评估是市场经济发展到一定阶段的必然产物，在市场经济条件下，规避风险，严守信用，确保经济交往中各种契约关系的如期履行，是整个经济体系正常运行的基本前提。市场经济越发达，各种经济活动的信用关系就越复杂，在这种庞大的社会信用关系网络中，如果某个信用链条中的某些信用环节出现问题，发生违约现象，就可能导致一系列的连锁反应，严重时甚至可能引起局部的经济动荡。因此，随着市场经济的发展，建立和完善资信评估的社会监督体系，保证各种信用关系的健康发展和整个市场经济体系的正常运行，显得尤为重要。

二、资信评估的内容及原则

资信评估体系的合理性、资信评估分析与判断的可靠性和资信评估工作的客观性是保证资信评估质量的三大因素，其中，资信评估体系作为资信评估的基础和核心，是资信评估的依据，没有一套科学的资信评估体系，资信评估工作就无所适从，更无从谈及资信评估的客观性、公正性和科学性。

（一）资信评估的内容

资信评估体系作为一个整体，包括以下 6 个方面的内容：

1. 资信评估的要素

资信评估的要素取决于对信用概念的认识。

狭义说，信用指还本付息的能力；广义说，信用是履行经济责任的能力及其可信任程度。因此，资信评估的要素应该体现对信用概念的理解，国际上对形成信用的要素有很多种说法，其中以 5C 要素影响最广，5C 指品德（Character）、能力（Capacity）、资本（Capital）、资产抵押（Collateral）和经营环境（Condition），这些都是决定企业信用的主要要素，前 3 项为内在要素，后 2 项为外部要素。一个信用良好的企业应该具有良好的品德、开拓的能力和充实的资本，形成如下信用方程式：

良好的信用 = 品德 + 能力 + 资本

如果 3 项要素中只有一项不足，则为基本的信用；如有 2 项不足，则信用方程式将改为：

低劣的信用 = 品德 − 能力 − 资本

欺骗的信用 = 能力 − 品德 − 资本

在我国通常主张信用状况的五性分析，其中安全性是信用的基础，收益性是信用的保证，成长性是信用的动力，流动性是信用的表现，生产性是信用的条件。通过五性分析，就能对信用状况作出客观的评估。建立资信评估体系，首先要明确评估的内容包括哪些方面，一般来说，国际上都围绕 5C 要素展开，国内评估则重视五性分析。

资信评估的要素分析法比较

资信评估的要素分析法，在内容上大同小异，是根据资信的形成要素进行定性分析，必要时配合定量计算。根据不同的方法，对要素有不同的理解，主要有下述几种方法：

5C 要素分析法：这种方法主要分析借款人品德（Character）、能力（Capacity）、资本（Capital）、资产抵押（Collateral）、经营环境（Condition）五个方面的资信要素。

5P 要素分析法：个人要素（Personal Factor）、资金用途要素（Purpose Factor）、还款来源要素（Payment Factor）、债权保障要素（Protection Factor）、企业前景要素（Perspective Factor）。

4W1H 要素分析法：借款人（Who）、借款用途（Why）、还款期限（When）、担保物（What）及如何还款（How）。

4F 法要素分析法：4F 法要素分析法主要着重分析组织要素（Organization Factor）、经济要素（Economic Factor）、财务要素（Financial Factor）、管理要素（Management Factor）四个方面要素。

CAMPARI 法：CAMPARI 法即对借款人的品德（Character）、偿债能力（Ability）、企业从借款投资中获得的利润（Margin）、借款的目的（Purpose）、借款金额（Amount）、偿还方式（Repayment）、贷款抵押（Insurance）七个方面进行分析。

LAPP 法：LAPP 法分析流动性（Liquidity）、活动性（Activity）、营利性（Profitability）和潜力（Potentialities）四个要素。

骆驼评估体系：骆驼评估体系包括资本充足率（Capital Adequacy）、资产质量（Asset Quality）、管理水平（Management）、收益状况（Earnings）、流动性（Liquidity）五个部分，其英文第一个字母组合在一起为"CAMEL"，因正好与"骆驼"的英文名字相同而得名。

上述方法在内容上都大同小异，共同之处是将道德品质、还款能力、资本实力、担保和经营环境或者借款人、借款用途、还款期限、担保物及如何还款等要素逐一进行评分，但必须把影响企业资信的各个方面都包括进去，不能遗漏，否则资信分析就不能达到全面反映的要求。传统的资信评级要素分析法均是金融机构对客户做信用风险分析时所采用的专家分析法，在该方法中，重点放在定性指标上，通过他们与客户的经常性接触而积累的经验来判断客户的信用水平。另外，美国几家信用评级公司都认为信用分析基本上属于定性分析，虽然也重视一些定量的财务指标，但最终结论还要依靠信用分析人员的主观判断，最后由评级委员会投票决定。

资料来源：综合相关资料编写。

2. 资信评估的指标

资信评估的指标，即体现资信评估要素的具体项目，一般以指标表示。指标的选择，必须以能充分体现评估的内容为条件。

通过对几项主要指标的衡量，就能把企业资信某一方面的情况充分揭示出来。例如，企业的盈利能力可以通过销售利润率、资本金利润率和成本费用利润率等指标加以体现，企业的营运能力可以通过存货周转率和营业资产周转率等指标加以体现。

3. 资信评估的等级

资信评估的等级，即反映资信等级高低的符号和级别。目前，不同的评级机构、对不同的评估对象采用的等级符号和级别各不相同。我国企业资信评估的评估等级通常采用国际上通行的“四等十级制”评级等级，具体等级分为：AAA、AA、A、BBB、BB、B、CCC、CC、C、D。从AAA到CCC等级间的每一级别可以用“+”或“-”号来修正，以示在主要等级内企业资信的相对高低。

4. 资信评估的标准

资信评估的标准即要把被评估企业的资信状况划分为不同的级别，就需要对每一项指标定出不同级别的标准，以便参照定位。明确标准是建立资信评估体系的关键，标准定得太高，有可能把资信好的企业排挤出投资等级；反之，标准定得太低，又有可能把资信不好的企业混入投资等级，两者都不利于资信评估结果。因此，标准的制定必须十分慎重，必须根据企业所在行业的总体水平来确定。

国外通常采用全球标准，使资信评级的标准能够反映世界整体水平，并根据经济发展状况及时调整。但考虑到我国资信评估主要用于国内，且与全球市场相对隔离、企业经营环境和财务状况与国外同行可比性不足等因素，评估标准可以只考虑国内企业的总体水平。一般来说，定量指标可以采用同行业或全社会的平均值作为最低资信等级的标准值，以同行业或全社会最优值作为最高资信等级的标准值。如有监管指标，可以采用监管指标来衡量，对于定性指标，可以根据政策要求和理论分析，确定几条判断优劣的准则作为依据。

5. 资信评估的方法

目前，关于企业资信评估的判别方法和模型层出不穷，主要运用统计方法、计量经济方法及计算机技术进行评估，但迄今为止还没有公认的、有效的和统一的方法。不论采用哪种方法，都需坚持定性分析与定量分析相结合。

6. 资信评估的权重

资信评估的权重即指标体系中各项指标的相对重要性。资信评估的各项指标在资信评估指标体系中的重要性不能同等看待，有些指标比较重要，对企业资信等级起决定作用，其权重就应大一些；有些指标的作用较小，其权重也应相对减小，在评估中必须根据实际情况分别考虑。

（二）资信评估的原则

资信评估的性质及其在市场经济中的重要性决定了资信评估必须遵循一定的原则。著名评估公司的优势不仅在于其评估水平，而且在于因其评估的公正而得到公众的信赖。遵守原则不仅是评估的需要，也是评估的生命力之所在。我国的资信评估坚持相关原则，不仅对于完善资本市场有重要意义，而且对于建立健全信用机制，提供公平竞争的市场环境有重要的意义。

资信评估应遵循的基本原则有：

（1）真实性原则。在评估过程中，必须保障评估基础资料的真实、准确，并采取一定的方法核实评估基础资料的真实性。

（2）一致性原则。所采用的评估基础资料、指标口径、评估方法、评估标准要前后一致。

（3）独立性原则。评估人员在评估过程中要保持独立性，不能受评估物件及其他外来因素的影响，要根据基础资料独立做出评判，运用自身的知识和经验，客观、公正、公平地实施评估。

（4）谨慎性原则。在评估过程中和对评估结果进行分析时，应保持谨慎态度，特别是在给定性指标打分时，要谨慎打分。在分析时，对影响企业经营的潜在风险应准确判断，对某些指标的极端情况更要做深入了解。

三、资信评估的作用

资信评估作为市场经济的必然产物，在国际金融市场日趋开放化、自由化、国际化的今天，已成为资本市场的有机组成和融资机制中不可缺少的组成部分，其地位也日益显著，代表了一种全球性的前景预测。资信评估的结果不仅成为管理者对资本市场进行管理和调节的依据；而且，随着信用风险的日益增大，资信评估也开始在投资者购买证券和价格决策中广泛使用。在我国，随着市场化改革的深入和资本市场的发展，资信评估在市场经济中的作用也日益凸显。

（一）有利于促进社会信用状况的不断改善

市场经济本质上是信用经济，企业之间的相互联系建立在经济合同等经济契约关系的基础上，这就需要在整个经济体系内保持一种良好的资信环境。由于资信评估的内容涵盖企业素质、经济效益、财务质量、管理水平等各个方面，通过建立一套社会资信监督体系，由独立、超脱的中介性机构对企业资信进行评估，并将评估结果公布于众，可以使资信好的企业进一步提高其良好的信誉和知名度，在经济活动、金融交易中取得诸多便利；而资信差的企业，必然感到压力，从而注意增强信用意识，逐步树立良好的社会形象。通过资信评估业务的开展、信息的公布及传播等一系列活动，有利于提高全社会的信用水平，增强社会的资信意识，从而达到维护市场经济秩序，促进社会主义市场经济体系建立和完善的目的。

（二）有利于改善投资环境，扩大引进外资

随着世界经济全球化的发展，微观经济主体之间的经济、技术交流与合作日益增多，然而目前我国部分企业的财务状况缺乏透明度，使合作者难以了解其资信状况，影响了吸引外资的速度和规模。通过定期对企业资信进行评估，并将结果公布于众，可以增加企业的透明度，为其进入国际市场创造条件。同时，由于中介机构提供的评

估结果具有较强的科学性和权威性，使世界范围内的合作者可以利用评估结果做出比较和选择。

（三）资信评估是识别和防范金融风险的有效手段

资信评估是识别和防范金融风险的一种有效手段。首先，金融风险管理的一个核心问题是防范不良贷款，通过资信评估，可以使金融机构在贷款前对贷款企业和项目有一个全面的认识，对资信等级高的企业和项目可以优先考虑，资信等级差的企业和项目则要严格把关，限制贷款，以便在事前杜绝不良贷款的发生。其次，对投资者来说，资信评估主体通过提供客观公正的资信评估信息，帮助投资者在优化投资中做出正确决策和选择，有利于降低投资风险，提高投资者效益。最后，对于金融监管当局来说，通过对金融机构本身资信等级或经营业绩的评估，可以改善金融机构的经营活动，督促金融机构努力改进管理，逐步提高资产质量，规范经营管理行为，实现稳健发展。对于存在问题的金融机构，通过评估，可以暴露问题，从而及时处置问题，避免损失扩大，促进整个金融体系稳健经营，建立一个公平竞争、秩序井然的金融环境。

（四）有利于降低社会信息成本，节约情报费用

资信评估是一项综合性系统工程，在其业务发展的历史进程中，各种经济社会资料日积月累，可以充分利用这些资料，结合现状，采用严密的指标体系和科学的分析方法，评出各类经济组织和发债主体的资信等级，公开发布，供社会广泛使用，这就大大降低了全社会的信息采集成本。如果这些信息由企业或投资者各自单独收集，由于缺少必要的信息渠道和相关的人力、物力，不仅费时、费力，成本费用会大大提高，而且情报的权威性和准确性也会大打折扣。

（五）有利于促进资本市场的稳定和发展

资信评估通过提供资信风险估价的统一标准和证券发行者资信分析的结果，增加了市场的透明度。由于资信评估的结果会影响投资者的数量和对证券的需求，因而可以帮助金融中介机构监管其自身的风险，并确定其经营证券的市场价格；同时资信评估还可作为从事承销和进行证券交易的投资银行及其他金融中介机构在制定业务计划，确定发行价格和代理顾客发行证券时的参考。此外，资信评估制度的普及，起到了澄清传言和猜测的附带作用，有利于资本市场的稳定。总之，一个独立的资信评估制度可以在其被广泛认识和应用的市场中发挥某种自我调节功能，因此，市场经济国家几乎都承认独立资信评估制度是提高证券市场效率的关键手段。

资信评估的理论基础

资信评估是由评估主体（评估机构）根据委托，对评估客体的发展状况、信用水

平做出的一种主观、客观相结合的综合评价，并将评估结果用专门设计的评级符号来表示的过程。由于评估主体本身的专业知识结构、业务水平、判断能力等的限制，以及评估客体本身及所处环境的变化导致的行为的不确定性，使得评估结果的准确性受到主观、客观条件的限制。资信评估具有目标的综合性、指标的复杂性和评价的层次性等特点，这就决定了评估过程中需要综合运用多学科的理论作为指导，概括来说资信评估的理论基础主要有以下几种：

1. 系统评价理论

系统是由相互作用和相互依赖的若干组成部分结合成的具有特定功能的有机整体。系统评价是根据预定的系统目标，在系统调查和可行性研究的基础上，主要从技术和经济等方面，对事物进评审、选择和判定。在资信评估过程中，系统理论和方法可以作为一种指导思想和分析方法，对评估客体的整体性、层次性、系统内各要素及其重要程度做出总体评价。对于资信评估所分析的系统而言，一要对系统企业内部的形成和运行展开分析；二要考察系统受其所处环境的影响和制约；三要考察系统对环境的适应能力和生存能力。因此，在资信评估过程中，必须采用科学合理、可测的输入、输出指标用其比值（或差值）来反映系统的有效性。认识对象是资信评估的前提和基础，资信评估结果的合理性与准确性首先依赖于对系统全面、客观的认识。

资信评估系统作为一个系统，整体性是它的最基本的特征。资信评估系统的整体性集中体现为风险评估目标、评估规律和评估系统功能的整体性。风险评估目标的整体性是指信用风险程度是资信评估的整体目标，围绕这一目标，各个评估主要素必须服从于整体目标，分要素也必须和对应的主要素保持一致。只有这些主要素为整体目标服务并和整体目标保持一致，才能更好地评估信用风险，提高评估质量。评估规律的整体性是指各主要素之间、主要素对应的分要素与分要素之间、主要素与信用风险之间以及信用风险与环境之间的有机联系，这决定了评估系统的运动规律只能从整体上显现出来，企业资信评估的理论基础各要素的作用都不能离开评估整体的协调去考虑。评估系统功能的整体性是指系统的整体功能虽然要以各要素的功能为基础，但又不是各要素功能的简单相加，而是诸要素相互联系而产生的新的功能。

2. 不确定风险评估理论

日本学者武井勋在其著作《风险理论》中，归纳出风险应具备三个基本要素：①风险是客观存在的；②风险可以被测算；③风险与不确定性相联系，亦有所差异。在这个基础上，风险被定义为在特定环境下和特定时期内自然存在的，并导致经济损失的变化，从而表明风险可通过一定的途径、方法和手段进行计量和测量。从上述对风险的定义可以看出风险具有以下几个基本特征：

第一，客观性。风险是由于不确定性因素而使人们遭受损失的可能性，而可能性是客观存在的，因此无论当事人是否愿意接受都无法消除它，风险是客观存在的。

第二，偶然性。风险虽然是一种客观存在，但它的具体发生时间和大小是偶然性的事件，即一件事件何时发生、以怎样的形式发生、损失程度等是不确定的。

第三，相对性。对不同的承受主体、时空条件，风险有不同的含义。即使是相同的不确定性，不同的经营主体所感受或面临的风险程度也是随着时空条件的变化而变化的。

第四，可测性与可控性。可测性是指能够根据过去的统计资料来判断某种风险发生的概率以及造成经济损失的程度，风险的可测性为风险控制提供了依据，据此可以对风险进行控制。

第五，风险与收益并存。即风险是收益的代价，收益是风险的报酬，人们可以根据对风险的认识和把握并结合自己的情况选择适当的手段以实现其效益。从资信评估的概念出发，可知评估的核心是对被评估对象的信用风险做出计量和预测。资信评估过程中的风险分析包括客观风险、主观风险和行为风险，根据各个风险点的关系利用概率论的方法，可以对违约风险进行测算。

对风险的评估一般包括两个方面：一是估计风险事故发生的概率；二是估计风险可能造成的损失。估计风险事故发生的概率有两种方法：客观概率和主观概率。客观概率是指风险发生的概率数值是客观存在的，不以人的意志为转移，通常根据大量实验用统计方法求得。然而现实中，由于缺乏足够的信息，无法进行准确的预测，只能由决策者进行主观估计，称为主观概率。介于二者之间的情形，称为合成概率，是对以上两种情况综合分析的结果，也是资信评估过程中最常用的方法。

3. 模糊数学理论

资信评估的实质是对企业信用风险的评估，由于影响信用风险的各因素具有一定的模糊性，因此可以运用模糊数学理论来进行风险评估。模糊数学是一门研究和处理模糊问题的理论和方法的学科。为了识别事物，人们总要依据一定的标准对它们进行分类，在现实生活中，有许多事物可以依据精确的标准把它们分为彼此界限分明的类别，这类事物就属于清晰的事物。但对于另一些事物，人们无法找到精确的分类标准，因此无法判定其是否属于某一类别，也很难做出明确的断言，事物的这种类别隶属的不清晰性被称为模糊性。“模糊事物”不精确的根源在于缺乏明确的类别隶属判断依据。由于影响信用风险各种因素的状况并非一成不变，信用风险判断标准和自身的属性都具有模糊性，因此模糊理论可以用来对信用风险进行综合评判和预测，信用风险综合评判中各指标之间的权数分配也可以通过模糊数学方法来确定。

4. 财务分析理论

财务分析的目的是通过对有关财务数据的趋势进行分析和预判，来评价和预测企业的获利能力、偿债能力和财务状况。由于被评估企业的财务状况是其生存发展的关键所在，所以财务分析理论在资信评估中有很强的指导性和针对性。财务分析主要是通过对企业历史财务数据的分析来确定企业现有获利能力、偿债能力和财务状态；而财务预测分析则主要是对企业未来财务状态进行预测。在财务分析中常用的财务报表有三类：资产负债表、损益表和现金流量表。通过财务指标之间的内在联系，求得其比率关系，并与有可比性的参照值对比，来衡量企业的财务质量水平，评估企业违约的可能性。

5. 和谐理论

和谐理论认为经济社会运行机制的不协调是造成系统中出现若干问题的关键。其不协调主要表现为缺乏一种充分发挥系统成员与子系统聪明才智和创造性的机制，从而导致系统结构失调，缺乏对环境的适应性和应变能力。基于此，和谐理论分析了经济社会系统结构、特征和运行机制以及产生的负效应的类型（要素负效应、构成性负效应、组织性负效应、精神性负效应、内外失调性负效应和总体性负效应），指出只有系统形成总的和谐体，系统才能使企业资信评估的理论基础充满活力，才能最大限度地发挥系统功能。和谐理论的核心是和谐机制，和谐机制是具有动态适应和调节能力以及维持系统和谐性的机制。它不仅包括运行机制的和谐，即系统构成和谐、组织和谐、内部环境和谐与外部环境和谐即系统总体和谐等层次的有机协调运行机制，而且包括控制机制的和谐，即既重视组织手段和法律制度等方面，又重视政策、系统文化、内部环境等方面。

资信评估的目的是揭示企业的信用风险，和谐理论通过对信用风险评估系统的运行规律和机制进行研究，揭示信用风险评估系统协调发展的机理和途径，为信用风险评估指明了可追求的轨迹主线；和谐理论分析明确了信用风险评估系统行为和特性的控制机制，为信用风险评估手段更为有效地实施指明了方向；依据和谐理论建立的有关理论模型，为信用风险的科学评估提供了理论工具。

和谐理论提供了一个考察经济信用系统的新视角，它强调系统局部或某个方面的改进或减弱，既可能造成整体功能的增强，也可能造成整体功能的下降，决定总体功能增强与否的关键在于系统局部或某个方面的变化是否改善了系统的总体性能，是否有利于系统形成一个和谐整体。

运用上述理论对企业资信进行评估时，为了使评估结果客观、全面、科学，必须坚持静态分析与动态分析相结合，定量分析与定性评价相结合的原则。这是因为，对具体的历史指标和定量数据的分析、计量，虽然可以反映企业的生产经营和信用状况，但由于社会经济环境不断变化，企业自身也不断运作，必须结合动态分析，对企业的发展前景、项目效益、应变能力、市场竞争能力、履约能力等不断变化的要素进行评价和判断。而且，不同的企业，由于所有制形式、产业政策、社会效益、财务效益的侧重不同，价格体制、行业、地区、时间不同，使企业的信用状况存在着很大的差异，只用定量指标难以对企业进行客观、公正的评价，况且很多要素，如企业素质、筹资方向、外部环境等难以量化，因此，必须坚持定量分析与定性评价相结合的评估方法。

资料来源：综合相关资料编写。

第二节　资信评估指标体系

企业资信评估指标体系分为三部分，即产业风险分析指标、企业经营能力指标和财务评价指标，前两个指标侧重于对企业所处行业、市场状况和企业经营能力的分析，定性考察企业的资信状况；财务评价指标则是对企业的财务状况进行定量分析。

一、产业风险分析指标

产业风险分析的内容是衡量行业面临的总体风险，其目的是判断企业所属行业所处的生命周期阶段，以及对经济变动反映的敏感性，产业风险分析揭示了产业因素对企业经营的影响程度。产业风险分析指标主要由宏观经济环境、政策和监管环境、产业状况等构成。

1. 宏观经济环境

每个企业都处于一定的宏观经济环境之中，一个国家或地区整体经济发展的快慢及其稳定性对每一个行业和企业造成程度不一的影响，因而宏观经济环境的变化会对受评对象的产品或服务需求、原料供给以及盈利能力、资产质量等方面产生影响。我国正处于经济转型的重要历史时期，市场化取向的改革和对外开放使每一个经济主体不可避免地面对国内乃至全球的市场竞争，分析和把握宏观经济环境是资信评估的根本出发点。

2. 政策和监管环境

国家现行产业政策和其他相关政策法规是企业外部经营环境的一个重要方面。政策和监管环境的变化直接影响相关产业的结构调整、竞争状况和发展潜力，从而对该产业受评对象的未来偿付能力造成有利或不利的影响。因此，必须从国家现行政策和监管环境对行业的影响入手，力图把握国家政策和监管环境的变化趋势对受评对象未来偿付能力可能产生的影响。另外，政府对企业的支持除了各种政策措施外，更重要的是，在企业一旦出现无力偿付的危机时，政府是否会直接偿付或通过中央银行或政策性银行融入外部资金间接偿付。为此，必须区分企业的所有制结构及其在国民经济中的相对重要性。

3. 产业状况

分析产业状况主要是为了判断受评对象所属产业的基本特征和发展趋势。首先需要区分该产业是上升产业还是衰退产业，是稳定的产业还是对经济变动反应敏感的产业。产业组织和集中化程度也是分析产业状况的一个重要方面。一般来说，垄断程度较高的产业（如石油化工和铁路运输）比更趋向于自由竞争的行业盈利更有保障、风险相对较低，受政府支持的可能性较大。

二、企业经营能力指标

企业经营能力分析主要包括企业管理层素质和企业竞争地位分析、市场与产品分析、信用记录等。企业经营业务范围的大小、提供产品的多样化程度、企业客户在经济上和地理上的多样化、厂房、设备以及需要投入的资金等都对企业未来产生现金的能力提供重要分析依据。分析各项业务在企业整体盈利中所占比例及客户的相对重要性，可以发现该企业收入来源是否过于集中，使其盈利能力易受市场波动、易受原料供应和技术进步等因素的影响。资本密集型企业往往比劳动密集型企业需要更多的资金投入，以维持现有经营规模或扩大投资领域，但资本支出数量只有与企业经营活动产生现金的能力、资产负债结构和再融资能力相对照才能做出资本支出数量是否适度的定性判断。企业的竞争地位可以通过多项指标加以衡量，如某种产品或服务的市场占有率、成本结构及其增收节支潜力、设备和技术水平等。通过对受评对象在同行业中所处位置的分析，可以判断当外部经营环境出现不利变化时，企业能否维持其获得现金的能力。

管理层素质是决定受评对象资信状况的重要因素之一，因为一个企业是否具有产生足够现金以偿还债务的能力最终取决于管理者能否最大限度地利用现存资源和市场机遇，也取决于管理者是否具有应付可能出现不利情况的能力。对管理层素质的评估主要从企业发展战略、经营策略、组织结构及相关管理制度等方面进行，以判断在企业处于逆境时管理层维持企业信用的能力和风险。企业是否有明确的发展目标以及为此而采取的管理措施的有效性是评估受评对象管理层素质的重要内容。通过对企业发展目标和管理措施及其可行性的了解和分析，可以为评估管理层经营理念、对未来风险和机会的把握、对投资和融资的趋向提供重要依据。通过对企业历史信用记录的分析，可以了解企业是否具备恪守信用的习惯、意愿及能力，为判断企业未来的履约意愿及能力提供参考。

三、财务评价指标

财务评价以受评对象过去2～3年的财务数据为基础，通过对有关财务指标的定量分析，并结合影响受评对象未来偿付能力各种因素的定性分析，对受评对象未来现金流量、其他现金来源和债务结构进行预测。如果把企业的偿债行为分为主观上愿意和客观上能够支付两个层次，财务评价侧重于解决支付债务的客观财务状况保障，财务评价指标一般包括盈利能力及成长性、营运能力、现金流量充足性、偿债能力和其他流动性来源、担保和其他还款保障等方面。进行财务评价时，根据企业基本财务指标计算财务评分，再结合对企业财务政策的评价，对企业财务状况进行综合评估。

1. 盈利能力及成长性

较强的盈利能力及其稳定性是企业获得足够的现金以偿还到期债务的关键因素。充足而稳定的收益往往能够反映企业管理层良好的管理素质和开拓市场的能力，同时增强了企业在资本市场再融资的能力，使企业资产具有较好的流动性，而较高的财务灵活性和资产流动性反过来又强化了企业的竞争优势。盈利能力的评估不仅要考察企业目前的盈利水平，而且要对企业盈利的来源、构成及其稳定性，特别是价格的形成基础和成本构成进行深入分析，并对影响企业未来盈利能力的主要因素及其变化趋势做出判断。应该看到，由于收入和利润的确定受人为因素的影响较大，折旧、存货估价、应收应付项目、递延税款的会计处理等因素使收益水平与实际现金流量之间存在着较大差异，因而在工业企业资信评估中盈利能力的重要性比现金流量充足性的重要性要低。

反映企业盈利能力及成长性的指标主要有：销售净利润率、销售毛利率、成本费用利润率、净资产收益率、资产净利润率。

2. 营运能力

营运能力体现了企业的资产管理能力及管理效果，在一定程度上反映了资产转化为现金的速度，一般通过资产的周转率或周转期来表示。资产周转期越短，周转速度越快，则一定时期内资产被利用的次数就越多，形成资产的相对节约，相当于资产投入的扩大，从而增加了资产对收益的贡献，一定程度上增强了企业的盈利能力；反之，资产周转速度越慢，则占用资金越多，导致企业盈利能力减弱。从这个意义上说，营运能力与盈利能力和偿债能力是息息相关的，反映企业营运能力的指标有：总资产周转率、应收账款周转率、存货周转率、流动资产周转率。

3. 现金流量充足性

现金流量及其相关比率是衡量受评对象偿付能力的重要指标，其中企业从正常经营活动中产生的净现金流量是偿还到期债务的根本来源。将某一期间现金总流量、留存现金流量和自由现金流量与到期总债务相比，可以反映受评对象营运现金对债务的保障程度，而将现金总流量、留存现金流量与资本支出相比，则可反映受评对象依靠营运现金维持和扩大经营规模的能力。当然不同行业现金流量充足性标准不同，这就需要将同类企业相对照，以对受评对象现金流量充足性做出判断。反映企业现金流量充足性的指标有：营业现金净流量、销售现金比率、现金到期债务比率、现金债务总额比率、全部资产现金回收率。

4. 偿债能力和其他流动性来源

企业偿债能力的强弱是企业财务状况稳定与安全的重要标志，它表明企业对债务的承受能力和偿还债务的保障能力。从偿债义务来看，评价企业的偿债能力包括按期支付利息和到期归还本金两个方面；从偿债资金来源方面看，偿债资金来源除了正常营运活动产生的现金之外，还包括为偿还债务而可利用的其他资源，这些资源包括企业能直接控制的内在资源（固定资产、流动资产或金融资产）和外部现金来源，以及有协议支持的银行借款承诺或特定银行的信贷额度。

对于工业企业而言，有关资产主要是流动资产和长期资产。企业的偿债能力可分为短期偿债能力和长期偿债能力两个方面。反映短期偿债能力的指标是：流动比率、速动比率、保守速动比率；反映长期偿债能力的指标是：资产负债率、利息保障倍数、产权比率和有形净值债务率。此外，受评对象的担保责任、融资租赁等或有负债项目也会加大受评对象的债务负担，从而降低其总体债务偿付能力。

与受评对象未来偿债能力紧密相关的是企业负债结构与债务偿还的优先次序，这也是现金流量分析的另一方面，即对现金流量和其他流动性来源的需求。受评对象历史负债水平与债务结构可以大致反映管理层的理财观念和对财务杠杆的运用策略，同时也可以为评估该企业再融资空间提供某些依据。此外，债务到期的安排是否合理，对于某一期间企业的偿付能力有很大影响，如果某一期间到期债务过于集中，不能偿付的风险会明显加大，而过分依赖短期借款则容易导致再筹资风险。

5. 担保和其他还款保障

实力较强的企业为受评对象提供担保，相当于提供了一个可以影响或控制的潜在的偿债来源或第二偿债来源，并在一定条件下转变成现实的偿债资金，因而可以提高受评对象的信用等级。但即使是连带责任担保也可能因为相关法规不健全或其他人为因素而不能实现，从而使债权人的利益受到损害。因此，评估时应当对担保实现的可能性予以关注，同时对担保实力做出评估。此外，政府直接援助、母公司对子公司的支持协议等也可以为某项债务的偿付提供程度不一的保障。对担保因素主要采用定性指标进行分析。

简要来说，整个资信评估的过程如下：首先进行行业分析，衡量行业的发展前景、对经济变动反映的敏感程度以及行业结构特征。其次对被评估企业的经营能力和经营成果进行分析，适当预测企业的发展前景。最后结合企业的财务政策，评价企业的财务状况，做出财务预期。通过以上综合分析判断，结合行业内其他企业的总体水平，最终确定企业的资信等级。

四、资信评估指标体系的设置原则

资信评估指标体系是评估机构和评估人员从事评估工作的依据，也是衡量评估结果是否客观公正的标尺，它直接关系到资信评估工作的严肃性、权威性和科学性，是整个资信评估制度的灵魂。因此，资信评估指标体系的建立必须以正确的原则为指导，只有这样，才能保证评估结果的客观公正。

（一）全面性原则

资信评估指标体系的内容应该全面反映所有影响被评估对象信用状况的各项指标，不仅要考核被评估对象过去的业绩，还要预测被评估对象未来的发展趋势；不仅考虑被评估对象本身的情况，还需研究被评估对象周边的环境如宏观经济、行业状况及其产生的影响。同时还应把指标按影响程度的大小区别对待，使指标在指标体系中占不同的比重，实现全面评价，而不能仅通过对少数几项指标的评估就做出结论。

（二）科学性原则

建立资信评估指标体系时，各项指标必须有机配合，形成体系，相互之间既不重复（无包含关系），又无矛盾；同时，指标的计算和评估方法必须科学而有依据。整个资信评估指标体系的建立，应在不断实践的基础上逐步充实和提高，既防止朝令夕改，造成资信评估指标体系的随意性；又要接受实践的考验，逐步增强资信评估指标体系的科学性。

（三）针对性原则

资信评估指标体系必须具有针对性，针对不同的评估对象和评估目的，资信评估指标体系应有所区别。由于不同地区、不同行业的企业具有各自的经营特点，因而资信评估指标体系的设计要考虑企业经营的特殊性，而不能千篇一律。

（四）公正性原则

资信评估指标体系的建立，应符合客观事实，能正确反映评估对象资信等级的真实面貌，资信评估指标体系不能偏向评估对象或投资主体的任何一方，评估机构和评估人员必须态度公正、评价客观，以事实为依据，而不能任意改变评估指标、计算方法和评估标准。

（五）合法性原则

资信评估必须遵守国家有关政策、法律和法规，资信评估指标体系应考虑国家宏观政策导向，有些经济效益指标和风险监管指标（如金融行业的指标），国家监管机关规定有标准值的，必须体现规定要求。

（六）可操作性原则

资信评估指标体系的建立，要具有实用性，便于操作和设计计算机运算程序。既要符合我国国情，具有本国特色；又要参照国际惯例，考虑今后同国际惯例接轨的需要。

穆迪工业性公司资信评估指标体系

在近百年的资信评估历史中，穆迪投资者服务公司（Moody's Investors Service，以下简称穆迪）形成了比较成熟的全球资信评估方法体系，其权威性已得到世界公认。穆迪信用评级的核心是充分揭示和预警风险，结合受评对象的具体情况，对影响其未来偿付能力的各种要素进行系统而深入的分析。在信用评级过程中，穆迪一贯反对单纯依靠数学模型和财务指标进行评级，或者用固定的公式去限制评估人员的分析和判断，而是主张定性和定量相互结合，强调对各要素内在联系和变化规律的了解与把握，强调同类企业的对比，注重评估人员经验的积累和专家的综合评判。正是这种原则性和灵活性使穆迪的信用评级能够反映不同国家和地区、不同类型的发债主体和债务工具的具体特点和信用状况。这些基本方法和技术是穆迪百年经验的结晶，其合理性和普遍适用性已经不断得到实践的检验，并日趋完善。

对于企业资信评估指标体系，以工业企业为例，穆迪主要从以下8个方面进行定性分析，即：①行业发展趋势；②国家政策与监管环境；③管理层素质及承担风险态度；④公司经营及竞争地位；⑤财务状况及流动资金来源；⑥公司结构框架；⑦母公司担保及支持协议；⑧特发事件风险。

对于定量指标，根据3~5个年度的财务数据，主要分析以下几个方面：

（1）收入分析：商品销售收入成本率、折旧和摊销费用占销售额比率，销售收入费用率、租金费用占销售额比率，经营收入占销售额比率，利息费用、利息费用占销售额比率，税前收入占销售额比率，税率、税负率、净股息支付率、红利支付占现金流动总额比率等。

（2）倍数范围分析：利息支付倍率，利息+100%租金倍率，利息费用+1/3租金倍率，总的倍数率。

（3）资产效率分析：平均资产周转率、调整后的平均资产周转率、存货周转率、每日应收账款、每日应付账款、存货占销售比率。

（4）资产和资本总额的收益率分析：税息前收入、资本化总额、债务总额、普通股及盈余、普通股权益、税息前收入占平均资产的比率，税息前收入占平均资本总额的比率，平均资本总额占非举债经营回报率，平均普通权益回报率，平均负债成本率。

（5）现金流量/投资分析：现金总流量、留存现金流量、净资本支出、营运资本、所用净资本、其他净投资使用权、总投资、发生的或要求的净融资、已发行净权益、债务变更、现金和可转让证券的变更。

（6）现金流动比率分析：资本支出总额占折旧和摊销费用比率，累计折旧占折旧、摊提费用比率，现金流量总额占资本支出总额比率，现金流量总额占净资本支出比率，留存现金流量占资本支出总额比率，留存现金流量占净资本比率，现金流量占债务总额比率。

（7）资本化总量分析：资本总额、债务总额占资本总额比率，少数股股息占资本总额比率，延付税费占资本总额比率，累计转换调整资本总额比率，普通股和盈余占资本总额比率。

(8) 已调整的资本总额分析：已调整的债务总额占已调整的资本总额比率，少数股股息调整占资本总额、清算期优先股占已调整的资本总额比率、累加的转换调整占已调整资本总额比率。

(9) 已调整债务分析：短期债务总额、已调整的长期债务总额占已调整债务的比率，次级长期债务占已调整债务的比率，优先长期债务占已调整债务比率，资本化租金占已调整债务比率。

(10) 其他举债经营比率分析：利息敏感性债务占已调整的资本总额比率，已调整的流动性债务占已调整的资本总额比率，普通权益占已调整的资产总额比率，债务总额占市场资本总额比率，负债总额占调整净价值比率。

(11) 经营部门数据及关键经营财务状况分析：营业毛利、现金流量占资本支出比率。同时，在信用评级的有效期内，还对被评估企业的资信状况进行跟踪监测。跟踪监测的主要方法是观察财务指标的发展趋势，一旦发现重大变动，影响资信等级，就及时披露，引起投资者注意。

资料来源：综合相关资料编写。

第三节 信用等级的划分和评定

一、信用等级的划分

资信评估的信用等级符号及其含义如表 2-2 所示。

表 2-2　　资信评估的信用等级符号及其含义

信用等级	信用状况	含义
AAA 级	信用极好	企业的信用程度高、债务风险小。该类企业具有优秀的信用记录，经营状况佳，盈利能力强，发展前景广阔，不确定因素对其经营与发展的影响极小
AA 级	信用优良	企业的信用程度较高，债务风险较小。该类企业具有优良的信用记录，经营状况较佳，盈利水平较高，发展前景较为广阔，不确定因素对其经营与发展的影响很小
A 级	信用较好	企业的信用程度较好，在正常情况下偿还债务没有问题。该类企业具有良好的信用记录，经营处于良性状态，但足可能存在一些影响其未来经营与发展的不确定因素，进而削弱其盈利能力和偿债能力

续 表

信用等级	信用状况	含义
BBB 级	信用一般	企业的信用程度一般，偿还债务的能力一般。该类企业的信用记录正常，但其经营状况、盈利水平及未来发展易受不确定因素的影响，偿债能力有波动
BB 级	信用欠佳	企业信用程度较差，偿债能力不足。该类企业具有较多不良信用记录，未来发展前景不明朗，含有投机性因素
B 级	信用较差	企业的信用程度差，偿债能力较弱
CCC 级	信用很差	企业信用很差，几乎没有偿债能力
CC 级	信用极差	企业信用极差，没有偿债能力
C 级	没有信用	企业无信用
D 级	没有信用	企业已濒临破产

我国与国外有较大不同，资信评估的主要服务对象是准备向银行借款或者发行债券以及进行其他信用交易的企业。我国企业的资信评估与企业债券评级是作为相对独立的两项业务来开展。由于企业债券市场欠发达，债券评级的需求比较有限。现在国内资信评估机构的收入主要来自对寻求银行贷款的企业的信用评级，这一收入通常占到了资信评估机构总收入的80%左右，对企业自身的整体信用评级是我国资信评估行业的主要业务形式。下文（一）、（二）、（三）是银发〔2006〕95 号文件《中国人民银行信用评级管理指导意见》附件的内容。还可以参考证监发行字〔2003〕106 号文件《资信评级机构出具证券公司债券信用评级报告准则》、保监发〔2003〕74 号文件《保险公司投资企业债券管理暂行办法》，一并深入理解。

二、信用等级的评定

（一）借款企业信用评级要素、标识及含义

信用评级机构对企业进行信用评级应主要考察以下几个方面的内容：

（1）企业素质：包括法人代表素质、员工素质、管理素质、发展潜力等。

（2）经营能力：包括销售收入增长率、流动资产周转次数、应收账款周转率、存货周转率等。

（3）获利能力：包括资本金利润率、成本费用利润率、销售利润率、总资产利润率等。

（4）偿债能力：包括资产负债率、流动比率、速动比率、现金流等。

（5）履约情况：包括贷款到期偿还率、贷款利息偿还率等。

（6）发展前景：包括宏观经济形势、行业产业政策对企业的影响；行业特征、市

场需求对企业的影响；企业成长性和抗风险能力等。

借款企业信用等级应按不同行业分别制定评定标准。

借款企业信用等级分三等九级，即 AAA、AA、A、BBB、BB、B、CCC、CC、C。等级含义如下：

AAA 级：短期债务的支付能力和长期债务的偿还能力具有最大保障；经营处于良性循环状态，不确定因素对经营与发展的影响最小。

AA 级：短期债务的支付能力和长期债务的偿还能力很强；经营处于良性循环状态，不确定因素对经营与发展的影响很小。

A 级：短期债务的支付能力和长期债务的偿还能力较强；企业经营处于良性循环状态，未来经营与发展易受企业内外部不确定因素的影响，盈利能力和偿债能力会产生波动。

BBB 级：短期债务的支付能力和长期债务偿还能力一般，目前对本息的保障尚属适当；企业经营处于良性循环状态，未来经营与发展受企业内外部不确定因素的影响，盈利能力和偿债能力会有较大波动，约定的条件可能不足以保障本息的安全。

BB 级：短期债务支付能力和长期债务偿还能力较弱；企业经营与发展状况不佳，支付能力不稳定，有一定风险。

B 级：短期债务支付能力和长期债务偿还能力较差；受内外不确定因素的影响，企业经营较困难，支付能力具有较大的不确定性，风险较大。

CCC 级：短期债务支付能力和长期债务偿还能力都很差；受内外不确定因素的影响，企业经营困难，支付能力很困难，风险很大。

CC 级：短期债务的支付能力和长期债务的偿还能力严重不足；经营状况差，促使企业经营及发展走向良性循环状态的内外部因素很少，风险极大。

C 级：短期债务支付困难，长期债务偿还能力极差；企业经营状况一直不好，基本处于恶性循环状态，促使企业经营及发展走向良性循环状态的内外部因素极少，企业濒临破产。

每一个信用等级可用“+”“-”符号进行微调，表示略高或略低于本等级，但不包括 AAA^{+}。

（二）银行间债券市场金融产品信用评级要素、标识及含义

对金融产品发行主体评级应主要考察以下要素：宏观经济和政策环境，行业及区域经济环境，企业自身素质，包括公司产权状况、法人治理结构、管理水平、经营状况、财务质量、抗风险能力等。对金融机构债券发行人进行资信评估还应结合行业特点，考虑市场风险、信用风险和操作风险管理、资本充足率、偿付能力等要素。

对金融产品评级应包括以下要素：募集资金拟投资项目的概况、可行性、主要风险、盈利及现金流预测评价、偿债保障措施等。

信用等级的划分、符号及含义：

（1）银行间债券市场长期债券信用等级划分为三等九级，符号表示分别为：AAA、AA、A、BBB、BB、B、CCC、CC、C。等级含义如下：

AAA 级：偿还债务的能力极强，基本不受不利经济环境的影响，违约风险极低。

AA 级：偿还债务的能力很强，受不利经济环境的影响不大，违约风险很低。

A 级：偿还债务能力较强，较易受不利经济环境的影响，违约风险较低。

BBB 级：偿还债务能力一般，受不利经济环境影响较大，违约风险一般。

BB 级：偿还债务能力较弱，受不利经济环境影响很大，有较高违约风险。

B 级：偿还债务的能力较大地依赖于良好的经济环境，违约风险很高。

CCC 级：偿还债务的能力极度依赖于良好的经济环境，违约风险极高。

CC 级：在破产或重组时可获得保护较小，基本不能保证偿还债务。

C 级：不能偿还债务。

除 AAA 级、CCC 级以下等级外，每一个信用等级可用“+”“-”符号进行微调，表示略高或略低于本等级。

（2）银行间债券市场短期债券信用等级划分为四等六级，符号表示分别为：A—1、A—2、A—3、B、C、D。等级含义如下：

A—1 级：为最高级短期债券，其还本付息能力最强，安全性最高。

A—2 级：还本付息能力较强，安全性较高。

A—3 级：还本付息能力一般，安全性易受不良环境变化的影响。

B 级：还本付息能力较低，有一定的违约风险。

C 级：还本付息能力很低，违约风险较高。

D 级：不能按期还本付息。

每一个信用等级均不进行微调。

（三）担保机构信用评级要素、标识及含义

信用评级机构对担保机构进行信用评级应主要考察以下几个方面的内容：

（1）经营环境：主要包括宏观和地区经济环境、行业环境、监管与政策、政府支持等。

（2）管理风险：主要包括管理层、专业人员等人力资本、法人治理结构、内部管理和运营体制。

（3）担保风险管理：包括担保政策、策略与原则，担保业务的风险管理制度、程序，实际运作情况。

（4）担保资产质量：包括担保资产信用风险、集中程度、关联担保风险，并根据各方面的情况对未来的担保风险进行预测。

（5）担保资本来源与担保资金运作风险：包括担保资本补偿与增长机制、担保资金流动性、安全性和营利性等。

(6) 偿债能力与资本充足性：主要包括资本充足率、货币资本充足率、流动性等。

担保机构信用等级的设置采用三等九级，符号表示分别为：AAA、AA、A、BBB、BB、B、CCC、CC、C。等级含义如下：

AAA 级：代偿能力最强，绩效管理和风险管理能力极强，风险最小。

AA 级：代偿能力很强，绩效管理和风险管理能力很强，风险很小。

A 级：代偿能力较强，绩效管理和风险管理能力较强，尽管有时会受经营环境和其他内外部条件变化的影响，但是风险小。

BBB 级：有一定的代偿能力，绩效管理和风险管理能力一般，易受经营环境和其他内外部条件变化的影响，风险较小。

BB 级：代偿能力较弱，绩效管理和风险管理能力较弱，有一定风险。

B 级：代偿能力较差，绩效管理和风险管理能力弱，有较大风险。

CCC 级：代偿能力很差，在经营、管理、抵御风险等方面存在问题，有很大风险。

CC 级：代偿能力极差，在经营、管理、抵御风险等方面有严重问题，风险极大。

C 级：濒临破产，没有代偿债务能力。

除 CCC 级以下等级外，每一个信用等级可用“+”“-”符号进行微调，表示略高或略低于本等级，但不包括 AAA^{+}。

我国资信评估指标体系的构建

1. 遵循资信评估相关国际惯例

遵循国际惯例，不仅是提高我国资信评估质量和权威性的手段，也是与国际市场接轨的需要。因此，我国的资信评估指标体系应遵循简单性、可比性和公开传播性原则等国际惯例。所谓简单性原则是使评估指标体系尽可能简单易懂，便于投资者比较违约可能性及预估可能损失的程度。可比性原则是指在同一评估体系中，各种类型的债务其信用等级的解释与含义基本一致，而无须考虑货币单位、发行者类型及地区的不同，从而使同一信用级别的不同负债主体的资信评估指标体系在风险程度上具有可比性。公开传播性原则是指评估机构的评估结果和评估方法要通过其传播媒介在全球资本市场上公开，以使尽量多的投资者能获得相同的评级信息。需要说明的是，穆迪和其他国际性资信评估机构的评级包括外债评级和本地货币评级，其中外债评级的受评对象受所在主权国家信用级别的限制，即某一国家的任何经济主体所发行的外币债券信用等级均以该国的国家信用等级为上限，本地货币评级则不受此限制。由于我国目前的信用评级主要是本地货币评级，即人民币评级，其信用级别的决定不受主权信用级别的限制，但评估时仍要考虑宏观经济的有关风险，并将外汇风险作为影响相关受评对象未来偿付能力的重要因素。

2. 注重企业外部因素的分析和评价

经济体制改革和对外开放进程中政府相关政策和监管措施变化、企业制度的转变和政府对国有企业的支持力度等对受评对象未来偿付能力影响很大。因此，指标体系的设计应特别重视对企业外部因素的定性分析和评价。

3. 资信评估基本要素的侧重点

由于转型时期的经济活动受政府行为的影响较大，在设计有关宏观经济环境和产业背景方面的指标时，应特别注重政府支持的可能性和相关行业政策变化的影响。同时，由于我国宏观经济和产业环境可预测性有待进一步增强，一般只能对受评对象未来2~3年的信用状况进行预测和判断（穆迪一般预测3~5年）。在企业内部因素分析中，更侧重于企业所有制性质、管理水平和企业基本经营的稳定性等定性指标的设计与分析。在担保和其他外部支持分析方面，穆迪主要对有关担保条款和母子公司相关协议进行了解和分析，由于我国相关法制不健全，即使有担保合同和相关协议也不一定能够得以执行，因此应更侧重于分析担保和其他外部支持的可能性，并对担保企业的信用状况进行全面、深入的调查和分析。

此外，在设计资信评估指标体系时，在财务分析方面，应更重视对受评对象现金流量指标的分析和预测，资产和其他流动性来源因为变现渠道较少，其重要性相应降低。在盈利能力分析方面，应更侧重于产品价格的形成基础，如是政府定价还是市场定价、受国内区域市场和国际市场供求关系的影响程度等。企业生产成本和相关费用构成也要特别关注，因为一些成本和费用可能是由政策造成的，其会计处理受相关政策的影响较大。

4. 具体财务指标的设置和运用

由于我国企业会计制度和经营环境与西方发达国家存在一定差别，因此，在资信评估具体指标选择上必然与国际惯例有所不同，如穆迪用固定费用保障倍数衡量受评对象息税前盈余对所有固定支出的保障程度，固定支出主要包括利息、经营租赁费用和优先股股利。但由于我国目前大部分企业经营租赁费用很少，并且不存在优先股股利负担，因此可以用利息保障倍数来衡量受评对象的利息支付能力。

在财务指标的运用上，如在银行信用评级中，由于西方发达国家呆账准备金的提取由各银行自行决定，穆迪一般将受评银行呆账准备金提取比率与其他银行进行对比，以揭示受评银行呆账准备金是否充分和管理层对信贷风险的态度。由于目前我国银行呆账准备金的提取由监管机构统一规定，比率是固定的，这一指标对于揭示呆账准备充足性，特别是风险管理水平的作用不大，因此需要将受评银行呆账准备金与贷款规模和贷款质量进行深入分析和比较，而不能单纯根据财务指标进行判断。

资料来源：综合相关资料编写。

1. 资信有狭义与广义之分。本书所论及的企业资信是指狭义的资信，是企业基础素质、财务状况、经营状况、资产质量、社会信誉、发展潜力等各方面综合素质的集中体现。企业资信评估是由评估主体采用公正、科学、权威的资信考核标准，对企业的履约能力和信用风险进行揭示、评价、监测，采用国际通用的符号标明资信等级，并向社会公告的过程。随着生产社会化、经济国际化和国际金融市场的迅速发展，资信已成为企业发展和参与国际经济技术合作的必备条件。

2. 资信评估应遵循的原则有：真实性原则、一致性原则、独立性原则和谨慎性原则。

3. 资信评估指标体系的设置原则包括：全面性原则、科学性原则、针对性原则、公正性原则、合法性原则和可操作性原则。

4. 资信评估指标体系包括：产业风险分析指标、企业经营能力指标、财务评价指标。产业风险分析的内容是衡量行业面临的总体风险，其目的是判断企业所属行业所处的生命周期阶段，以及对经济变动反映的敏感性，产业风险分析揭示了产业因素对企业经营的影响程度。产业风险分析指标主要由宏观经济环境、政策和监管环境、产业状况等构成。企业经营能力分析主要包括企业管理层素质和企业竞争地位分析、市场与产品分析、信用记录等。财务评价以受评对象过去 2 ~ 3 年的财务数据为基础，通过对有关财务指标的定量分析，并结合影响受评对象未来偿付能力各种因素的定性分析，对受评对象未来现金流量、其他现金来源和债务结构进行预测。

1. 名词解释

资信评估

2. 资信评估的内容和原则有哪些？

3. 资信评估指标体系的构成是什么？

4. 如何理解信用等级的划分与评定？

第三章　投资环境评估与项目建设必要性评估

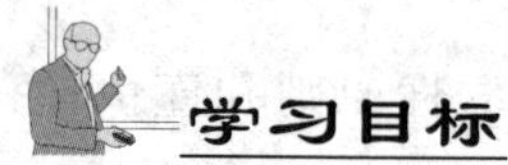

学习本章的目的是要了解如何从分析项目背景和兴建理由入手，学会对投资环境进行分类，明确投资环境评估的内容和方法。重点掌握项目建设必要性评估的概念、作用和内容。

1. 知识目标

※ 掌握投资环境的含义及分类。

※ 掌握投资环境评估的内容。

※ 理解项目宏观必要性评估的含义，掌握其评估内容。

※ 理解项目微观必要性评估的含义，掌握其评估内容。

2. 能力目标

※ 理解美国经济学家罗伯特·斯托伯提出的投资环境评估多因素评分法，重点掌握项目微观必要性评估。

案例导入

下文是中投顾问产业研究中心发布的《2013—2017 年新加坡投资环境分析及前景预测报告》的部分内容，阅读并思考。

新加坡投资环境简介

新加坡是东南亚的一个岛国，也是一个城市国家。新加坡自 1965 年独立后，在四十余年内迅速崛起成为富裕的东南亚国家。新加坡是个移民国家，也是全球最具国际化的国家之一，更是亚洲重要的金融、服务和航运中心之一。新加坡是继伦敦、纽约和香港之后全球第四大金融中心。新加坡在城市绿化和保洁方面效果显著，故有“花园城市”的美称。

新加坡经济发展较依赖海外市场，受到国际金融危机的影响，2009 年新加坡国内生产总值比2008年萎缩2.0%。随着全球经济复苏刺激出口额和旅游业的发展，新加坡2010年经济增速达到创纪录的14.7%。2011年，新加坡国内生产总值（GDP）达到3268亿新元，按平均汇率计折合2600亿美元，按2011年年终汇率计折合2520亿美元。2012年上半年，新加坡名义GDP为1673.057亿新元，同比增长3.5%；实际GDP为1512.030亿新元，同比增长1.7%。

新加坡是中国的友好邻邦，中新两国地缘、文化相近，共同利益广泛。2009年1月1日，《中新自由贸易协定》实施以来，促进了双边经贸关系快速发展。在国际金融危机严重影响各国出口环境的情况下，2009年中新双边贸易额达到478.7亿美元，是1990年两国建交时的17倍，明显好于全球贸易形势。2010年1月1日中国—东盟自由贸易区全面建成以来，中新贸易额快速回升。2010年，两国的双边贸易额增加超过25%。2011年，中新的双边贸易额增长6.4%。2012年上半年，中新双边贸易额为400亿美元。

未来10年，新加坡将通过提高生产力，对新加坡经济进行重新整合，制造更多经济增长点，加大技能提高和技术创新的投入，从而实现经济持续增长。未来10年，新加坡将每年提高生产力为2%~3%，以达到国内生产总值每年增长3%~5%的目标。由此可见，新加坡经济具有巨大发展潜力。在当前国际形势下，对中国企业来说，“走出去”成为一个好的时机。作为全球贸易中心、金融中心和物流中心之一的新加坡，其可以为中国投资者提供更多的投资机会，目前投资新加坡正是好时机。

中投顾问产业研究中心发布的《2013—2017年新加坡投资环境分析及前景预测报告》共十一章。首先，报告介绍了新加坡整体概况及新加坡外部投资环境，接着深入分析了新加坡的投资潜力与机遇以及中国企业在新加坡的投资发展状况。其次，报告对新加坡生物制药、物流、电子、石化、精密工程、宇航、旅游等热点投资领域做了细致分析。最后，报告阐述了新加坡的外商投资制度、政策、准入程序及新加坡投资服务机构。

资料来源：中投顾问产业研究中心《2013—2017年新加坡投资环境分析及前景预测报告》。

请思考：

上文是中投顾问产业研究中心关于新加坡投资环境的研究报告的部分内容。作为本章的案例导入，使广大读者理解投资环境评估的重要性。当然全面地运用投资环境评估方法，还要学习本章的更多内容，进而完整掌握投资环境评估的步骤和操作流程。思考下列问题：

1. 投资环境评估的重要性如何理解？

2. 在学习中举一反三，收集相关的国内外经济资料，分析其他投资目的地的投资环境。

第一节　投资环境评估

一、投资环境的概述

（一）投资环境的含义

投资环境（Investment Environment）是指影响和制约投资行为及投资活动全过程的外部因素和条件的总和，是影响投资项目的各种政策、自然及社会经济因素相互作用而形成的统一体，是投资赖以进行的前提。

投资环境一般存在着狭义与广义之分。狭义的投资环境一般是指经济环境，它是由与投资项目直接相关的各子环境构成；广义的投资环境则一般是指自然环境、经济环境、社会环境等，其涵盖的范围较广，是由与投资项目直接、间接相关的各子环境构成。

在项目的投资过程中，投资环境对投资项目的影响有时会是决定性的，因为它关系到投资项目的顺利进行，影响着投资项目的经济效益状况，关系到投资项目的成败。为此，要对投资项目的投资环境进行认真细致的分析与评估。

（二）投资环境的分类

投资环境可根据不同的标准分为以下几类：

（1）按构成因素，可划分为政治环境、经济环境、社会环境和自然环境四类。政治环境，主要包括政局是否稳定、政体是否合理、政策是否具有连续性、涉外经济法律法规是否齐备与公允；经济环境，主要包括社会基础设施（如邮电通信、交通运输、生产与生活设施等）和经营环境（如原材料的供应、产品的销售渠道、办事机构的效率、劳动力供给等）；社会环境，主要包括文化教育水平、传统风俗习惯等；自然环境，主要包括地理位置、自然条件和自然资源等。

（2）按投资环境的表现形态，可分为“软环境”和“硬环境”。“软环境”是指投资环境中无形的非物质条件，一般为吸引投资的政策、措施，政府对投资的态度，政府机构的设置与办事效率，科学文化及技术的发展水平，以及法律、经济制度、经济结构等社会经济、政治环境；“硬环境”是指投资环境中有形的物质条件，是投资环境的物质基础，一般是指与投资项目相关的交通运输条件、邮电通信设施、城市基础设施、自然资源等。

二、投资环境评估的内容

投资环境评估就是对影响投资项目的各种自然、经济及社会因素进行系统综合的分析与评估，为投资者提供对投资环境的总体认识和意向性的分析，其内容主要包括如下三个方面：

（一）经济环境评估

在投资环境的众多组成因素中，经济环境是一个涵盖面最广、内容最为丰富、与投资项目联系最为紧密的因素，它广泛涉及与投资项目相关的各种经济内容。经济环境评估主要是对经济发展水平、经济结构、经济体制的健全完善程度和生产要素市场及其结构的评估，即是分析与考察整个国家、地区的经济发展现状与趋势、经济增长水平及趋势、物价水平、行业竞争状况、经济发展的稳定性与持续性，投资项目所在地的资金、人力资源、生产资料和土地供应市场机制、市场规模与发展趋势、专业化协作水平等，并且将其与交通运输条件、信贷政策与税收优惠程度等条件结合起来进行综合分析与评估。

（二）自然、技术和物质环境评估

自然、技术和物质环境评估主要包括对自然环境、技术环境和基础设施的分析与评估，即是分析与考察投资项目所在地的地理位置、气候、交通运输、通信、公用设施和地质等条件；分析与考察各种可满足投资项目需要的物质资源的品种、产量与品位、分布状况、可供应期限与条件等；分析与考察人力资源的素质、文化水平、技术水平和可供应量；分析与考察科技发展水平、技术规范与政策、科技人员的素质与数量、科技结构与组织结构等。

（三）社会政治环境评估

社会政治环境是投资环境中影响投资项目最敏感的因素，主要包括政治环境、社会意识形态和法律建设等内容。其中，对社会政治环境的评估主要是分析与考察国家或地区的政局稳定性、政策的连续性和社会安定情况，政府对投资者的态度，政府及其机构的办事效率等，其中政局稳定性和政策的连续性是衡量政治环境优劣的实质性因素，应重点加以评估。对社会意识形态的评估主要是分析与考察投资项目所在地区的风俗习惯、宗教信仰，人们的价值观、生活习惯与生活方式、社会关系和文化素质等。对法律建设的评估应分析并考察与项目实施相关的法律的完善性及有效性，能否保证投资者的权益等。由于法律因素起着调整投资关系、调节投资行为、保障投资者利益与安全的作用，所以应不断健全法律法规，并保持其相对稳定性，以期增强投资者的投资意愿，坚定其投资信心与决心，并为其提供充分的法律保护。

三、投资环境评估指标系统的构建原则

对一个区域的投资环境进行评估分析，指标选择与指标系统的构建非常重要，它直接关系到研究结论的科学性、客观性、准确性与可靠性，关系到能否为决策部门提供一个量化的、具有可操作性的依据。考虑到我国的国情及各个地区的区情，根据目前国内外投资理论与影响我国及各个地区投资的因素，按照系统论的思想，为了便于

支撑投资评估研究方法，并科学、客观、公正、全面地反映区域投资环境的状况和衡量区域投资环境质量的优劣，在研究、选取和构建投资环境评估指标系统时，笔者认为应该遵循和贯彻以下原则：

1. 全面性

投资环境评估指标系统是由多因素构成的多层次的组织系统，同时又受到系统内外众多因素的影响和制约。投资环境评估指标系统具有范围广、信息量大的特点，要求在遴选指标时必须尽量全面、完整地选择各级各类的指标，要使得投资“硬环境”和“软环境”指标，总量指标、相对指标和平均指标，定性指标和定量指标相结合。这样做的目的是尽量从各个侧面、各个层次去揭示、描述和反映投资环境的整体状况的优劣程度，去衡量投资环境质量的优劣，以免遗漏某些重要的信息，造成片面性，从而导致评估结果的非科学性。

2. 简洁性

选择投资环境评估指标要遵循简洁性的原则，尽量使含义相同或相关性较大的指标不被选入，用数量尽可能少但信息量尽可能大的指标去反映多方面的问题，把全面性和简洁性有机地结合起来，以避免重复、烦琐而造成评估时的多重共线或序列相关。

3. 科学性

投资环境评估指标系统中的每一个指标都应具有确定的、科学的深刻内涵。投资环境评估指标系统的建立应该根据投资环境本身及经济社会发展的内在联系，依据投资环境评估理论和统计指标系统建立的科学理论和原则，选择含义准确、便于理解、易于合成计算及分析的具体、可靠和实用的指标，以客观、公正、全面、科学地反映区域投资环境的本质和规律性。

4. 系统性

投资环境评估指标系统是一个由具有一定结构和功能的要素构成的有机整体。指标和指标系统并不是一个静止和绝对概念，而是一个相对的、不断动态发展变化的概念。因此，在选择和确定具体的指标来构建指标系统时，要综合考虑投资环境的整体性、动态性和系统性，既要选择反映和衡量系统内部各个子系统发展状况的指标，又要包含反映各个系统相互协调以及系统外部环境的指标（如政策变量等）；既要有反映和描述投资环境系统状况的静态指标，又要有反映和衡量系统质量改善的动态指标。同时，还要随着时间的推移、地点的变化和实际情况的不同，系统能够适应动态发展变化的需要而进行相应的适当调整。

5. 可比性

投资环境评估指标系统的构建应该通过借鉴和汲取国内外的研究经验和成果，便于国内各个地区进行对比，又能经过适当的调整而方便国际比较，同时又可以进行动态对比。这就要求在选择指标时，必须考虑到指标的历史延续性，同时考虑支撑分析和预测的可能性。因此，为了加强各个区域投资环境的可比性，必须准确地分析和研究统计资料及其含义，参考统计年鉴和其他相关年鉴及文献，选用范围和口径相对一致的指标和平均指标，同时也选用一些总量指标，一方面可以确保因素变量不会因为经济规模、人口多寡或区域面积大小等因素的影响而使分析结果产生偏差，另一方面可以增加指标系统的综合性和关联性。

6. 可操作性

投资环境评估指标系统应该具有可操作性，指标数据的选择、获得、计算或换算，必须立足于现有统计年鉴或文献资料，至少容易获得、计算或换算，并采取国际认可或国内通行的统计口径，指标的含义必须十分明确，便于有效地进行定量的分析和评估。

四、投资环境评估的方法及其指标系统的种类

投资环境评估的方法大致可以分为以下几类：

1. 因素分析类方法

因素分析类方法通过对构成投资环境的各种因素进行划分，形成投资环境评估指标系统，然后对各因素指标进行打分，最终得到对整个投资环境的评估结果。具体包括：层次分析法（Analytic Hierarchy Process，AHP）、投资环境冷热比较分析法、多因素评分法和关键因素评估法、千分制评分法、抽样评估法等。

2. 综合评价类方法

综合评价类方法既考虑了影响投资环境的各种因素，又考虑了各种因素对整个投资环境的影响程度。常见的综合评价类方法有综合评价法、系统计量评价法等。

3. 相对指标类方法

相对指标类方法是通过制定相对指标对投资环境进行定量分析。它包括相似度法等。

4. 其他类方法

其他类方法多借鉴其他学科的理论来对投资环境进行研究。常见的有地理信息系统（Geographic Information System，GIS）方法、国家风险评级法。

目前，关于投资环境评估的方法很多，在综合了解的基础上，重点掌握多因素评分法。投资环境评估多因素评分法，又称为投资环境评估等级尺度法或投资环境评估等级评分法，是由美国经济学家罗伯特·斯托伯提出的，主要是以东道国政府对国外投资者的鼓励与限制政策为视角，重点考察投资环境的微观方面，将影响投资环境的因素分为八大类，并对其赋予一定分值，再按每一个因素中的有利或不利的程度给予不同的评分，最后把各因素的得分进行加总作为对投资环境的总体评估。总分越高表

示投资环境越好，总分越低则表示投资环境越差，投资环境评估多因素评分法的计分表如表 3－1 所示。

表 3－1　　投资环境评估多因素评分法的计分表

影响投资环境的因素	评分（分）
一、资本外调	0～12
1. 无限制	12
2. 只有时间上的限制	8
3. 对资本有限制	6
4. 对资本和利润收入都有限制	4
5. 严格限制	2
6. 完全不准外调	0
二、外商股权	0～12
1. 准许并欢迎全部外资股权	12
2. 准许全部外资股权但不欢迎	10
3. 准许外资占大部分股权	8
4. 外资最多不得超过股权半数	6
5. 只准外资占小部分股权	4
6. 外资不得超过股权的三成	2
7. 不准外资控制任何股权	0
三、歧视和管制	0～12
1. 外商与本国企业一视同仁	12
2. 对外商略有限制但无管制	10
3. 对外商有少许管制	8
4. 对外商有限制并有管制	6
5. 对外商有限制并严加管制	5
6. 对外商严格限制和严格管制	2
7. 禁止外商投资	0
四、货币稳定性	4～20
1. 完全自由兑换	20
2. 黑市与官价差距小于一成	18
3. 黑市与官价差距在一成与四成之间	14
4. 黑市与官价差距在四成与一倍之间	8
5. 黑市与官价差距在一倍以上	4

续　表

影响投资环境的因素	评分（分）
五、政治稳定性	0～12
1. 长期稳定	12
2. 稳定但因人而治	10
3. 内部分裂但政府掌权	8
4. 国内外有强大的反对力量	4
5. 有政变和激变的可能	2
6. 不稳定，极有可能政变和激变	0
六、给予关税保护的意愿	2～8
1. 给予充分保护	8
2. 给予相当保护，以新工业为主	6
3. 给予少许保护，以新工业为主	4
4. 保护甚少或不予保护	2
七、当地资金的可供程度	0～10
1. 完善的资本市场，有公开的证券交易所	10
2. 有少量当地资本，有投机性证券交易所	8
3. 当地资本少，外来资本不多	6
4. 短期资本极其有限	4
5. 资本管制很严	2
6. 高度的资本外流	0
八、近五年的通货膨胀率	2～14
1. 小于1%	14
2. 1%～3%	12
3. 3%～7%	10
4. 7%～10%	8
5. 10%～15%	6
6. 15%～35%	4
7. 35%以上	2
总计	8～100

从罗伯特·斯托伯提出的投资环境评估多因素评分法的计分表中可以看出，其所选取的因素都是对投资环境有直接影响的、投资决策者最关切的因素，同时又都具有较为具体的内容，评估时所需的资料易于取得又易于比较。在对具体环境的评估上，采用了简单累加记分的方法，使定性分析具有了一定的数量化内容，同时又不需要高深的数理知识，简单易行，一般的投资者都可以采用。在各项因素的分值确定方面，

采取了区别对待的原则，在一定程度上体现出不同因素对投资环境作用的差异，反映了投资者对投资环境的一般看法。

在影响投资环境的因素中，货币稳定性和近五年的通货膨胀率，占全部计分总值的34%，说明投资者十分重视东道国的货币稳定性。严重通货膨胀指两位数值以上的通货膨胀率，严重的通货膨胀会使投资贬值，有很大的投资风险，甚至会让投资者却步。资本外调、政治稳定性、外商股权、歧视和管制，这四项内容各占计分总值的12%。这四项内容关系到投资的安全程度和投资者对其所投资企业所有权与经营权的控制程度，因此这四项内容共占计分总值的48%。给予关税保护的意愿和当地资金的可供程度，这两项分别占计分总值的8%和10%，所占比重较轻。

多因素评分法由于具有定量分析和对不同因素的详细分析等优点，深受投资决策者和学术研究界的欢迎，是运用较普遍的一种投资环境评估方法。

下面资料运用投资环境评估多因素评分法对新加坡投资环境的等级进行评分。结合本章案例导入提供的素材，一并分析，把握多因素评分法。

对新加坡投资环境的等级评分

1. 资本外调：对资本有限制——6分

新加坡税收体系简单，资本可在主要金融中心自由流动。有利于投资企业享受新加坡低税率，还可实现国际合法避税（适合用于操作离岸业务）、实现资产国际化。这使得企业业务转型时，企业可以获更多税务减免。

新加坡没有外汇及资金流动管制，发行新股及出售旧股所募集的资金可自由流入或流出新加坡。新加坡拥有最先进的资讯科技，新交所已开始应用开放式交易平台，可让世界各地的投资者在不同的地方买卖新交所的股票。

2. 外商股权：准许全部外资股权但不欢迎——10分

（1）关于外资投资比例的限制，除商业企业要求外资不超过40%以外，其他企业则规定得比较宽松。高科技或资本密集型出口企业，外资可全资；一般产业虽然鼓励合营，但对外资股份比例并未加以限制，除新闻产业不得超30%、广播产业不得超过49%的出资比例，以及公共事业属禁止投资的产业外，其他产业外国投资人均可拥有100%的股权。

（2）新加坡并不明确规定鼓励外资投资的领域或行业部门。但总的来说，新加坡不大鼓励外商投资装配型工业部门，而是欢迎能引进“新技术”的投资，对国家安全构成影响的敏感型部门除外。

（3）国外的经济实体可以自由地在新加坡建立自己的企业，开展经济活动。在所有权方面，对外商无特别要求，外商可自由地获取必要的生产要素和进行融资活动，并自由地支配所生产产品的销售市场。

3. 歧视和管制：对外商略有限制但无管制——10 分

（1）投资准入制度

新加坡对危害社会安全的行业严加管制，如爆竹、国防工业等。制造业中属劳动力密集、污染性高或附加价值低的行业（如合板业及成衣业）列为不受欢迎行业，一般情况下不予核准投资。新加坡对外商投资企业的物资购买和产品销售没有太多的限制。

（2）限制性规定

投资监管新加坡外贸厅立法对外资的限制性规定相比东南亚其他国家来说要宽松得多，但外籍人员在新加坡就业须取得聘用许可证。新加坡法律对外资投向的部门没有特别限制，除交通、通信、电力及新闻等少数公共事业部门，对这些公共事业部门的投资，在行政审批上控制极严。另外，对外国投资投向金融和保险业实行许可证制度。

（3）限制性产业

新加坡相关法规限制了外资进入的产业，但数量较少，主要包括纤维纺织制品（雇员职工人数在 100 人以上者）、啤酒、海上运输、木料制材、水泥、洗涤类、烟花、铸铁、汽车、电视机、飞机、冷藏车、光学透镜、照相用品、安全救生用具等。上述这些产业都是属于关系国计民生的行业，法律对外资限制的目的在于保护这些产业，促使新加坡经济健康发展。

4. 货币稳定性：完全自由兑换——20 分

目前，世界上有 60 多个自由兑换货币的国家，其中就包含新加坡。新加坡已经成为继伦敦、纽约、东京之后的全球第四大外汇交易中心。从 1991 年起，新加坡开始实行参考一篮子货币进行调节的有管理的浮动汇率制度。该汇率制度维持了新元名义有效汇率的基本稳定，为新加坡实现低通胀和经济增长目标提供了稳定的货币环境，为新加坡的经济崛起作出了重要贡献。

新加坡汇率稳定。自 1981 年以来，新元名义有效汇率保持了稳中有升的基本态势。首先，新元名义有效汇率波动性（用汇率变动的标准差来衡量）明显减弱。1981—2000 年，新元名义有效汇率的标准差为 1.48%，远低于美元的 3.52% 和日元的 4.16%。新元对主要国际货币的双边汇率波动性也在减弱。同期，新元对美元汇率的月度标准差为 1.58%。其次，由于新加坡经济快速增长，劳动生产率和储蓄率大幅提高，新元名义有效汇率出现了较大幅度的升值。从 1980 年年底到 2000 年上半年，新元名义有效汇率升值 74%，使新元汇率基本保持在均衡水平上。

5. 政治稳定性：长期稳定——12 分

新加坡的政治体制为议会共和制，并针对自身国情建立了一个行政主导型分权制衡的政府制度，采取立法、司法、行政三权分立的制度，从政人员廉洁奉公，政府机构比较精干。

对内：政府的富民政策使得新加坡社会中各种关系较为融洽，消除了社会动荡隐患，确保了新加坡国内的社会稳定，治安好，犯罪率低，所以在新加坡，动乱、战争等突发事件发生的概率几乎为零。

对外：新加坡是不结盟运动成员国，其奉行和平、中立和不结盟的外交政策，它主张在独立自主、平等互动和互不干涉内政的基础上，同所有国家发展友好合作关系。新加坡积极参加东盟活动，把加强东盟及其内部的团结看作本地区安全稳定的基本前提。另外，新加坡还重视与美国、日本、西欧、中国、印度等国家和地区发展友好合作关系。

新加坡政府不会频繁、无故变更其既定政策，更不容许毁约、背信使企业和国家丧失信用，新加坡发生社会动荡的可能性非常小，其政治稳定性与政策连续性对外国投资者具有极大的吸引力。

6. 给予关税保护的意愿：给予相当保护，以新工业为主——6 分

新加坡是地处亚洲主要海运航线交点的自由港，其对进口实行开放政策。

（1）大约 95% 的货物可以自由进入，只有少数保护性关税。对酒类、烟草、糖制品和冰箱实行特别关税税率政策。关税税率一般较低，货物的从价税税率为 5%。

（2）新加坡没有海关附加费用，但要征收 3% 的货物与服务的进口税，该税是按纳税价值而征收的。

（3）新加坡作为东盟成员国通过特惠贸易协定实现贸易自由化，在特惠的基础上逐渐取消非关税壁垒。

（4）新加坡有裕廊工业区和肯特岗科学技术园区，其为鼓励国内外投资者研究开发新产品、新技术和新工艺，提供了各种方便和优待。

7. 当地资金的可供程度：完善的资本市场，有公开的证券交易所——10 分

2001 年，在新加坡证券交易所上市的公司有 469 家，其中外国公司 98 家，总市值已超过 3000 亿新元，参与新加坡证券市场的基金总额有 2762 亿新元，截至 2004 年年底，新加坡的 GDP 组成中，已有 11.3% 来自金融业。新加坡更是全球第四大的外汇交易中心，仅次英国、美国及日本之后。

新加坡当地资本相当雄厚，据统计，2006 年新加坡从外国投资项目中获得的附加值总额为 134 亿新元，制造业总投资为 88 亿新元，服务业总投资为 28 亿新元。后来，新加坡通过一系列优惠政策有重点地吸引外国投资，取得显著成效。

8. 近五年的通货膨胀率：1% ~3%——12 分

新加坡于 1981 年实施以汇率为中心的货币政策，其通货膨胀率大幅下降，物价的波动实际上控制在 2% 以内，物价水平保持了基本稳定。新加坡的消费物价指数走势与经济合作与发展组织（OECD）国家基本一致，并低于后者的变化水平。1981—1997

年，新加坡的平均通货膨胀率为 2.3%，比同期 OECD 国家的平均水平低 1.9 个百分点。2006—2010 年的通货膨胀率加权平均后为 2.6%。

9. 综述：新加坡投资环境的等级评分如表 3－2 所示

表 3－2　　新加坡投资环境的等级评分

序号	投资环境因素	等级	评分
1	资本外调	对资本有限制	6 分
2	外商股权	准许全部外资股权但不欢迎	10 分
3	歧视和管制	对外商略有限制但无管制	10 分
4	货币稳定性	完全自由兑换	20 分
5	政治稳定性	长期稳定	12 分
6	给予关税保护的意愿	给予相当保护，以新工业为主	6 分
7	当地资金的可供程度	完善的资本市场，有公开的证券交易所	10 分
8	近五年的通货膨胀率	1% ~3%	12 分
总分			86 分

虽然国小人少，但新加坡是一个文化多元且经济高度发达的花园式国家。它的政治稳定，社会治安好，犯罪率低，信誉卓著，是发达国家中投资环境较为安全的国家。

新加坡的国际化程度非常高，是世界第四大的外汇交易中心。同时它还是东南亚地区最大的金融中心、航运中心，其物流服务业也非常发达，拥有世界级的现代化国际机场和高度自动化的港口。新加坡虽然不是贸易大国，但其是贸易强国，同时也是国际贸易的集散地和中转地。

新加坡在全球拥有良好的商务关系，因而众多外国企业都愿意选择新加坡作为进军东南亚市场的起点和开拓世界市场的大“跳板”。通过多因素评分法对新加坡投资环境进行客观而详尽的评估后，其最终得分为 86 分，得分可以有力地说明，新加坡具有极佳的投资环境，其深受广大理性投资者的追捧和喜欢是有充分理由的。

资料来源：综合相关资料编写。

注：资料中的相关数据多为较早前的数据，仅作多因素评分法示例之用。

第二节　项目建设必要性评估

一、项目建设必要性评估的概念及作用

（一）项目建设必要性评估的概念

项目建设必要性评估是投资项目评估的首要环节，是对投资项目可行性研究报告

中提出的投资项目建设必要性的理由及建设的重要性和可能性进行重新审查、分析和评估。它是在对投资项目概况进行评估、审核投资项目发起过程、提出背景和投资理由，以及考察前期工作进展概况和投资者意向之后；针对投资项目确定的目标，了解投资项目在行业中的地位，并应采用定性与定量分析方法，从国民经济和社会发展的宏观角度，分析论证投资项目建设是否符合国家的长期发展规划、产业政策、技术政策、行业与地区规划，是否符合生产力布局的要求，是否符合经济社会发展的需要。同时，从投资项目微观视角分析论证投资项目建设是否符合市场需求的投资方向，投资项目产品是否有竞争能力；投资项目建设规模的确定是否经济合理，能否与生产所需的原材料、能源及协作配套条件相适应，是否具备对资源的综合利用的可能性条件。

（二）项目建设必要性评估的作用

项目建设必要性评估具有以下作用：

（1）保证投资项目规划和投资决策的正确性，有利于确保投资安全；

（2）能增强投资项目产品竞争能力和提高投资效益，为降低投资风险提供可靠的依据，可进一步提高投资项目产品市场占有率和投资效益；

（3）能确定合理的投资项目建设规模，有利于控制投资项目建设规模，防止盲目建设和重复建设；

（4）根据国家政策方针和建设条件，择优选择投资项目，有利于引导投资者和贷款机构选择正确的投资方向。

二、项目建设必要性评估的内容

（一）项目宏观必要性评估

项目宏观必要性评估，就是立足于整个国民经济整体运行的角度，来考察评估项目立项的必要性，衡量项目对国民经济总量平衡、结构优化、产业政策以及地区发展规划与行业发展规划等方面的影响，对项目建设进行必要性分析评估。

一般来说，对于大中型项目应侧重于从国民经济和社会发展的角度进行分析评估；而对于中小型项目则侧重于从地区与行业发展的角度进行分析评估。具体评估内容是：

（1）项目建设是否符合国民经济平衡发展的需要。国民经济平衡发展包括结构平衡和总量平衡。

国民经济的结构平衡是指国民经济各部门之间的比例关系是否协调、产业结构是否合理。项目建设应充分考虑到投资对经济结构的影响，必须根据资源的可供应量和社会的总需求量来实现资源的合理配置和有效利用，促使国民经济结构优化。对于不合理的产业结构必须进行调整，包括固定资产存量调整和固定资产增量调整，通过调整积极地影响国民经济结构，促使国民经济转入良性循环、平衡发展。

国民经济的总量平衡是指社会总供给量与总需求量的基本平衡。社会总需求由投资总需求和消费总需求两部分构成，社会总供给量由投资品供给和消费品供给组成。项目建设投资直接构成投资需求，在消费供求平衡条件下，如果投资需求规模过大，将使社会总需求大于总供给，引发通货膨胀和经济波动，因此需减少投资以维持国民经济的总量平衡。相反如果投资需求规模过小，会导致市场总需求小于总供给，会使经济出现萧条和衰退，此时就要增加投资以维持国民经济总量平衡。所以，应根据国民经济总量平衡的需要，决定项目的压缩、停建、缓建或者扩建。

如果项目建设能够促进国民经济平衡发展，则项目就有建设的必要性，否则可以认为项目建设是非必要的。

（2）项目建设是否符合国民经济长远发展规划、行业发展规划和地区发展规划。国民经济长远发展规划、行业发展规划与地区发展规划反映了国民经济整体与行业经济、地区经济发展的蓝图，也体现了国家宏观经济和社会发展的意图。因此，对项目建设必要性进行评估，首先应调查分析项目方案是否符合国民经济长远发展规划、是否符合行业发展规划与地区发展规划的要求，如果项目方案包括在规划内，则要分析评估项目在总体规划中所处的地位和安排的投资时机是否适宜，从而判断项目建设的必要性和合理性。

（3）项目建设是否符合国家的产业政策。产业政策指一国政府为了实现一定的经济和社会目标而制定的有关产业经济活动的各种政策，包括产业结构政策、产业组织政策、产业布局政策。由于产业政策是政府制定的，其在一定程度上反映了政府的愿望和意愿，表明了政府的态度，是鼓励产业发展还是限制产业发展。

产业政策确定了整个国民经济在一定的历史时期需要优先发展的产业和需要抑制发展的产业。这样的政策对项目建设具有一定的指导作用，引导投资者把资金投向政府鼓励发展的产业。显而易见，考察项目宏观必要性应该深入研究国家的产业政策，并把项目建设与产业政策的要求进行对比分析，只有符合国家产业政策要求的项目才是必要的项目。

（4）项目建设是否符合国家生产力布局的要求，能否促使国民经济结构优化。《中华人民共和国国民经济和社会发展第十四个五年规划和2035年远景目标纲要》提出必须立足新发展阶段、贯彻新发展理念、构建新发展格局。评估时，将项目的动机与这些政策要点进行比较，从而判断项目是否符合国家的产业政策与区域政策。

（5）分析考察项目产品在国民经济和社会发展中的地位与作用。根据项目产品的品种、类别、特征及采用的生产方法，论证项目产品在国家或行业产品结构中的序列，评估项目产品在国民经济和社会发展中的地位和作用。

进行项目宏观必要性评估，就是要使投资项目与国民经济平衡发展相一致，既要与国民经济总量平衡及结构平衡，又要与全球经济一体化发展的方向一致。否则，项目难以立项或者立项后在建设、经营过程中会遇到各种阻力，如税收的税率增加（等于增加生产经营成本）、政策限制、法律保护限制等，或者被激烈的国际市场竞争所淘汰。

（二）项目微观必要性评估

项目微观必要性评估，主要是从企业发展的角度，衡量项目对市场需求、企业发展、科技进步和投资效益等微观方面的影响，对项目建设进行必要性分析评估。具体评估内容是：

（1）分析项目所生产的产品（或提供的服务）是否符合市场的需求。市场需求是项目建设的基础，也是企业生存和发展的基本前提。通过对与项目产品有关的生产资料和消费资料，以及项目产品在国内外的供应量与需求量的调查和预测，综合分析项目产品的社会总需求与总供应是否适应，据以判断和评估项目产品的市场需求可靠性，并进一步分析项目产品在质量、品种、性能、成本和价格等方面在国内外市场上的竞争能力和市场占有率。只有项目产品适销对路，满足社会和市场的需要，对拟建项目的投资才是必要的。

（2）分析项目建设是否符合企业发展战略，拟建项目应与企业的发展目标和规划相一致。评估时，首先要了解承担项目投资的企业的发展规划和要求，并且分析企业的发展规划是否与国家经济发展规划和地区或行业发展规划合理结合，判断企业的发展是否与社会大环境相吻合。

（3）分析项目建设是否考虑到了合理生产规模的问题。项目建设规模的评估应着重审查、分析和评估项目的设计生产能力是否与产品的市场需求和竞争能力相适应，是否与资金、原材料、能源及外部协作配套条件相适应，是否与项目的合理经济规模相适应，并符合本行业的发展趋势。

（4）分析项目建设是否有利于科学技术进步，并能把科研成果转化为社会生产力。项目建设应尽可能地采用先进适用的新技术、新工艺和新设备，满足项目在技术上的先进性和适用性要求，并能把这些新的科研成果尽快运用于项目产品的设计与生产，使其转化为社会生产力，使项目能生产出社会所需要的高质量的新产品。评估时要分析评估科研成果转化为社会生产力的必要性和可能性。

本章小结

1. 投资环境是指影响和制约投资行为及投资活动全过程的外部因素和条件的总和，是影响投资项目的各种政策、自然及社会经济因素相互作用而形成的统一体，是投资赖以进行的前提。

投资环境一般存在着狭义与广义之分。狭义的投资环境一般是指经济环境，它是由与投资项目直接相关的各子环境构成；广义的投资环境则一般是指自然环境、经济环境、社会环境等，其涵盖的范围较广，是由与投资项目直接、间接相关的各子环境构成。

2. 投资环境可根据不同的标准进行分类：按构成因素，可划分为政治环境、经济环境、社会环境和自然环境四类；按投资环境的表现形态，可分为“软环境”和“硬环境”。

3. 关于投资环境评估的方法很多，在综合了解的基础上，重点掌握多因素评分法。投资环境评估的方法大致可以分为：因素分析类方法、综合评价类方法、相对指标类方法、其他类方法。

4. 投资环境评估多因素评分法，又称为投资环境评估等级尺度法或投资环境评估等级评分法，是由美国经济学家罗伯特·斯托伯提出的，主要是以东道国政府对国外投资者的鼓励与限制政策为视角，重点考察投资环境的微观方面，将影响投资环境的因素分为八大类，并对其赋予一定分值，再按每一个因素中的有利或不利的程度给予不同的评分，最后把各因素的得分进行加总作为对投资环境的总体评估。总分越高表示投资环境越好，总分越低则表示投资环境越差。

5. 项目宏观必要性评估，就是立足于整个国民经济整体运行的角度，来考察评估项目立项的必要性，衡量项目对国民经济总量平衡、结构优化、产业政策以及地区发展规划与行业发展规划等方面的影响，对项目建设进行必要性分析评估。

6. 项目微观必要性评估，主要是从企业发展的角度，衡量项目对市场需求、企业发展、科技进步和投资效益等微观方面的影响，对项目建设进行必要性分析评估。

1. 名词解释

投资环境　投资“软环境”和“硬环境”　经济环境评估　社会政治环境评估　多因素评分法　项目宏观必要性评估　项目微观必要性评估

2. 投资环境有哪些分类标准，根据这些标准投资环境如何分类？

3. 简要回答投资环境评估指标系统的构建原则。

4. 投资环境评估多因素评分法，将影响投资环境的因素分为哪八大类？

5. 投资环境评估多因素评分法，将影响投资环境的因素分为八大类，并对其赋予一定分值，再按每一个因素中的有利或不利的程度给予不同的评分，最后把各因素的得分进行加总作为对投资环境的总体评估。那么，是否总分越高表示其投资环境越好，越低则表示投资环境越差？

6. 项目宏观必要性评估的内容包括哪些？

7. 项目微观必要性评估的内容包括哪些？

第四章　投资项目市场分析

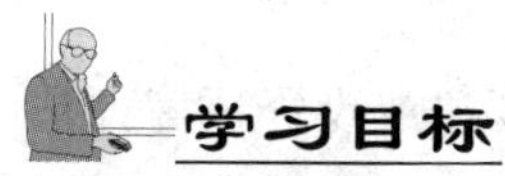

学习目标

市场分析是投资项目评估的基础，通过对投资项目的产出品、投入品或服务的市场容量、价格、竞争格局等进行调查、分析、预测，为确定投资项目的目标市场、生产规模和产品方案提供依据。在企业决定投资方向与目标市场时，要进行战略分析，考虑企业总体发展战略，分析产品生命周期，研究市场竞争格局，制定有效的营销策略，为投资项目的成功打下基础。

1. 知识目标

※ 掌握市场分析的意义和作用。

※ 掌握市场分析的方法和内容。

※ 掌握市场调查的流程。

2. 能力目标

※ 掌握市场预测的流程和主要方法。

案例导入

下文是2013—2018年中国户外体育用品市场规模预测报告，限于篇幅主要给出报告目录，从中也可以看出市场预测的程序和基本方法，阅读并思考。

2013—2018年中国户外体育用品市场规模预测报告简介

第一章　中国户外体育用品行业发展形势

户外体育用品行业发展生命周期，户外体育用品行业地位，户外体育用品产品发展特点、产业链分析，2008—2012年中国户外体育用品行业经济指标分析（营利性、成长速度、附加值的提升空间、进入壁垒/退出机制、风险性、行业周期、竞争激烈程度指标、当前行业发展所属周期阶段的判断），户外体育用品行业规模、发展速度、平均利润水平、主要厂商

第二章　中国户外体育用品行业运行环境分析

经济环境分析（经济指标、经济走势、对产业影响）、政策环境分析（“十二五”规划、产业政策、法规等）、社会环境分析、技术环境分析

第三章　中国户外体育用品市场规模与需求预测

2009—2012 年中国户外体育用品市场规模（市场规模分析、影响市场变化的因素分析、主流市场分析、中国户外体育用品市场需求分析、影响市场需求的因素分析、市场需求结构分析）、中国户外体育用品市场销售分析（2009—2012 年市场销售数据及同比分析、影响市场销售的因素分析、重点销售市场情报监测）、中国户外体育用品市场供需平衡分析、中国户外体育用品出口市场分析、中国户外体育用品市场发展趋势分析（2013—2018 年市场趋势分析；2013—2018 年产品趋势分析）

第四章　2009—2012 年中国户外体育用品市场价格走势

中国户外体育用品市场价格走势分析（重点产区价格走势分析、重点销售区域市场价格走势分析、差异性分析）、影响中国户外体育用品市场价格的因素分析

第五章　中国户外体育用品市场竞争格局解析

中国户外体育用品行业核心竞争力分析、中国户外体育用品行业集中度研究（市场集中度分析、企业集中度分析、区域集中度分析）、中国户外体育用品行业竞争趋势研究

第六章　中国户外体育用品行业销售结果

主要销售方式和渠道调研分析、各渠道销售特点、各渠道 SWOT 分析（优劣势分析）、销售策略分析

第七章　户外体育用品行业用户度调研分析

户外体育用品行业用户认知程度、户外体育用品行业用户认知渠道、户外体育用品行业产品价格敏感度、户外体育用品行业产品美誉度、户外体育用品行业产品品牌忠诚度、户外体育用品行业产品综合性价比、户外体育用品行业用户关注因素（功能、质量、价格、外观、服务）

第八章　2013—2018 年中国户外体育用品市场前瞻与盈利空间预测

2013—2018 年中国户外体育用品行业发展前景展望（中国户外体育用品行业市场规模及增长、中国户外体育用品行业重要产品市场销售前景预测、中国户外体育用品市场潜力预测）、2013—2018 年中国户外体育用品行业发展趋势研究、2013—2018 年中国户外体育用品行业产品市场盈利空间预测

第九章　2013—2018 年中国户外体育用品行业投资价值与策略点评

中国户外体育用品行业投资概况（户外体育用品行业投资特性、投资环境、投资政策解读）、中国户外体育用品行业投资周期与波动性分析、2013—2018 年中国户外体育用品行业投资价值分析（中国户外体育用品产业链投资热点、中国户外体育用品行业重要产品投资商机、中国户外体育用品行业市场区域投资潜力）、2013—2018 年中国

户外体育用品行业投资风险预测

图表目录（部分）：2005—2012 年我国城镇居民可支配收入增长趋势图、1978—2012 年中国城乡居民恩格尔系数走势、2005—2012 年我国全社会固定投资额走势图、2005—2012 年中国社会消费品零售总额增长趋势图、2009—2012 年中国户外体育用品市场规模分析（包括产能、产量）、2009—2012 年中国户外体育用品市场销售分析、2012 年中国户外体育用品行业用户认知程度对比图、2012 年中国户外体育用品行业产品美誉度对比图、2012 年中国户外体育用品行业产品综合性价比对比图、2003—2010 年中国户外体育用品行业产能趋势图、2013—2018 年中国户外体育用品预测走势图、2007—2012 年中国户外体育用品价格变化趋势图、中国户外体育用品消费市场区域分布图（单位:%）、2007—2012 年中国户外体育用品行业销售集中度变化图

请思考：

虽然这只是2013—2018 年中国户外体育用品市场规模预测报告简介，但从中可以很清晰地看到市场分析中宏观和微观层面的内容，请尝试理解市场分析的主要内容。

第一节　市场分析的方法与内容

一、市场分析的意义和作用

（一）市场分析的意义

投资项目提供产品和服务的主要目的是满足消费者未能满足的需求，或者是引导消费者对新产品和新服务产生新的需求，并通过项目建设和运营的过程获得项目预期的收益。

市场作为一切商品交换关系的总和，既是投资项目的起点，又是其最终的归宿。在市场经济环境下，任何经济活动都是围绕市场这个主体展开的。投资项目提供什么样的产品（或服务）、提供多少产品以及为哪些消费者提供产品，这一切都取决于市场。因此，可以说，项目产品是否有市场是检验投资项目是否具有可行性的首要条件。投资项目的市场分析是投资项目建设方案、投资规模和财务分析等诸多方面的基础，如果项目产品没有市场，那么对投资项目的其他因素的分析如资源、技术、经济和社会的分析等都将会成为无源之水、无本之木，也就没有必要去研究。因此，理性的投资者首先需要面对的问题就是考察项目产品的市场供求状况和进行前景预测，充分了解市场竞争和投资项目自身的优劣势，这样才能够确保投资项目评估的后期工作具备科学、客观和准确的依据。可见，市场分析即是指通过市场调查和供求预测，根据项

目产品的市场环境、竞争能力和竞争者状况，分析、判断投资项目投产后所生产的产品在有限的时间内是否有市场，以及应采取怎样的营销战略来实现销售目标。

（二）市场分析的作用

1. 确定合理的生产规模

一般情况下，可以根据规模经济理论和市场供求分析及预测确定生产规模。即在考察市场供求缺口及未来市场供求情况、未来竞争者情况、产品的竞争能力等因素后，结合规模经济理论和投资者资金情况，确定合理的生产规模。

2. 初步确定投资规模

通过市场分析，在确定生产规模的基础上，对厂房建设、设备购买、流动资金投入等进行预测，从而基本确定项目的总体投资规模。

3. 确定产品生产方案

通过市场分析，能够根据不同消费者的消费行为特征，把握消费者的需求倾向，找到市场潜在需求和供求缺口，由此制定出满足更多消费者需求、市场竞争力更强的产品生产方案。产品生产方案的确定对生产产品的品种、数量、质量标准、技术参数指标等的确定均有直接的指导意义。

4. 为财务分析提供合理的数据分析基础

市场供求状况预测和营销策略分析是确定产品价格的重要因素。通过市场分析可以确定产品营销的策略，制定产品的销售价格。通过市场分析确定生产规模后，有助于投资项目确定聘用人员数量、直接原材料和燃料的消耗量、流动资金的需求量等，对财务效益与费用的估算和财务分析有重要意义。

5. 为市场风险分析提供客观的判断依据

在前期影响产品市场销售的因素中，可以客观、准确评价的因素越多，则对未来收益预测的不确定性（达不到预期收益的概率）就会越小。这些因素包括：市场分析的数据是否准确、对竞争者的竞争能力和未来发展潜力的评价是否客观、影响市场预测的各方面因素考虑是否全面、市场环境是否稳定等。对上述因素分析越透彻，则市场分析对风险分析具有的价值就越大。

二、市场分析的方法

市场分析的目的在于揭示项目产品的市场结构及需求状况，通常通过市场调查、市场预测和市场趋势综合分析的方法来达到目的。

（一）市场调查

市场调查又可以称为市场营销调研，是指对那些可用来解决特定营销问题的信息所进行的收集、分析和报告的过程。美国市场营销协会将其定义为：一种借助信息把消费者、公共部门和市场联系起来的特定活动，这些信息用以识别和界定市场营销的机会和问题，产生、改进和评价营销活动，监控营销绩效，增进对营销过程的理解。投资项目首先面临的是现实市场，而现实市场是由过去的市场发展变化而形成的，必须通过市场调查才能了解项目产品过去的市场状况及目前的市场状况。

（二）市场预测

市场预测是指根据过去的经验或在市场调查的基础上，运用一定的方法对未来一定时期内市场发展的趋势进行预计和测算。根据过去经验进行的预测称为推断，根据市场调查数据运用模型进行的预测称为模型预测。

市场预测是市场分析的一部分，也是市场调查的延伸。其对市场发展走势的判断可以帮助投资者进行中远期决策。建设一个项目，一般需要几年或十几年，生产经营期也要在十几年以上，因此，投资项目总的有效寿命一般在二十年左右。也就是说，投资项目总是要服务于未来的，因此必须通过市场预测来描述项目产品的未来市场状况。

（三）市场趋势综合分析

投资项目的过去、现在和未来既是一个动态发展过程，又是一个紧密联系的整体。投资项目的投资方向、投资规模和投资方式与内容的正确决策，都必须建立在了解市场动态变化过程的基础上，因此，需要进行市场趋势综合分析，揭示项目产品的市场结构以及发展规律，为投资项目决策服务。

总之，投资项目的市场分析就是通过市场调查来认识项目产品市场的现在和过去，通过市场预测来认识项目产品市场的未来，通过市场趋势综合分析揭示出整个项目产品市场的结构和发展规律。

三、市场分析的内容

市场分析的基本内容主要包括两大部分，市场宏观层面分析和市场微观层面分析。

（一）市场宏观层面分析

对投资项目市场进行宏观层面分析的主要目的是发现市场提供的各种机会，以便进一步利用机会。同时，也是为了发现市场环境对企业可能产生的威胁，以便避免或者减轻不利因素对企业造成的影响。

1. 人口环境分析

人口环境分析是环境分析与预测的一个比较重要的内容，人口环境分析的主要内容有：人口总量和市场容量的分析、人口构成的分析、人口流动和迁移的分析、关于家庭生命周期的分析和家庭结构变化的分析。

2. 经济环境分析

经济环境分析是对投资项目所在国家和地区的整体宏观经济发展情况以及项目所处行业（产业）和相关行业（产业）的发展状况等的分析。包括投资项目所在地的生产总值、人均收入水平、消费水平、物价指数等，以及上述指标的同比增长情况。通过上述分析，可以判断投资项目所处的历史时期是否为经济发展繁荣期，经济环境是否有利于投资项目的发展，从而从多层面考察影响项目产品供给和需求的各种因素。

3. 政策和法律环境分析

政策和法律环境分析是指分析投资项目目标市场所在地目前的政治形势和未来的发展趋势，以及正在执行的方针政策、法律体系和各种强制性规章制度等能够对项目的建设和经营产生影响的环境因素。由于不同国家（地区）在不同时期的政策和法律法规差别较大，因此，在进入目标市场前，应对其所在地的政策和法律环境进行详细的市场调查，分析该国家（地区）今后一段时期的主导政策是否有利于投资项目的发展，分析投资项目所在行业中还有哪些投资项目受到国家支持，哪些受到禁止或限制，以确定是否可以进行市场的开拓工作。

4. 自然环境和人为条件环境分析

与投资项目相关的自然环境和人为条件环境包括投资项目所在地的气候、地势、资源等自然环境，以及人力资源、交通、通信、基础设施设置等人为条件环境。对投资项目的自然环境和人为条件环境的分析主要从以下方面入手：投资项目所需的原材料供给是否充足，价格是否低廉，大宗货物的运输是否便利，当地人才能否满足投资项目对人员素质的要求，相关（上、下游）产业的发展水平是否足以支持投资项目的建设等。

（二）市场微观层面分析

投资项目市场的微观层面分析主要从市场供求现状、项目产品、消费者购买行为、市场细分和目标市场的确定、市场风险方面进行分析。

1. 市场供求现状分析

市场供求现状分析就是把市场需求、市场供给和市场竞争状况有机地结合起来，分析判定项目产品在项目寿命期内的市场供求平衡状况以及项目投资者可能实现的产品销售量。市场供求现状分析通常借助于市场供需调查预测表来进行，市场供需缺口即为潜在的产品市场。

2. 项目产品分析

项目产品分析包含两方面的内容：一是项目产品的功能与特性分析；二是项目产品生命周期分析。在研究了市场需求和供给情况后，必须进行项目产品研究，明确项目产品投产时所处阶段及项目产品所具有的特点，才能进行市场的综合分析，判断项目产品是否有市场，为确定项目产品生产方案提供依据。

（1）项目产品功能与特性分析。项目产品功能与特性分析就是分析和评价该产品的一般功能和特性，与同类产品相比有哪些优势，预计可能的市场占有率。对项目产品功能与特性的分析有助于了解项目产品是否能顺利进入市场以及是否具有竞争力，并可据此判断项目产品是否有市场。

（2）项目产品生命周期分析。项目产品生命周期是指该产品从导入即发明研制，投入市场开始，经历成长、成熟、饱和、衰退等不同阶段，最后退出市场所经历的时间。项目产品生命周期五个阶段的特点如下：

①导入期：项目产品开始逐步被市场所认可和接受，行业开始形成并初具规模，这是项目产品生命周期的幼年时期，在此阶段行业内企业很少，市场需求低，项目产品质量不稳定、批量不大、成本高、发展速度慢。对企业来说，在该阶段需要付出极大的代价来培养市场，完善项目产品，随着企业的发展和行业的发展，可能会在行业中树立先入优势。

②成长期：此阶段项目产品的市场需求急剧膨胀，行业内的企业数量迅速增加，行业在经济结构中的地位得到提高，项目产品质量提高，成本下降。对企业来说，此时是进入该行业的理想时机。

③成熟期：此阶段项目产品定型，技术成熟，成本下降，利润水平高，但是随之而来的是由于需求逐渐满足，销售量增长速度减慢，行业内企业之间的竞争也日趋激烈。这时期由于市场竞争激烈，企业进入门槛很高，除非有强大的资金和技术实力，否则难以取得成功。

④饱和期：企业之间的竞争更加激烈，市场供给超过市场需求，销售量趋于下降，项目产品价格大幅度下降，企业力求改进产品，以吸引消费者。

⑤衰退期：由于技术进步或是需求变化，可替代的新产品出现，原有项目产品的市场迅速萎缩。同时，由于技术的成熟，各企业所提供的项目产品近乎于无差异。这时行业进入衰退期。行业内的一些企业开始转移生产领域，并逐步退出该领域。此时对企业来说，不宜选择进入此行业。对项目产品生命周期的分析，目的是明确项目产品投产时所处的阶段，判断项目产品进入市场的时机是否最佳，这对项目的决策有重要作用。

3. 消费者购买行为分析

在市场经济条件下，市场就是消费者，消费者就是市场。投资项目所提供的产品或服务只有满足了消费者的需求，投资项目的存在才有意义。消费者的购买行为有其自身的规律，企业要围绕消费者需求这一核心开展活动并取得成功，就必须掌握这些规律，因此，消费者购买行为分析是市场分析的重要内容。

（1）区分消费者购买行为类型。区分不同的消费者购买行为，找出不同购买行为的差异，是分析消费者购买行为的重要方法。这里仅以两个主要的标准对消费者购买行为进行分类：①根据消费者购买态度的不同可分为：习惯型、理智型、经济型、冲动型、从众型、疑惑型和想象型；②根据消费者购买目标的确定程度可分为：确定型、半确定型和不确定型。

（2）了解消费者购买行为过程。消费者购买行为过程是消费者从产生需要到满足需要的过程。这一过程是因人、因商品而异的。一般来说，它可以分为以下四个阶段：确认需要、收集信息、分析评价、决定购买。

4. 市场细分和目标市场的确定

由于消费者对项目产品的各种性能、样式、价格等因素存在不同的偏好和敏感度，因此，可以根据特定方法进行市场细分，使项目产品能更好地服务于特定消费者。市场细分是指企业在市场调查的基础上，依据消费者的需求、购买行为和购买习惯等方面的明显差异性，把某一项目产品的市场整体划分为若干个消费者群的市场的分类过程。每一个消费者群就是一个细分市场，其内部的消费者对同一项目产品有相似的需求倾向。市场细分依据的是同一项目产品的消费需求具有多样性和差异性。市场细分的实质就是把一个异质市场划分为相对来说是同质的市场。一般情况下，每一个细分市场应该满足的条件有：足够的规模和需求、细分市场内消费者偏好相似并具有一定的购买力、细分市场之间具有相斥性。一般细分市场的相斥性越高，细分越成功。

通过市场细分，可以清楚地了解各个市场的供求和竞争状况，以及哪些市场有较大的发展潜力，结合项目产品自身特点和对消费者行为的分析，可以发现市场供求缺口或是找到消费者未被满足的需求，从而为投资项目的建设确定目标市场。

目标市场的确定是细分市场评估和选择的过程。即在市场细分的基础上，通过对细分市场的评价，确定有效市场，在对有效市场进行竞争者分析和风险分析的基础上，最后确定目标消费者并描述目标消费者的特征。

目标市场确定的主要步骤如下：首先，进行市场细分，确定细分市场。其次，评价细分市场，明确有效市场。在此，需要考虑三方面的因素：细分市场的规模和发展潜力、细分市场的竞争结构状况、企业的目标和能力。再次，对有效市场进行竞争者分析和风险分析。最后，确定目标消费者，描述目标消费者的特征。

5. 市场风险分析

市场风险分析是在市场供求、项目竞争力等常规分析已达到一定深度要求的前提下，对未来市场重大不确定因素发生的可能性，及其对投资项目可能造成损失的程度进行分析。市场风险分析的一般步骤是识别市场风险因素、估计市场风险程度和提出风险对策。

（1）识别市场风险因素。市场风险因素主要包括：由于技术进步的加快，市场上新产品和新替代品的不断出现，导致部分消费者转向新产品或新替代品，影响项目产品的市场需求和预期效益。由于新竞争对手的加入，使市场趋向于饱和，导致项目产品市场占有率下降。由于市场竞争加剧，出现项目产品市场买方垄断，造成项目产品市场价格下降；或者出现投入物市场卖方垄断，形成项目产品所需投入物的价格大幅度上涨，导致项目产品的预期效益减少。由于国内外政治经济条件出现突发性变化，引起市场激烈震荡，造成项目产品销售锐减，或者项目主要投入物供应中断。对上述各种风险因素的影响，应根据投资项目的具体情况，识别投资项目可能面临的主要市场风险因素，做出客观切实的分析研究。

（2）估计市场风险程度。市场风险因素的识别要与市场风险程度的估计相结合，以确定投资项目的主要风险因素，分析并估计其对投资项目的影响程度。估计市场风险程度可以定性描述，亦可定量计算。

（3）提出风险对策。提出风险对策是要有针对性地规避风险，避免市场风险的发生或者将风险损失降低到最低程度。可通过识别市场风险因素和估计市场风险程度的反馈，改进风险对策及抗风险方案，完善营销策略，促使投资项目成功。

第二节　市场调查

一、市场调查的原则

市场调查就是指运用科学的方法，有目的地、有系统地收集、记录、整理有关市场营销的信息和资料，分析市场情况，了解市场的现状及其发展趋势，为市场预测和营销决策提供客观的、正确的资料。

现代市场调查的特点是目的性、系统性、决策性和真实性。因此，在市场调查活动中，必须按照市场调查的原则进行。市场调查原则是指在决定、策划、进行市场调查活动时，应该遵守的规范和标准，是市场调查活动取得成效的保证。

（一）可信性原则

可信性原则指在市场调查中，应该遵守真实的、实事求是的工作原则。市场调查是为投资项目决策提供依据，如果调查后获取的资料内容虚假，可能会对投资项目的决策产生误导作用，造成不可估量的损失。因此，收集和提供真实的信息资料，是市场调查活动的首要原则。

（二）适用性原则

适用性原则指调查活动提供的信息资料内容要适合投资项目决策使用的原则。投资项目的决策所需要的信息资料较多，关键的信息资料尤为重要。如果调研活动收集的大量信息缺少关键的信息点，那么，投资项目的决策就不可能顺利地进行。因此，可以说，市场调查活动的质量不仅取决于掌握信息资料数量的多少，还取决于信息资料的内容对投资项目决策的适用性。

（三）动态性原则

市场是不断发展和变化的，在市场调查活动中，必须遵循发展的、变化的、动态的观点。用动态的原则指导市场调查活动，不仅要注意市场的现状，还要了解市场的过去；不能只满足于已经掌握的资料，还应该注意不断地进行资料的更新和完善，保持信息资料与市场变化的动态同步性。

（四）经济性原则

经济性原则是指使用最小的成本和最短的时间提供可信的、有用的信息资料。其意义在于平衡调查活动的成本和收益之间的关系以及节省调查活动中的费用。

（五）系统性原则

坚持系统性原则，首先需要深入、全面地对系统内的有关事物及它们之间的关系进行调查；其次注意调查系统内的主要矛盾和矛盾的主要方面。主要矛盾和矛盾的主要方面代表了系统的主要特征，对系统的变化起主要作用，是市场调查的主要对象。

（六）科学性原则

科学性原则要求调研人员树立对待调研工作的科学态度，提高对信息工作的认识；重视信息收集工作在收集、整理、分析过程中的特点和规律，遵守关于市场调查的程序和要求；注意信息资料的时效性、保密性和使用价值，规范调查人员的行为和调查活动，降低各种功利因素对调研活动的影响，防止伪科学的干扰；坚持定性调查和定量分析相结合的科学分析方法，以便提供可进行决策的依据。

二、市场调查流程

市场调查的流程分为两个阶段：调查准备阶段、调查实施和调查分析研究阶段。

（一）调查准备阶段

调查准备阶段需要确定调查的必要性，定义问题，确定调查目标，确定信息的类型和来源，设计问卷以及确定抽样方案，并在此基础上制定一个切实可行的调查方案。调查准备阶段具体分为以下几个步骤：

（1）确定调查的必要性。市场调查虽然是重要的和必要的，但并不意味着每一个投资项目评估中的市场分析都需要市场调查。如果投资者对投资项目市场、竞争者、产品和服务有充分的了解，或委托方向工程咨询机构提供了足够信息，在此情况下，就无须进行市场调查。

（2）定义问题。对问题有一个好的定义，就意味着完成了一半的市场调查工作。在市场分析开展之前，要在明确市场调查必要性的基础上针对投资项目的具体特征全面定义需通过市场调查来解决的问题，在明确了调查问题的基础上再去进行下一步。

（3）确定调查目标。调查目标的确定可以帮助投资项目分析人员获得解决问题所必需的信息。定义问题和确定调查目标是不同的，同时，调查目标的确定也是选择调查方法的前提。

（4）确定信息的类型和来源。该步骤的工作包括确定收集信息的范围和方式。收集信息的范围应注意的问题包括：应收集什么信息、如何收集、在什么时间和地点收集。收集信息的方式应注意的问题包括：是通过调查取得第一手资料，还是通过间接手段获取第二手信息，信息是通过一次性调查获得，还是通过多次调查获得。

（5）设计问卷。问卷有两种形式，即结构性问卷和非结构性问卷。结构性问卷列出所需了解的问题，而且每个问题都有可供选择的答案；非结构性问卷采取开放式回答的方法，有可能针对访问对象前一题的回答来进行后续访问。调查的成功取决于三个层面的工作：一是问卷的精心设计；二是问卷调查中填写内容的真实性；三是问卷回收后的系统分析。因此，问卷设计要符合简明、突出主题和便于统计分析的要求。

（6）确定抽样方案。在调查对象总体容量非常大的情况下，就需要抽取样本进行调查，所以，必须在调查前确定抽样方案，以尽可能减少误差，使得样本足以代表总体。这就要求在抽样方案中做好样本元素分析，确定合理的样本结构和样本容量。

（7）制定调查方案。在制定调查方案时，要考虑以下问题：明确调查目的、对象和范围，设计调查问题，选择调查方法，制定调查人员培训计划，安排整个调查工作的时间和进度，预算调查费用等。

（二）调查实施和调查分析研究阶段

该阶段的主要任务是组织调查人员，按照调查方案的要求，系统地收集信息和数据，听取被调查者的意见。该阶段的工作可分为以下几个方面：

（1）为保证调查质量，必须对调查人员进行培训。培训内容包括：明确调查计划，掌握调查技术，了解与调查目的有关的经济信息和业务技术知识。

（2）实地调查要求调查人员按计划规定的时间、地点、方法和内容深入现场进行具体调查，收集有关信息。实地调查质量取决于调查人员的素质、责任心和组织管理的科学性。

（3）通过对调查信息的统计和分析，形成调查报告。这是评价市场调查能否充分发挥作用的关键一环。其工作内容包括信息的整理分析和编写调查报告。

在投资项目市场分析中，市场调查的结果往往直接用于市场分析，而不一定要形成完整的市场调查报告，并且二手资料的使用往往在市场分析中占据着较大的比重。

三、市场调查类型

1. 市场普查

市场普查是对市场进行逐一的、普遍的、全面的调查，以获取全面、完整、系统的市场信息。可以确定一定的市场范围进行调查，也可以就市场某一方面进行专项普查。

市场普查有其优点，但由于普查时间长、耗费大、难以深入等原因而受到限制。一般来说，在市场范围较小、被调查者数量较少、调查时间比较充裕的情况下，可以选用市场普查的方法。

2. 重点调查

重点调查是指在被调查者中选定一部分处于重要地位的被调查者，或者对某项指标占总体指标总量比重大的一些被调查者进行调查。重点调查能够以较少的人力和费用开支，较快地掌握被调查者的基本情况。

重点调查方式常用于产品需求和原材料资源需求的调查。如某家电生产企业市场销售中12家主要批发商占总销售量的80%左右，调查了解这12家批发商的需求量，就足以掌握企业产品的需求情况。

3. 典型调查

典型调查是在被调查者中选择一些具有典型意义或具有代表性的市场区域或产品进行专门调查。典型调查的调查范围较小，人力和费用开支较节省，运用比较灵活。

做好典型调查的关键在于把握被调查者的代表性，它直接关系到调查结果。典型被调查者代表性的具体标准，应根据每次市场调查的目的和被调查者的特点来确定。

4. 抽样调查

抽样调查是从所要研究的某特定现象的总体中，依随机原理抽取一部分作为样本，根据对样本的研究结果，在一定的抽样置信水平上推断总体特性的调查方法。抽样调查工作量小、耗时短、费用低、信度高、应用比较广泛。

四、市场调查的方法

选择市场调查方法要考虑收集信息的能力、调查研究的成本、时间要求、样本控制和人员效应的控制程度。市场调查方法可分为文案调查法、实地调查法、问卷调查法和实验调查法。

1. 文案调查法

文案调查法是指对已经存在的各种资料档案，以查阅和归纳的方式进行的市场调查。文案调查法又称二手资料法或文献调查法。文案资料来源很多，主要有：国际组织和政府机构资料、行业资料、公开出版物、相关企业和行业网站以及有关企业内部资料等。

2. 实地调查法

实地调查法是调查者通过跟踪、记录被调查事物和人物的活动特征与行为痕迹来取得第一手资料的调查方法。即调查人员直接到市场或某些场所（商品展销会、商品博览会、商场等），通过耳闻目睹和触摸的感受方式或在不侵犯个人隐私的前提下，借助于某些摄录设备和仪器，跟踪、记录被调查者的活动和行为的特点，获取所需信息资料。

3. 问卷调查法

问卷调查法是调查者通过面谈、电话询问、网上填表或邮寄问卷等方式，了解被调查者的市场行为和方式，收集市场信息的调查方法。问卷调查法是市场调查中常用的方法，尤其在消费者行为调查中被大量应用，其核心工作是设计问卷，实施问卷调查。

4. 实验调查法

实验调查法是指调查者在调查过程中，通过改变某些影响调查对象的因素，观察被调查者消费行为的变化，从而获得消费行为和某些因素之间的内在因果关系的调查方法。

实验调查法主要应用于消费行为的调查，企业推出新产品、改变产品外形和包装、调整产品价格、改变广告方式时，都可以采用实验调查法。

相对而言，文案调查法是一切调查方法中最简单和最常用的方法，同时，也是其他调查方法的基础。实地调查法能够更全面地接触被调查者，并且应用灵活，调查信息也较为充分，但是，调查周期长、费用高，被调查者容易受调查者的心理暗示影响，存在不够客观的可能性。问卷调查法适用范围广泛、操作简单易行、费用相对较低，得到了大量的应用。实验调查法是最复杂、费用较高、应用范围有限的方法，但调查结果可信度较高。

第三节　市场预测

一、市场预测流程

为保证市场预测工作的顺利进行，必须按照一定的流程开展市场预测，以利于各环节之间的协调，进而取得良好的预测效果。市场预测的流程可分为以下几个阶段：

1. 确定预测目标

进行市场预测，首先要确定预测目标，只有目标明确具体，才能取得好的预测效果。确定预测目标包括以下内容：明确预测对象、预测目的、预测范围等。预测目标应详细、明确、具体，否则会降低预测准确度。

2. 收集、分析和处理信息

预测信息包括预测对象本身发展的历史信息，影响预测对象发展变化的各种因素等。将信息加以分析、加工和整理，判别信息的真实程度和可用程度，剔除随机事件造成的信息不真实，对不具备可比性的信息进行整理，以避免信息本身给预测结果带来的误差。

3. 选择预测方法，建立预测模型进行预测

预测方法的种类繁多，每一种预测方法都有其特点和适用范围，应根据预测对象的特点、精度要求、信息的占有情况和市场预测费用等各种因素来选择市场预测的方法，即通过对数据变化趋势的分析，建立起与历史信息相吻合的预测模型。

4. 分析预测结果

预测结果通过判断和评价，可能是肯定的，也可能是否定的，更多的是需要修正的，无论哪一种情况，都要以周密的调查、可靠的数据和有说服力的分析作基础，其重点应放在预测误差的分析上，找出误差原因，并修正预测结果。此外，在条件许可的情况下，可采用多种预测方法进行市场预测，然后通过比较和综合，确定可信的预测结果。

二、市场预测方法

市场预测主要是预测未来一定时期某种产品的需求和供给情况。由于市场供给的预测比较简单，一般从生产该产品的企业现有的生产能力和拟建中的生产能力即可大体预测出来，因此，一般所说的市场预测主要是指产品的需求量或可销售量的预测。另外，市场预测的方法很多，有定性方法、定量方法和定性与定量相结合的方法；有短期预测方法和中长期预测方法等。在投资项目评估中，市场预测一般是中长期预测。

（一）德尔菲法

德尔菲法亦称专家调查法或专家征询法，它是指在广泛征求专家意见后进行定性和定量预测的一种方法。这种方法是20世纪50年代首先由美国兰德公司采用的。

（1）选择专家。这里所讲的专家，不一定是指那些有一定学位或职称的专家、教授，而是指那些对所要预测的问题具有一定的专门知识，有丰富的经验，能为解决预测问题提供较为深刻见解的人员。在选择专家时，要注意其代表性，人数通常为15～50人。

（2）设计调查表。根据预测目标，以专家问答表的形式，将需要预测的问题列于表格中，以便专家填写。调查表没有固定格式，应根据预测的问题灵活设计。

（3）专家做出判断。准备工作做好以后，将调查表及有关问题寄发给各个专家，请他们在背靠背的情况下，对所提问题做出初步判断，并按规定的期限寄回调查表。然后将各个专家回答的意见进行综合、整理后，归纳出几种不同判断，并请身份类似的专家写出文字说明，并匿名反馈给各个专家，请他们以与第一次做判断同样的方式，比较自己与别人的意见，修改第一次判断，做出第二次判断，并按期寄回判断意见。如此反复修改多次，直到各个专家对自己的判断意见不再修改为止。

（4）提出预测报告。为得出预测结论，需要对专家们的最后意见进行分析和处理。当专家们的最后意见比较一致时，一般将该意见作为预测结果。当专家们的意见有分

歧时，需要对其进行综合处理，一般可以采用两种方法：一是用算术平均数法求其平均数，并以平均数作为预测值；二是用中位数作为预测值。

（二）时间序列预测法

时间序列预测法是以历史的时间序列数据为基础，运用一定的数学方法使其向外延伸，来预测市场未来发展变化趋势的一种方法。这是预测市场发展趋势中最常用的方法，其基本根据是假设过去的趋势会延伸到未来，这在项目寿命期内客观因素不发生重大变化的情况下，可能得出比较正确的结果。如果客观因素发生重大变化就可能产生较大误差。常用的具体方法有移动平均数法、趋势预测法。前一种方法主要是用于短期预测，后一种方法则是用于长期预测。因此，在投资项目评估中主要使用趋势预测法，必要时，可先用移动平均数法预测 1～2 年的数值，再在此基础上用趋势预测法预测 10～20 年的数值。

（1）移动平均数法。这是时间序列预测法中最简单的一种方法，在短期预测中应用较多。其做法是用上几期（如前 3 年或前 4 年）实际销售数的平均数来预测下期销售数。算平均数时可以用简单的算术平均数，也可以用加权平均数，用加权平均数的准确性较高。在求得某一年度的预测数以后，可将其视同实际销售数，再预测下一年度的数值。

（2）趋势预测法。这是时间序列预测法中最适合中长期预测的方法，也是投资项目评估中进行市场发展趋势预测时最常用的方法。其基本原理是：根据过去各期的实际数据分析其发展趋势，并假定今后按该趋势继续发展，从而预测今后各期的数据。如果过去各期数据大体呈现等差级数，则其变化趋势可用直线方程来表示；如果过去各期数据大体呈现等比级数，则其变化趋势可用曲线方程来表示。

（三）回归分析法

上述时间序列预测法只考虑了时间因素造成需求量和销售量的变化，但实际上，市场的各种因素都在相互影响。例如，投资规模扩大，建筑材料的需求量就会增加。前者（投资规模）称为自变量，后者（建筑材料需求量）称为因变量。回归分析法就是根据自变量来分析因变量的变化方向和程度，一般以拟预测的产品需求量为因变量，而以有关的市场其他因素为自变量。回归分析法又可以分为简单回归分析法和多元回归分析法两种方法。

本章小结

1. 市场作为一切商品交换关系的总和，既是投资项目的起点，又是其最终的归宿。市场分析即是指通过市场调查和供求预测，根据项目产品的市场环境、竞争能力和竞争者状况，分析、判断投资项目投产后所生产的产品在有限的时间内是否有市场，以及应采取怎样的营销战略来实现销售目标。

2. 市场分析的作用表现在：确定合理的生产规模、初步确定投资规模、确定产品生产方案、为财务分析提供合理的数据分析基础、为市场风险分析提供客观的判断依据。

3. 市场分析的目的在于揭示项目产品的市场结构及需求状况，通常通过市场调查、市场预测和市场趋势综合分析的方法来达到目的。

4. 市场调查的原则包括：可信性原则、适用性原则、动态性原则、经济性原则、系统性原则、科学性原则。市场调查的流程分为：调查准备阶段、调查实施和调查分析研究阶段。

5. 市场调查类型包括：市场普查、重点调查、典型调查和抽样调查。

6. 选择市场调查方法要考虑收集信息的能力、调查研究的成本、时间要求、样本控制和人员效应的控制程度。市场调查方法可分为文案调查法、实地调查法、问卷调查法和实验调查法。

7. 市场预测主要是预测未来一定时期某种产品的需求和供给情况，一般所说的市场预测主要是指产品的需求量或可销售量的预测。其预测方法包括：德尔菲法、时间序列预测法和回归分析法。

1. 名词解释

市场调查　市场预测　项目产品生命周期　文案调查法　实地调查法　问卷调查法　实验调查法　德尔菲法　时间序列预测法　回归分析法　市场普查　重点调查　典型调查　抽样调查

2. 投资项目市场分析中常用的市场调查方法有哪些?

3. 简要回答市场调查的原则包括哪些。

4. 常用的市场预测方法有哪些?

第五章 投资项目建设规模评估与投资项目技术评估

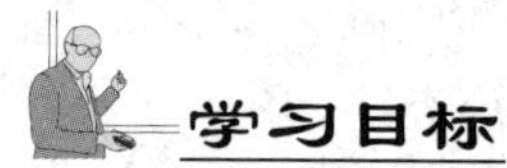

建设规模也称生产规模，是指项目在设定的正常生产运营年份达到的生产或者服务能力。建设规模的确定是在制定项目产品方案的基础上，结合工艺技术、原材料和能源供应、协作配套、项目投融资以及规模经济等方面的研究而进行的。技术评估是投资项目评估中不可或缺的一个环节，主要内容是对投资项目的生产工艺方案、设备选型方案和工程设计方案进行评估。

1. 知识目标

※ 掌握投资项目建设规模的界定与影响因素。

※ 掌握投资项目建设规模的确定方法。

※ 了解规模经济理论。

※ 掌握投资项目生产工艺方案的评估、投资项目设备选型方案的评估和投资项目工程设计方案的评估的基本内容。

2. 能力目标

※ 在了解规模经济理论的基础上，熟练运用盈亏平衡分析法、分步法和最小费用法，确定投资项目建设起始规模、最大建设规模和最佳建设规模。

国产民用飞机制造项目产能评估方法

某新型研制的国产民用飞机完成适航取证后，其制造项目由研制阶段的单机生产向小批量生产过渡，尚不稳定的生产线急需打通生产瓶颈、扩大产能、提升生产速率，难度大且周期长，该阶段制约飞机生产的主要因素是主制造商的生产能力。在此情况下，对该型号国产民用飞机生产线进行产能评估和测算，识别生产线的瓶颈和短板，对该型号国产民用飞机项目的生产规划和生产线建设具有重要意义。

国产民用飞机制造项目涉及零部件众多，对装配精度要求苛刻，对质量稳定性及安全可靠性要求高，生产线规模大，具有周期长、技术难度高、参与单位多、输入输出关系复杂、未知因素多等特点。

评估方法：根据某型号国产民用飞机的总装流程，建立产能评估模型，并进行实际测算，得出产能评估结果，并对评估结果开展验证和分析，识别生产线瓶颈，得出产能评估方法的研究结论。生产能力由生产资源配置数量及其发挥的效率决定，每一个生产过程的产能最小值决定了整机产能。根据该型号国产民用飞机的实际情况，制约整机产能的关键生产资源是总装工位的工装数量和技能人员数量。

偏差原因分析：主要有两大方面：①从型号发展的角度看，该型号国产民用飞机为新研制的机型，处于从科研成功转向商业成功的过渡阶段、从取得型号合格证转向小批量生产的摸索阶段，研制阶段的生产组织模式和构型管控方式等都不能满足批量生产的需求，需要变革和调整。②从企业成长的角度看，该国产民用飞机的制造企业在整机制造产业链中逐步从承揽方角色向发包方角色转变，“主制造商—供应商”管理模式还不完善，产品质量还不稳定，生产线成熟度距离批量生产还有较大差距。综上，实际生产当量可用于验证产能评估模型在应用上的有效性，却不能用于衡量产能评估模型的准确性。

结论：在实际应用中建立产能评估模型是可行且有效的，其评估结果能够反映国产民用飞机生产线产能，能够识别制约整机产能的瓶颈环节；且测算过程相对简便，有利于数据更新和过程迭代，测算工作所需的企业资源消耗和人力、物力成本较低。

该模型也存在局限性，较为理想化的假设条件使测算结果存在误差；且未能将设计更改、制造质量、供应链稳定性、工艺成熟度等因素纳入模型中，未能充分体现国产民用飞机制造项目的大型性和复杂性。

请思考：

投资项目建设规模评估指对拟建项目规划阶段的设计能力的评估。在项目规划和投资决策阶段，对拟建项目的生产规模必须进行科学的经济技术论证，经济合理地确定其设计生产能力。分析研究制约或影响该项目生产规模的各种因素和条件，运用科学的方法确定其最经济合理的生产规模是本章的核心，带着这样的问题进入本章的学习。

第一节　投资项目建设规模评估

建设规模问题是投资项目规划与投资决策中一个十分重要的课题。投资项目建设规模的大小，不仅关系到项目产品市场需求的满足程度、技术方案的选择、原材料及能源供应的满足程度，而且还会长期影响着投资项目的经济合理性。

一、投资项目建设规模的界定与影响因素

（一）投资项目建设规模的概念

建设规模也称生产规模，生产规模的概念是指项目在设定的正常生产运营年份达到的生产或者服务能力。建设规模的确定是在制定项目产品方案的基础上，结合工艺技术、原材料和能源供应、协作配套、项目投融资以及规模经济等方面的研究而进行的。从工业项目的角度看，规模经济中的规模一般是指工业企业的生产规模。工业企业生产规模是指生产要素在企业中的集中程度，其衡量指标主要有产量、生产能力、产值、职工人数和资产价值等，其中，产量和生产能力指标应用较多。产量是指企业在一定条件下和一定时期内实际生产的产品数量。生产能力是指企业在一定生产技术条件下和一定时期内可能生产某种产品的最大能力。产量和生产能力通常按年计算，用实物量或标准实物量表示。有些企业使用的原材料的成分对产量或生产能力有较大影响，其产量和生产能力可以用能加工处理的原材料数量来表示（如豆油加工厂）；有的企业用装机容量（如发电厂）、设备能力（如毛纺厂）来表示其产量和生产能力；有的企业产品种类繁多，差异性较大，一般可换算成标准实物量来表示产量或生产能力。

相关知识链接

统计上大中小微型企业划分标准（2017）

行业名称	指标名称	计量单位	大型	中型	小型	微型
农林牧渔业	营业收入（Y）	万元	Y≥20000	500≤Y＜20000	50≤Y＜500	Y＜50
工业	从业人员（X）	人	X≥1000	300≤X＜1000	20≤X＜300	X＜20
	营业收入（Y）	万元	Y≥40000	2000≤Y＜40000	300≤Y＜2000	Y＜300
建筑业	营业收入（Y）	万元	Y≥80000	6000≤Y＜80000	300≤Y＜6000	Y＜300
	资产总额（Z）	万元	Z≥80000	5000≤Z＜80000	300≤Z＜5000	Z＜300
批发业	从业人员（X）	人	X≥200	20≤X＜200	5≤X＜20	X＜5
	营业收入（Y）	万元	Y≥40000	5000≤Y＜40000	1000≤Y＜5000	Y＜1000
零售业	从业人员（X）	人	X≥300	50≤X＜300	10≤X＜50	X＜10
	营业收入（Y）	万元	Y≥20000	500≤Y＜20000	100≤Y＜500	Y＜100
交通运输业	从业人员（X）	人	X≥1000	300≤X＜1000	20≤X＜300	X＜20
	营业收入（Y）	万元	Y≥30000	3000≤Y＜30000	200≤Y＜3000	Y＜200

续　表

行业名称	指标名称	计量单位	大型	中型	小型	微型
仓储业	从业人员（X）	人	X≥200	100≤X<200	20≤X<100	X<20
	营业收入（Y）	万元	Y≥30000	1000≤Y<30000	100≤Y<1000	Y<100
邮政业	从业人员（X）	人	X≥1000	300≤X<1000	20≤X<300	X<20
	营业收入（Y）	万元	Y≥30000	2000≤Y<30000	100≤Y<2000	Y<100
住宿业	从业人员（X）	人	X≥300	100≤X<300	10≤X<100	X<10
	营业收入（Y）	万元	Y≥10000	2000≤Y<10000	100≤Y<2000	Y<100
餐饮业	从业人员（X）	人	X≥300	100≤X<300	10≤X<100	X<10
	营业收入（Y）	万元	Y≥10000	2000≤Y<10000	100≤Y<2000	Y<100
信息传输业	从业人员（X）	人	X≥2000	100≤X<2000	10≤X<100	X<10
	营业收入（Y）	万元	Y≥100000	1000≤Y<100000	100≤Y<1000	Y<100
软件和信息技术服务业	从业人员（X）	人	X≥300	100≤X<300	10≤X<100	X<10
	营业收入（Y）	万元	Y≥10000	1000≤Y<10000	50≤Y<1000	Y<50
房地产开发经营	营业收入（Y）	万元	Y≥200000	1000≤Y<200000	100≤Y<1000	Y<100
	资产总额（Z）	万元	Z≥10000	5000≤Z<10000	2000≤Z<5000	Z<2000
物业管理	从业人员（X）	人	X≥1000	300≤X<1000	100≤X<300	X<100
	营业收入（Y）	万元	Y≥5000	1000≤Y<5000	500≤Y<1000	Y<500
租赁和商务服务业	从业人员（X）	人	X≥300	100≤X<300	10≤X<100	X<10
	资产总额（Z）	万元	Z≥120000	8000≤Z<120000	100≤Z<8000	Z<100
其他未列明行业	从业人员（X）	人	X≥300	100≤X<300	10≤X<100	X<10

国家统计局：http：//www. stats. gov. cn/。

（二）不同生产规模企业的特点

生产规模大的大型企业，有利于采用先进的设备和技术，合理有效地利用原材料等生产要素，便于实行大批量生产，提高劳动生产率，降低生产成本，取得最大的经济效益。但是大型企业要求投入大量的资金，并且建设周期长、建设条件复杂，在技术更新越来越快的条件下，大型企业不能很快地转产，市场适应性较差。中小型企业相对于大型企业而言，具有投资少、建设周期短、建设灵活性大、市场适应性强和便于管理等优点，但其缺少大型企业所具有的经济技术实力。在生产力不断发展的经济条件下，一方面社会化大生产水平不断提高，使生产过程的速度加快，生产的连续性加强，使得企业平均规模日益扩大；另一方面由于社会分工越来越细，各部门、各企业之间的经济联系、协作关系日益密切，又急需专业化较强的中小企业与大企业协作或联合。因此在相当长的一段时间内，企业规模会是大、中、小并存的局面。综上所述，在进行投资项目规划和投资决策时，不能简单地评价一个投资项目规模的大小，或随意确定其建设规模，而必须根据每个投资项目的具体情况，采用科学的方法，合理地确定投资项目的建设规模。

（三）影响和制约投资项目建设规模的因素

在投资项目评估中，确定拟建投资项目的建设规模，旨在为拟建投资项目规划合理的投资规模，使其达到规模经济。一般来讲，影响和制约投资项目建设规模的因素主要有如下几个方面。

1. 国家宏观调控

国家为了保证社会稳定，经济持续发展，制定了一定时期内的国民经济发展规划，来协调国民经济各部门发展。在经济发展规划中，安排了各个产业和区域的投资结构，其中包括投资项目的建设规模，特别是关系国计民生的投资项目的建设规模。因此，在确定拟建投资项目的建设规模时，必须充分考虑所处时期国家经济发展规划，如规划中要求重点建设的项目，建设规模可以大一些，对于在一定时期内不宜集中建设的投资项目，建设规模可以小一些。为了加强和改善宏观调控，有效调整和优化产业结构，提高产业素质，促进国民经济持续、快速、健康发展，国家还制定了产业政策。产业政策包括产业结构、产业技术政策、产业布局以及其他对产业发展有重大影响的政策和法规。在确定拟建投资项目建设规模时，要充分考虑所处时期国家的产业政策，主要是将政策规定的投资项目建设规模作为拟建投资项目建设规模的最低标准。如国家产业政策规定新建轻型客车生产厂年生产能力应该在5万辆以上，新建重型货车年生产能力应该在1万辆以上，新建生产聚氯乙烯的化工厂单系列生产能力4万吨以上等，那么在建设这类投资项目时，建设规模就应在这个标准之上。

2. 投资项目所处行业的经济技术特点

拟建投资项目所处行业的经济技术特点，对拟建投资项目建设规模有很大的制约作用。通常情况下，水电、火电、核电等电厂项目的建设，金属冶炼及加工项目的建设，钢铁和基础化工等项目的建设，要求有一定的技术和工艺水平，而且专业化水平高、项目规模大，才能取得显著的经济效益；而医药、化妆品等精密化工项目，因为产品品种多，技术要求高，以中等建设规模为宜；食品、工艺品等项目以小型建设规模为宜。总之，应根据投资项目所处的具体环境和投资项目所处行业的经济技术特点，合理确定建设规模。

3. 投资项目产品的市场需求状况

投资项目产品的市场需求状况是决定拟建投资项目建设规模的前提条件。没有需求的投资项目产品，无法为投资项目带来经济收益，那么投资项目就没有建设的必要性，建设规模也就无从谈起。市场需求的大小决定建设规模的大小，因此在确定项目建设规模前要充分研究投资项目产品的市场状况。投资项目产品供给与需求之间的缺口称为市场缺口。投资者应立足于市场，积极寻找供给与需求之间的缺口，主动弥补市场缺口，并根据缺口的大小选择建设规模。这种缺口越大，说明投资项目产品的市场需求越大，投资项目的建设规模可设计得大一些。反之，就应缩小建设规模。一般来讲，投资项目的建设规模不应大于市场缺口，如果建设规模大于市场缺口，就会出现生产力过剩，造成经济上的损失。

4. 投资项目所需资金、资源的供应状况

投资项目所需资金、资源的供应状况是确定投资项目建设规模的物质基础，它的好坏直接关系到拟建投资项目建设规模的大小。投资项目所需资金、资源的供应状况是指投资项目在建设、生产、经营过程中资金、原材料、能源、劳动力等基本投入物的供应条件。投资项目所需资金、资源供应状况的好坏可以从供应的稳定程度，即数量的稳定和价格的稳定两方面评价。资金和资源是稀缺的，不可能同时满足各方面的需求。因此，不同的投资项目、不同的部门之间具有一定的竞争性。从资金来源方面看，如果拟建投资项目投资者有很强的融资能力，融资渠道畅通，融资方式多样，那么投资项目的建设规模可以设计得大一些；从原材料、能源等基本投入物的供应方面看，如果原材料及能源等基本投入物供应不足或不稳定，或存在价格高、运输困难、运费很贵等问题，即使是投资项目产品的市场需求很大，建设规模也不宜铺得过大。

5. 投资项目采用的生产技术及设备装备状况

投资项目采用的生产技术及设备装备状况是确定投资项目建设规模的关键因素。不同的生产技术水平和设备装备水平对投资项目的建设成本和建设能力有一定的限制标准。先进的生产技术和标准化、大型化设备可以降低生产成本，提高生产效率和生产能力，建设规模可以设计得大一些；反之，如果与大规模生产相适应的先进技术及其装备的来源没有保障，获取技术的成本过高，则不仅预期的效益难以实现，还会给投资项目的生存和发展带来危机。所以，在确定拟建投资项目的建设规模时，要考虑现代化生产技术水平和设备装备水平，既要稳定可靠、成熟规范，具备一定的先进性，又要与建设规模相适应。

6. 其他因素

在确定投资项目建设规模时，除上述因素外，还应考虑其他一些因素，如专业化分工及协作配套条件。现代化大生产分工越来越细，专业化水平也越来越高，企业要想在竞争中生存下去，发展壮大，单靠自身的力量是很难办到的，往往需要其他企业和单位提供原材料、能源及交通运输方面相配套的条件。投资项目建设规模的大小要与之协调，如果规模过大，则会使投资项目自身的建设能力闲置；如果规模过小，则不能充分利用投资项目外的各项配套资源。再如投资项目的经营管理水平高，决策、计划、组织、控制能力强，投资项目的建设规模也可以大一些。综上所述，影响和制约投资项目建设规模的因素很多，投资项目建设规模是否合理，应通过综合分析上述各项影响和制约因素来决定。同时还应考虑规模经济和适度规模问题，在多个可供选择的方案中，选择符合规模经济的方案。

二、规模经济理论

（一）规模经济的含义

规模经济（Economies of Scale）是经济活动中的一种规律现象。投资项目建设规模过大，会因市场容量过小导致项目产品滞销积压；投资项目建设规模过小，会导致原材料、能源等成本的浪费，无法获得最大的效益。随着经济的发展，追求规模经济效益的行为日益渗透到各种经济活动中。

规模指的是生产的批量，具体有两种情况：一种是生产设备条件不变，即生产能力不变情况下的生产批量变化；另一种是生产设备条件，即生产能力变化时的生产批量变化。规模经济概念中的规模指的是后者，即伴随着生产能力扩大而出现的生产批量的扩大，而经济则含有节省、效益、好处的意思。

规模经济是指在一定范围内，随着生产能力的扩大而单位成本下降和收益递增的现象。也就是说，规模经济理论就是研究在现有经济条件和技术条件下，要求达到什么样的建设规模，才能最大地提高效率，取得最佳的经济效益和社会效益。具体表现为长期平均成本曲线向下倾斜，从这种意义上说，长期平均成本曲线便是规模曲线。长期平均成本曲线的下降不是无限的，曲线最低点称为最终规模。随技术进步和生产工艺水平的提高，最终规模不断变化，不同产业因其技术和生产工艺水平不同，工厂及企业规模经济的利用途径和形式亦有所不同。现代消费需求的多样化与个性化，并没有使规模经济丧失，而是通过产品的系列化和高度完整的标准化，使规模经济依然深刻地影响着企业的生产经营和发展。对规模经济的研究，是产业合理布局和对某一产业在大范围进行调整的重要依据。

人们根据生产要素数量组合方式变化规律的要求，自觉地选择和控制生产规模，求得生产量的增加和成本的降低，而取得最佳经济效益。规模经济效益曲线如图 5 - 1 所示。

在图 5 - 1 中，A 点和 C 点对应的销售收入等于总成本，B 点对应的销售收入最高、生产成本最低。当产量达到 Q_1时，销售收入等于总成本，企业利润为零；当产量处于 Q_1和 Q_3之间时，销售收入大于总成本，企业的利润大于零；当产量达到 Q_3时，销售收入又等于总成本，企业利润等于零。从图 5 - 1 可以看出，在 A 点和 B 点之间，随着产量的增加，企业的利润是递增的；而在 B 点和 C 点之间，随着产量的增加，企业的利润虽然是正值，但是递减的。所以，A 点和 B 点之间对应的为合理生产规模（产量），

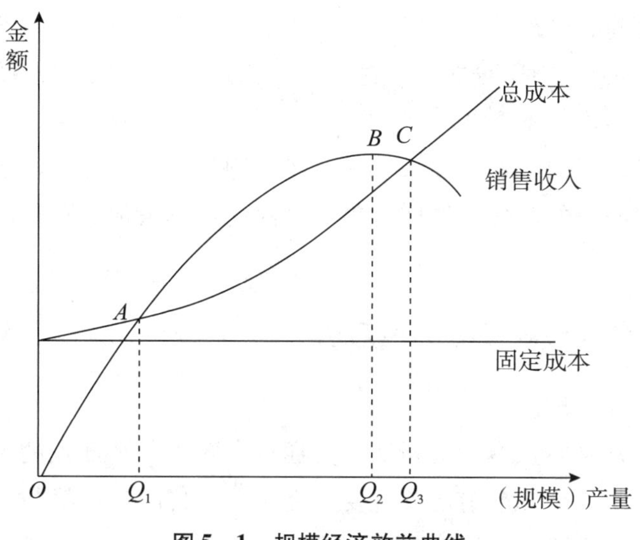

图 5－1　规模经济效益曲线

Q_1至 Q_2区间对应的是规模经济区间。

（二）规模经济的分类

1. 规模经济

规模经济还可以分为内在规模经济和外在规模经济：

内在规模经济是指因内部自身条件发生变化而引起的单位成本下降、经济效益增加的现象。引起内在规模经济的原因有很多，比如，应用先进的技术，同时引入先进的设备。机器设备这类生产要素有其不可分割性，只有在大规模的生产中，大型的先进设备才能充分发挥作用，使得产量大幅度增加。还可以提高员工素质，实行专业化生产，有利于提高工人的技术水平，提高生产效率。引进具有高水平的管理人才，提高管理效率。在小规模生产中，许多副产品往往被作为废弃物处理，在大规模生产中也可以对一些副产品充分利用，创新思维，变废为宝。还有生产要素的购买和对产品的销售，大规模生产所需的各种生产要素很多，产品也多，这样，企业就会在生产要素与产品销售市场上具有垄断地位，从而压低生产要素的收购价格，或提高产品销售价格，从中获益。以上这些都是引起内在规模经济的因素。

外在规模经济则是指整个行业由于产量增加、规模扩大而引起的个别厂商出现单位成本下降、经济效益上升的现象。引起外在规模经济的主要原因是：整个行业生产规模扩大后，个别厂商可以从中获得诸多便利，如获得低价优质的原料，吸纳优秀人才，利用便捷的交通运输设施，提高信息交流的效率等，从而增加产量和降低成本。

2. 规模不经济

除了规模经济之外，当生产扩张到一定规模以后，厂商继续扩大生产规模，还会导致经济效益下降，这叫规模不经济。规模不经济还可以分为内在不经济和外在不经济。

内在不经济是生产规模的扩大所引起的平均成本的上升和收益的减少。造成厂商内在不经济的因素有：管理效率的降低，厂商生产规模扩大，内部管理松散，管理结构过于复杂，信息的传递时间过长导致失真度提高。还有就是生产要素价格与销售费用的增加同样会导致内在不经济。

厂商的生产活动所依赖的外界环境恶化了，则是厂商的外在不经济。如果厂商数量增加，从而整个行业的产量增加使得单个厂商的成本增加，则称该行业存在着外在不经济。

三、投资项目建设规模的确定方法

（一）盈亏平衡分析法

盈亏平衡分析法又叫量本利分析法，是通过求解盈亏平衡点的位置，来确定合理建设规模的一种方法。计算产销量首先要研究投资项目的产销量与产品成本之间的关系。一般地，在耗用水平不变的情况下，随着生产的产品数量的增加，单位产品成本会逐渐降低。这是因为在产品总成本的构成中包含着可变成本和固定成本。可变成本是指成本总额随着产量的变动而变动的成本，如产品中的材料费、燃料费等。固定成本是指在一定时期内，成本总额固定不变的成本，如固定资产折旧成本、制造成本和管理成本。因此。投资项目产品总成本可以用式 5－1 表示：

产品总成本＝固定成本总额＋单位产品变动成本×产品生产数量（式 5－1）

假设：投资项目产品的生产量等于销售量；在所分析的销售量范围内，固定成本总额不会发生变动，产品品种结构单一。

收入函数和成本函数用公式表示为：

$$总收入：S = PQ \qquad （式 5－2）$$

$$总成本：C = F + VQ \qquad （式 5－3）$$

式中：S——总收入；

P——投资项目产品单价；

Q——产量（即生产能力，假设产销相等）；

C——总成本；

F——固定成本总额；

V——单位产品变动成本。

盈亏平衡点是总收入等于总成本时的产量，即 $S = C$。

$$PQ = F + VQ \qquad （式 5－4）$$

$$Q = F \div (P - V) \qquad （式 5－5）$$

盈亏平衡分析如图 5－2 所示，销售收入和总成本和产量呈线性关系，并且只相交于一点 A，这一点对应的产量 Q，就是盈亏平衡点的产量。$S = C$，投资项目既无盈利也无亏损；当生产规模大于盈亏平衡点的规模时，销售收入线在总成本线上方，$S > C$，投资项目可以获得利润；当生产规模小于盈亏平衡点的规模时，销售收入线在总成本线下方，$S<C$，投资项目就会发生亏损。所以，A 点对应的产量 Q 就是投资项目的最低生产规模或起始生产规模，只有选择大于 Q 的生产规模，投资项目才能获得经济效益。

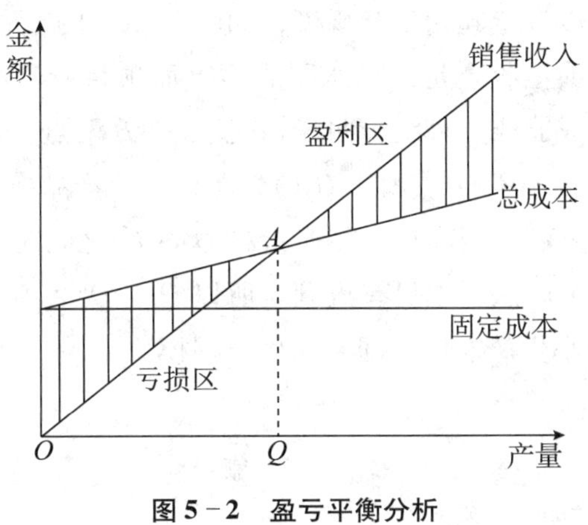

图 5-2　盈亏平衡分析

（二）分步法

分步法是指以运用盈亏平衡分析法为基础确定的起始生产规模作为所选生产规模的下限，以最大生产规模作为所选生产规模的上限，然后在此范围内通过比较，选出最合理生产规模的方法。它是一种由远而近、由粗至精、逐步分析确定投资项目最佳建设规模的方法。

1. 确定投资项目起始生产规模

起始生产规模即项目盈亏平衡时的最小生产规模。根据项目产品的不同性质，有以下三种方法可以确定起始生产规模。

（1）如果项目产品在国内销售，且无法用进口产品替代，项目的起始生产规模主要受技术和设备的制约。通常，选择较小的建设规模，其生产技术往往比较落后，经济效益差，带来规模不经济的效果。而投资项目所需使用的设备和工艺，一般已经按一定的生产能力标准化，如果将生产能力较大的设备和工艺投入较小的建设规模，势必会造成资源的浪费、成本费用的增加。在这种情况下，可以利用盈亏平衡分析来确定起始生产规模。

（2）如果项目产品可以用进口产品替代，则应将单位项目产品成本费用与单位进口产品成本费用进行比较，以确定起始生产规模。

如图 5-3（a）所示，将单位项目产品成本费用与单位进口产品成本费用进行比较。假设进口产品价格稳定，其单位进口产品成本费用是一条水平直线，而项目所生产单位产品成本费用随产量的变化而变化，且成曲线。直线与曲线相交于 A、B 两点，对应的生产规模分别为 Q_1、Q_2。当项目产品产量小于 Q_1 或大于 Q_2 时，单位进口产品成本费用小于单位项目产品成本费用，项目产品没有生产的必要，需求者通过进口即可以满足需要。当项目产品产量在 $Q_1 \sim Q_2$之间时，单位项目产品成本费用小于单位进口产品成本费用，项目产品有必要进行生产。所以，$Q_1 \sim Q_2$为项目合理规模区间。

（3）如果项目生产的产品是出口的，则应将单位项目产品成本费用与单位出口产品换汇收入进行比较，以确定起始生产规模，如图5－3（b）所示。假设出口产品价格稳定，其单位出口产品换汇收入是一条水平直线，而项目所生产单位产品成本费用随产量的变化而变化，且成曲线。直线与曲线相交于 A、B 两点，对应的生产规模分别为 Q_1、Q_2。当项目产品产量小于 Q_1或大于 Q_2时，单位出口产品换汇收入小于单位项目产品成本费用，项目没有盈利；当项目产品产量在 $Q_1 \sim Q_2$之间时，单位项目产品成本费用小于单位出口产品换汇收入，项目有盈利。所以 $Q_1 \sim Q_2$为项目合理规模区间，其中 A 点对应的产量 Q_1为最小生产规模，即起始生产规模。

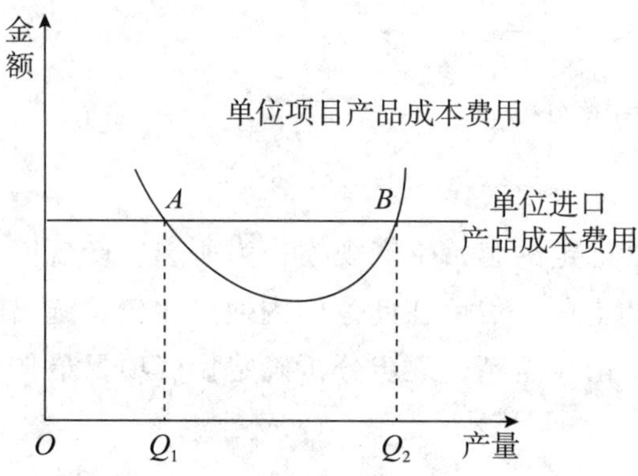

图5－3（a）单位项目产品成本费用与单位进口产品成本费用比较

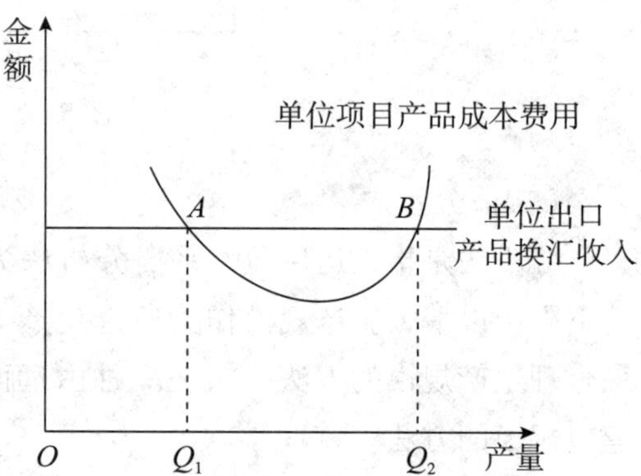

图5－3（b）单位项目产品成本费用与单位出口产品换汇收入比较

2. 确定投资项目最大生产规模

经过第一步，确定了起始经济生产作为拟建项目生产规模的下限后，需要确定其上限，即最大生产规模。在现实经济生活中，项目的生产规模受诸多因素的影响（如市场需求、资源条件、资金来源、技术水平等），前面已有所阐述。在确定项目最大生产规模时，要充分考虑这些因素对生产规模的影响方式和程度，从中找出关键的影响因素，因为关键的影响因素往往对项目生产规模的大小起决定性的作用。通过对关键影响因素的分析，确定在可行条件下的最大生产规模，作为拟建项目生产规模的上限。

3. 确定投资项目最佳生产规模

项目起始生产规模和最大生产规模确定以后，就确定了拟建投资项目生产规模的上限和下限。在最小生产规模和最大生产规模之间可以依据影响生产规模关键因素，如设备生产能力，来制定不同生产规模的比较方案，然后对不同生产规模方案的原材料投入、资金需求、能源消耗、产品价格等因素进行分析，确定项目最佳生产规模。

（三）最小费用法

最小费用法是将单位产品的投资、生产成本和运输、销售费用结合起来考虑的一种方法，目标是使其总成本费用最小。计算公式为：

$$A = G_n + C_r + E_n K \qquad \text{（式 5-6）}$$

式中：A——单位产品总成本费用；

G_n——单位产品生产成本；

C_r——单位产品平均运输和销售费用；

E_n——投资效果系数即投资回收期的倒数；

K——单位产品的投资额。

第二节　投资项目技术评估

投资项目技术评估是投资项目评估的重点和基本内容之一，是从技术上对投资项目的可行性做分析。技术是否可行是投资项目存在的前提，技术上的成功与否决定一个投资项目的成败。也就是说，一个投资项目是否可行，首先是要看其技术上是否可行，如果在技术上不安全、不可靠，投资项目就缺少存在的基础和前提。同时，投资项目的技术方案又决定投资项目的经济效益。因此，在投资项目评估中，应正确处理好技术评估与经济效益评估和投资项目的必要性评估之间的关系。

一、投资项目技术评估的原则与内容

（一）投资项目技术评估的原则

1. 技术的先进性

对投资项目而言，讲究技术的先进性就是要求建设项目时尽量多地采用新技术、先进工艺、节能设备，以提高投资项目的技术装备水平。具体来说，就是要求设计方案先进、生产工艺先进、设备先进、技术基础参数先进。在这里需要说明的是，先进技术虽不要求在世界上领先或是一种世界性的领先技术，但至少应领先于国内同行业现有的技术水平。当然，投资项目在技术上的先进性主要是通过各种指标，如劳动生产率、单位产品的原材料消耗水平、能源消耗水平、产品的质量指标、占地面积和运输能力等来体现的。另外，由于不同的行业有不同的特点，其评价技术水平的指标也就不同，所以，评估中应分行业选择适用的指标，分行业衡量投资项目技术的先进性。

2. 技术的适用性

技术的适用性是指投资项目所采用的技术必须适用于特定的技术条件和经济条件，可以很快被投资项目消化，可以很快投产，并能取得良好的经济效益。讲求技术的适用性就是要实事求是、因地制宜、量力而行和注重实效，适用当时、当地的具体情况，

而不能片面地追求先进性。一般地，技术的适用性应符合下列几个条件：有利于综合利用本国本地的资源，有利于提高能源和原材料的利用率，有利于维护生态平衡和环境保护，有利于充分发挥现有技术水平和技术力量，能取得良好的经济效益，能与当地的技术水平相适应。

3. 技术的经济性

技术的经济性是指投资项目所采用的技术，应能在一定的消耗水平下获取最好的经济效益，或是在一定的收益水平情况下，其消耗水平最低。技术的经济性是拟建投资项目获取经济效益的基础，应在投资项目评估中加以重视。另外，技术的经济性在现实中往往是与合理性联系在一起的，如设备规模、产品产量的合理性，产品生产工艺流程的合理性，项目配套和协作的合理性等都是技术经济性的条件。

4. 技术的可靠性

投资项目所采用的技术是否可靠和成熟，是投资项目成败的关键。也就是说，投资项目所采用的先进技术必须是经过实践证明是可靠和成熟的技术，其“硬件”和“软件”的功能被证明是有效的。这就要求，投资项目如采用国内的科研成果和技术，必须是经过有关试验和技术鉴定的；如是引进的工艺、设备、技术，则必须符合国情，并且是成熟可靠的。

5. 遵守国家有关的技术政策、法规、标准

在投资项目评估中，应评估投资项目所采用的技术是否遵守了有关国家标准、行业或地区标准及相关的政策法规。

在以上几项原则中，先进性是选择技术的前提，经济性是选择技术的目标，适用性是采用技术的条件，可靠性是选用技术的要求，国家有关的技术政策、法规、标准是对采用技术的一种规范。在投资项目技术评估中必须处理好这之间的关系。

（二）投资项目技术评估的内容

投资项目技术评估包括如下内容：从技术发展的角度论证投资项目建设的必要性；确定产品方案，即确定产品的规格、品种、技术性能以及产品的质量；对生产工艺方案进行评估，对设备选型方案进行评估，投资项目技术评估要求投资项目所采用的生产工艺和设备必须是先进的、可靠的、适用的和经济的；对工程设计方案进行评估。

二、投资项目生产工艺方案的评估

工艺是指生产工人利用生产工具，对原材料、半成品进行加工或处理，使之成为产品的方法。

生产工艺方案则是指投资项目采用的生产工艺流程及产品的制造方法。对投资项目生产工艺方案的评估是投资项目技术评估的核心内容。这是因为，投资项目采用的生产工艺，决定着投资项目需要的生产设备，影响着投资项目投资额的大小、建设期

的长短、未来的产品质量、产品的生产数量及其投资经济效益。所以，投资项目生产工艺方案的评估在投资项目技术评估中占有十分重要的地位。

投资项目生产工艺方案评估的目的是确定产品生产全过程技术方法的可行性。它一般包括以下内容：

1. 可靠性分析评估

可靠性是指投资项目的设计方案所采用的生产工艺必须是成熟的，而不能是实验阶段的技术。这是因为有一些工艺，其实验可行并不等于生产可行。

2. 生产工艺对产品质量保证程度的分析评估

产品质量是产品的生命线，它直接关系到投资项目在投产后所生产的产品在市场上的竞争力和销售状况。因此，投资项目所采用的生产工艺必须保证产品的质量。一般情况下，产品质量也是由投资项目的生产工艺决定的。在评估中，一是要看生产工艺对投资项目使用价值的影响，二是要检验产品的技术参数是否符合要求。

3. 经济性分析评估

对生产工艺方案进行经济性分析评估的方法主要采用对比方法，即对其技术指标或经济指标进行对比。一般采用较多的是“工艺成本对比法”。

工艺成本是投资项目生产成本的重要组成部分，一般包括原材料消耗费用、能源消耗费用、设备运转维护费用、工人工资、设备及厂房的折旧费。在分析评估生产工艺的经济性时，是将备选的生产工艺方案的各种费用（以年计）分别汇总比较，工艺成本最低或单位产品成本最低的方案即为经济性的生产工艺方案。

4. 生产工艺对原材料适应性的分析评估

相同的产品，可能会由于采用的生产工艺不同，而对原材料的要求有所不同。一般来说，原材料对于生产工艺条件的选择比较严苛，因此，在进行分析评估时，应尽量选择适应性强的生产工艺方案，以获取更为合理的经济效益。

5. 生产工艺对实施条件要求的分析评估

有些投资项目的生产工艺在实施中，对温度和环境有较高的要求，在分析评估中应加以注意。

6. 生产工艺流程的均衡性分析评估

生产工艺流程的均衡性分析评估就是要注意流程中前后工序的均衡协调性，保证投资项目整个工艺流程的合理性。

三、投资项目设备选型方案的评估

一般地，投资项目的设备按其在生产过程中发挥的作用划分，可分为生产工艺设备、辅助设备和服务设备三类。生产工艺设备是指由于改变劳动对象的形状和性能使其成为半成品或成品的那部分设备；辅助设备是指直接保证生产工艺设备完成生产工艺目标要求的各种设备；服务设备是指间接为生产服务的管理、安全、生产、生活设备。

没有先进的生产工艺，再先进的设备也难以发挥其效用和功能；没有先进的设备，再先进的生产工艺也无法实现。当然，需要特别指出的是设备是为生产工艺服务的，所以在进行设备选型方案评估时应首先明确生产工艺条件。

在投资项目的设备选型方案评估中，要求在遵循技术先进、可靠和经济合理等基本原则的前提下，注意以下几个方面的问题：

（1）投资项目的设备应与生产能力相吻合。设备与生产能力最好的吻合程度是各工序、工段设备的额定生产能力恰好等于拟建投资项目的设计生产能力。但在现实生活中，这种吻合程度是很难达到的。一般情况下，设备的配置是以主导或主要设备的额定生产能力为标准确定的。另外，各工序的设备配置不仅要考虑投资项目的设计生产能力，而且要考虑市场的适应性及生产品种、生产能力的变化。所以，设备与生产能力很难完全吻合，只能尽量地做到提高其利用率，使生产能力的浪费减少到最低程度。

（2）投资项目的设备应适应投资项目产品品种和质量的要求。一般来说，投资项目生产的产品品种越多，则所需要的设备种类也越多；投资项目产品的质量要求越高，则对设备质量的要求也越高，反之亦然。

（3）设备的配套性。设备的配套性是指相关联的设备器具之间数量、各种技术指标的参数的吻合程度，既包括量的吻合，也包括质的吻合。

（4）应强调投资项目设备的可靠性、成熟性及其对生产质量的稳定性。投资项目设备的可靠性、成熟性是投资项目生产产品的必需条件，是投资项目能实现设计生产能力的关键，应加以必要的分析评估。

（5）应满足降低物料单耗及环境保护的要求。降低物料单耗是投资项目节能降耗的要求，环境保护是实现可持续发展的前提，为此，投资项目在选用设备时，应考虑这方面的基本要求。

（6）符合政府或专门机构发布的技术标准要求。国家或地方制定的一些关于机器设备的要求与标准，是投资项目选择设备时所需遵循的技术规范。

除了上述因素外，在评估中还要考虑设备对产品质量的保证程度、使用寿命、灵活性、安全性等。另外，还要注意设备选购的经济性和适用性。

四、投资项目工程设计方案的评估

（一）投资项目工程设计方案

投资项目工程设计方案一般包括如下内容：①地基工程，如对投资项目建设场地的平整、地基的处理等；②一般土建工程，它一般包括厂房、仓库、生活服务设施的建筑物工程，矿井、铁路、水塔等构筑物工程，各种设备基础工程，水利工程及其他特殊工程；③管道工程，如蒸汽、煤气等的管道工程；④卫生工程，主要是给排水工程、采暖工程和通风工程等；⑤电气及照明工程，包括线路架设工程、照明线路的安装工程等。

（二）投资项目工程设计方案的评估

投资项目工程设计方案的评估主要有以下内容：

1. 对投资项目总平面布置方案的论证

对投资项目总平面布置方案的论证主要是分析总平面图的合理性，即应审查如下内容：要满足生产工艺的要求，保证工艺流程顺畅，使用方便；符合土地管理和城市规划的要求；布置紧凑，满足场内外运输的要求；注意节约用地、节约投资、经济合理。

2. 对土建工程设计方案的论证

对土建工程设计方案的论证，主要是要按照经济合理的原则，经过方案比选，选用合适的建筑结构方案和建筑标准。对其建筑设计的一般规定和要求主要有：生产厂房和空间设计必须满足生产工艺要求，流程合理、方便操作、便于管理、利于设备安装维修；在满足生产要求的基础上，应符合防火、防爆、防震、防腐等安全要求；建筑形式的选择，应根据生产特点、建厂地区条件和其他各种因素综合考虑，并应力求外形简单、布置合理、充分利用空间和节约用地；在满足生产要求的前提下，创造良好的劳动卫生条件；要考虑生产车间内部对建筑的要求，为原料、半成品和成品的运输创造条件；坚持适用、经济原则，在可能的条件下注意美观，在满足生产要求和方便使用的前提下，努力降低建筑工程造价，并尽可能满足建筑艺术和所在地城市建设的要求。

另外，在建筑结构设计中，结构选型应做到：根据生产工艺的特点，满足生产、采光、通风、运输等要求；保证结构有足够的强度、稳定性和耐久性；在保证适用和经济的原则下，力求布局合理，方便施工，考虑结构的维修费用；必须因地制宜，充分考虑建厂地区的施工技术条件和建筑材料供应情况；结构布置和构造处理，必须有利于结构构件的标准化、定型化和通用化；根据需要和可能，积极合理地采用成熟可靠的新结构、新材料和新技术等。

3. 对施工组织设计的论证

施工组织设计是对工程从施工准备开始，经过工程施工、设备安装直到试生产的整个施工过程的规划与组织安排。其基本内容主要由四个部分组成：施工方案、施工顺序、施工进度计划、建设材料供应计划。对施工组织设计论证的目的是确保工程建设建立在切实可行的基础上，保证投资项目按期、保值、保量地完成。施工组织设计论证的主要内容是：

（1）对施工方案的分析。施工方案分析是对主要单项工程、公用设施、配套工程的施工方法和工程量的分析。在施工方法分析中，应重点对影响施工进度和工程质量的关键工程部位的施工方法进行分析。对工程量的分析应以相应的额定标准为依据来进行。

（2）对施工顺序的安排。一般地，投资项目可划分为很多单项工程，而单项工程也可以划分为较多的分部、分项工程，如何安排它们之间的施工顺序并在此顺序的基础上安排时间，就构成了施工进度计划的主要内容。施工顺序安排一般应遵循如下原则：先准备，后施工；先地下工程，后地上工程；先主体工程，后装修工程；先先行工艺，后后继工艺；对于给、排水工程，先场外后场内等。

（3）对施工进度的分析。投资项目的施工进度常用网络图来表示，对施工进度的分析主要是分析各工序之间的时间安排和衔接是否合理、均衡，是否进行了相应的优化。

（4）对建设材料供应计划的分析。建设材料供应计划应主要根据施工进度计划的要求确定，即根据施工进度计划的要求，确定建筑材料、构配件、施工机械、设备、生产工艺设备以及各工种劳动力供应调配计划。

1. 建设规模也称生产规模，生产规模的概念是指项目在设定的正常生产运营年份达到的生产或者服务能力。生产规模的确定是在制定项目产品方案的基础上，结合工艺技术、原材料和能源供应、协作配套、项目投融资以及规模经济等方面的研究而进行的。从工业项目的角度看，规模经济中的规模一般是指工业企业的生产规模。

2. 生产规模大的大型企业，有利于采用先进的设备和技术，合理有效地利用原材料等生产要素，便于实行大批量生产，提高劳动生产率，降低生产成本，取得最大的经济效益。但是大型企业要求投入大量的资金，并且建设周期长、建设条件复杂，在技术更新越来越快的条件下，大型企业不能很快地转产，市场适应性较差。中小型企业相对于大型企业而言，具有投资少、建设周期短、生产灵活性大、市场适应性强和便于管理等优点，但其缺少大型企业所具有的经济技术实力。

3. 在投资项目评估中，确定拟建投资项目的建设规模，旨在为拟建投资项目规划合理的投资规模，使其达到规模经济。一般来讲，影响和制约投资项目建设规模的因素主要包括国家宏观调控，投资项目所处行业的经济技术特点，投资项目产品的市场需求状况，投资项目所需资金，资源的供应状况，投资项目采用的生产技术及设备装备状况等因素。

4. 规模经济是经济活动中的一种规律现象。规模经济是指在一定范围内，随着生产能力的扩大而单位成本下降和收益递增的现象。也就是说，规模经济理论就是研究在现有经济条件和技术条件下，要求达到什么样的建设规模，才能最大限度地提高效率，取得最佳的经济效益和社会效益。规模经济还可以分为内在规模经济和外在规模经济。

5. 盈亏平衡分析法是通过求解盈亏平衡点的位置，来确定合理建设规模的一种方法。计算产销量首先要研究投资项目的产销量与产品成本之间的关系。分步法是指以运用盈亏平衡分析法为基础确定的起始生产规模作为所选生产规模的下限，以最大生产规模作为所选生产规模的上限，然后在此范围内通过比较，选出最合理生产规模的方法，它是一种由远而近、由粗至精、逐步分析确定投资项目最佳建设规模的方法。最小费用法是将单位产品的投资、生产成本和运输、销售费用结合起来考虑的一种方法，目标是使其总成本费用最小。

6. 投资项目技术评估是投资项目评估的重点和基本内容之一，是从技术上对投资项目的可行性做分析。技术是否可行是投资项目存在的前提，技术上的成功与否决定一个投资项目的成败。也就是说，一个投资项目是否可行，首先是要看其技术上是否可行，如果在技术上不安全、不可靠，投资项目就缺少存在的基础和前提。同时，投资项目的技术方案又决定投资项目的经济效益。

7. 生产工艺方案是指投资项目采用的生产工艺流程及产品的制造方法。对投资项目生产工艺方案的评估是投资项目技术评估的核心内容。投资项目的设备按其在生产过程中发挥的作用划分，可分为生产工艺设备、辅助设备和服务设备三类。生产工艺设备是指由于改变劳动对象的形状和性能使其成为半成品或成品的那部分设备；辅助设备是指直接保证生产工艺设备完成生产工艺目标要求的各种设备；服务设备是指间接为生产服务的管理、安全、生产、生活设备。

1. 名词解释

建设规模　规模经济　规模不经济　内在规模经济　外在规模经济　盈亏平衡分析法　分步法

2. 简要回答影响和制约投资项目建设规模的因素。

3. 简要分析规模经济效益曲线。

4. 投资项目产品的总成本如何用公式表示？

5. 简要分析盈亏平衡分析（以图示之）。

6. 如何运用分步法确定投资项目起始生产规模？

7. 简要回答投资项目技术评估的原则与内容。

第六章　项目投资估算与评估

项目投资估算与评估是项目管理的一个重要环节，是投资决策的重要依据之一。本章的重点在于项目总投资及其构成，项目建设投资、项目流动资金的构成及估算，项目投入总资金及项目资金分年投入计划评估。

1. 知识目标

※ 掌握项目总投资的概念及其构成。

※ 掌握项目建设投资的构成及其估算。

※ 掌握项目流动资金的构成及其估算。

※ 掌握项目投入总资金及项目资金分年投入计划评估。

2. 能力目标

※ 综合运用项目建设投资估算方法和项目流动资金估算方法，进行项目投资总额的估算，并在教师的指导下，对投资方案进行比较分析，并能从中选取最佳方案。

进口设备购置费估算与评价

在工业建设项目中，设备费用与资本的有机构成相联系，设备费用占项目投资总费用的比例越高，说明项目的集约化程度越高。而在经济全球化背景下，我国工业企业积极引进国外先进技术和设备，极大地增强了工业经济整体技术含量和生产效能。设备由国外购置相比在国内购置，手续更为复杂，它既牵扯国际贸易惯例、做法，也牵扯汇率、关税等。下文从进口设备购置费计算公式出发，介绍一些进口设备购置费相关知识，为本章学习提供一些指引。阅读下文并思考：

进口设备购置费是从国外进口设备的费用，其购置费的计算公式为：

进口设备购置费 = 到岸价格 + 关税 + 消费税 + 增值税 + 外贸、银行手续费 + 国内运杂费

在估算进口设备购置费时，首先应估算进口设备的到岸价格，在此基础上估算其

他各项费用。在国际贸易中，根据交货方式的不同，设备的交货价主要有两种形式：一是离岸价格（FOB），即以设备装上运输工具为条件的价格。采用离岸价格时，出口商负责在装运港将设备装上进口商所指定的运输工具前的一切费用和风险，装运港到目的港的运输费和运输保险费则由进口商负责。二是到岸价格（CIF），即以出口商将设备装上运输工具，并支付装运港到目的港的运费、保险费为条件的价格。除上述两种主要形式外，国际贸易中设备的交货价格还可以采取一些其他的形式，如货交承运人价格、装运港船边交货价格、工厂交货价格等。

从上述进口设备交货价格可以得出：

$$到岸价格 = 离岸价格 + 海运费 + 海运途中保险费$$

其中：

$$海运费 = 离岸价格 \times 海运运费率$$

$$海运途中保险费 = 离岸价格 \times 海运保险费率$$

式中，离岸价格通过向出口商询价得以确定；海运运费率视设备的价值、运输距离而定，也可向商务部门查询获得；海运保险费率视设备价值、类别、易损程度而定，可向外贸、商检、海关和保险公司等部门查询获得。

进口设备关税的计算公式为：

$$关税 = 到岸价格 \times 关税税率$$

进口设备关税税率有两种：普通税率和最低税率。对于产自与我国未签订关税互惠条约或协定的国家的进口设备，按照普通税率征税；对于产自与我国签订关税互惠条约或协定的国家的进口设备，按照最低税率征税。关税税率可向海关等部门查询获得。

除此以外，进口设备购置费还包括应纳消费税、应纳增值税、银行手续费、国内运杂费等。尤其需要注意的是，在上述估算中，应根据预计使用的币种分别加以计算，外币一般以美元计算，并按当时的汇率将美元换算为人民币。

资料来源：综合相关资料编写。

请思考：

1. 国际贸易中设备的交货价格形式多样，主要有离岸价格和到岸价格，如果以离岸价格成交，如何计算到岸价格？

2. 在当前浮动汇率制度下，根据预计使用的币种计算价格与税费时，是否应该考虑汇率的变化？

第一节 项目总投资及其构成

一、项目总投资的概念

项目总投资是指项目从建设前期准备工作开始，到项目全部建成投产为止所发生的全部投资费用，即项目在整个计算期内投入的全部资金，包括项目建设投资和项目流动资金。

项目计算期是指项目从投资建设开始到最终清理结束整个过程的全部时间，即该项目的有效持续期，通常以年为单位。计算期包括建设期和营运期两个阶段：①建设期是指项目资金正式投入项目到项目建成投产为止所需的时间，可按合理工期或预计的建设进度确定。②营运期分为投产期和达产期两个阶段，投产期是指项目投入生产，但生产能力尚未完全达到设计预期水平的过渡阶段；达产期是指生产营运达到设计预期水平后的阶段，营运期一般应以项目主要设备的经济寿命期确定。项目计算期应根据多种因素综合确定，包括行业特点、主要装置（或设备）的经济寿命等。

满足项目顺利实施建设和正常生产运营的要求，应该按照满足投资需要、不留缺口的原则估算项目总投资。

二、项目总投资的构成

项目总投资大致由项目建设投资和项目流动资金两部分组成。

根据资金保全原则和企业资产划分的有关规定，投资项目在建成交付使用时，投入的总资金分别形成固定资产、无形资产、递延资产和流动资产。

（1）固定资产是指使用年限超过一年，在使用过程中不改变实物形态的资产，包括房屋及建筑物、机器设备、运输设备及其他与生产经营活动有关的工具、器具等。在投资项目评估中，应将预备费用和建设期的利息（资本化利息）全部计入固定资产原值。

（2）无形资产是指企业使用超过一年但没有实物形态的资产，即企业拥有或者控制的没有实物形态的可辨认的非货币性资产，包括专利权、商标权、土地使用权、非专利技术、商誉等。

（3）递延资产指不能计入工程成本，应当在生产经营期内分期摊销的各项递延费用。递延资产包括开办费和以经营租赁方式租入的固定资产发生的改良支出等。

（4）流动资产是指可以在一年内或超过一年的一个营业周期内变现或耗用的资产，包括现金及各种存款、应收及预付款项、存货等。

第二节　项目建设投资的构成与估算

一、项目建设投资的构成

项目建设投资是指从编制项目建议书和可行性研究报告等前期工作开始，直到项目建成正式移交生产后转化为固定资产价值的全过程中所需支出的全部费用，即固定资产投资总额。它包括工程费用、工程建设其他费用、预备费用和建设期借款利息四部分。

（1）工程费用是指直接构成固定资产实体的各种费用，由建筑工程费、安装工程费、设备购置费（含工器具及生产家具购置费）构成。

（2）工程建设其他费用，是指根据有关规定应在投资中支付，并列入项目建设总造价或单项工程造价的费用。主要包括土地征用与补偿费（或土地使用权出让金）、建设单位管理费（含建设单位开办费和经费）、临时设施费、工程监理费、工程保险费、勘察设计费、研究实验费、工程承包费、供电补贴费、施工机构迁移费、引进技术和进口设备的其他费用、联合测试运转费、办公及生活家具购置费和生产职工培训费等。

（3）预备费用是为保证项目建设顺利实施，避免在未来难以预料的情况下造成投资不足而需预先安排的一笔费用。它包括基本预备费和涨价预备费。前者是指由于无法预见今后可能出现的自然灾害、设计变更、工程内容增加等情况，而需要增加的投资额；后者是指物价上涨导致的项目需要追加的投资额。

（4）建设期借款利息是指项目建设期间借款的应计利息，即项目在建设期间尚未偿还的借款利息，又称“资本化利息”。建设期借款利息按规定应计入项目建设投资，在投资计划中单独立项，项目竣工后，它作为交付使用财产价值的一部分，按比例分摊计入固定资产原值、无形资产和开办费，用于计算折旧和摊销费。

按照国家对工程建设投资实行“静态控制、动态管理”的要求，建设投资可分为静态投资和动态投资两部分。

静态投资部分由工程费用、工程建设其他费用、基本预备费构成；动态投资部分由涨价预备费、建设期借款利息构成。项目建设投资构成如图 6－1 所示。

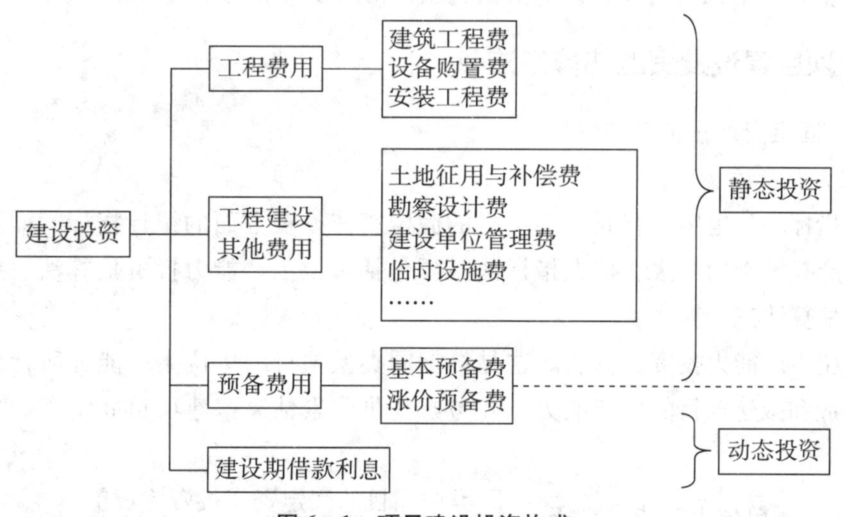

图 6－1　项目建设投资构成

二、项目建设投资估算的依据、要求与步骤

（一）项目建设投资估算的依据

（1）项目建设管理部门颁布的建设工程造价费用构成、计算方法，及其他有关计算工程造价的文件。

（2）行业主管部门制定的投资估算办法、估算指标和定额。

（3）有关部门制定的工程建设其他费用的计算办法和费用标准，以及国家公布的物价指数。

（4）拟建项目各单项工程的建设内容及工程量。

（二）项目建设投资估算的要求

（1）分析项目建设投资估算的依据和方法是否符合国家或地区的有关规定和要求。

（2）分析项目建设投资估算的内容是否完整，工程内容和费用构成是否齐全。

（3）分析项目建设投资构成与估算是否合理，有无异常情况。

（4）分析项目建设投资估算中是否充分考虑了建设期间物价的变动因素，并鉴定核实涨价预备费的估算是否正确，物价指数的选用是否恰当。

（5）分析评估建设期借款利息计算中借款分年用款额是否符合项目建设的实际情况，采用的利率是否符合借款条件，是否按有效利率计算利息额，利息的计算期是否与项目的建设期一致。

（三）项目建设投资估算的步骤

（1）分别估算各单项工程所需的建筑工程费、设备购置费、安装工程费。

（2）在汇总各单项工程费用基础上，估算工程建设其他费用和基本预备费，得出项目的静态投资部分。

（3）估算涨价预备费和建设期借款利息，得出项目的动态投资部分。

三、项目建设投资的估算方法

（一）固定资产投资额的估算

1. 扩大指标法

扩大指标法是运用原有同类型项目的固定资产投资方面的统计指标，推算拟建项目固定资产投资额的方法。扩大指标法主要包括单位生产能力投资估算法、指数估算法、比例估算法三种算法。

①单位生产能力投资估算法。这是根据同类型项目的单位生产能力所耗费的固定资产投资额和拟建项目的生产能力，并考虑物价因素估算拟建项目固定资产投资额的方法。

$$\text{单位生产能力投资} = \frac{\text{同类型项目的固定资产投资完成额}}{\text{同类型项目的设计生产能力}}$$

$$\because \frac{拟建项目的静态投资额}{拟建项目的生产能力} = \frac{同类型项目的投资完成额}{同类型项目的生产能力} \times 物价指数$$

$$\therefore 拟建项目的静态投资额 = 拟建项目的生产能力 \times \frac{同类型项目的投资完成额}{同类型项目的生产能力} \times 物价指数$$

（式 6－1）

也可表述为：

$$I_2 = Q_2 \times \frac{I_1}{Q_1} \times CF \quad （式 6－2）$$

式中：Q_1——同类型项目的生产能力（已知）；

Q_2——拟建项目的生产能力（已知）；

I_1——同类型项目的投资完成额（已知）；

I_2——拟建项目的静态投资额（未知）；

CF——物价指数。

这种方法一般适用于拟建项目与同类型项目的规模比较接近时的情况，否则，误差较大。

②指数估算法（0.6 指数法）。这是利用与拟建项目类型相同、工艺路线相同但规模不同的已建项目的投资额，来估算拟建项目投资额的方法。其理论依据是：生产规模不同的两个同类型项目的投资额之比与这两个项目生产能力之比的指数幂成正比，即：

$$\because \frac{拟建项目的静态投资额}{同类型项目的静态投资额} = \left(\frac{拟建项目的生产能力}{同类型项目的生产能力}\right)^n \times 物价指数$$

$$\therefore 拟建项目的静态投资额 = 同类型项目的静态投资额 \times \left(\frac{拟建项目的生产能力}{同类型项目的生产能力}\right)^n \times 物价指数$$

（式 6－3）

也可表述为：

$$\because \frac{I_2}{I_1} = \left(\frac{Q_2}{Q_1}\right)^n \times CF \qquad \therefore I_2 = \left(\frac{Q_2}{Q_1}\right)^n \times I_1 \times CF \quad （式 6－4）$$

式中：Q_1 ——同类型项目的生产能力（已知）；

Q_2 ——拟建项目的生产能力（已知）；

I_1 ——同类型项目的静态投资额（已知）；

I_2 ——拟建项目的静态投资额（未知）；

n ——生产能力指数（$0 \leqslant n \leqslant 1$，按主管部门规定计算）；

CF ——物价指数。

式中 n 的变化范围大致为：当主要靠增加设备或装置的容量扩大规模时，$n = 0.6 \sim 0.7$；当增加相同设备或装置就可以扩大生产规模时，$n = 0.8 \sim 0.9$。一般 n 的平均值在 0.6 左右，因此这个方法也被称为“0.6 指数法”。

③比例估算法。这是根据已有的同类型项目（企业）主要设备投资完成额占固定资产投资完成额的比重指标，估算拟建项目静态投资额的方法。

$$拟建项目静态投资额 = \frac{1}{比重} \times \sum_{i=1}^{n} 拟建项目中第 i 种设备的数量 \times 拟建项目中第 i 种设备的单价 \quad (式6-5)$$

尽管扩大指标法比较简单，意义明确，但因为估算时没有详细的工程设计资料，只能根据已有同类型项目的统计资料进行估算，所以准确性稍差。故这种方法适用于项目可行性研究阶段对建设投资的估算。在项目评估阶段，一般采用详细估算法。

2. 详细估算法

详细估算法又称“概算法”，它是按照国家或地方编制的概（预）算定额和各种收费标准，以单位工程为对象，分别估算固定资产投资各个组成部分的价值，然后进行汇总得出固定资产投资额的一种估算方法。

（1）工程费用。在固定资产投资额构成中，“工程费用”中的“安装工程费”的估算是建立在对一个项目进行技术分解的基础上的。

通常情况下，一个建设项目可以分解为若干个单项工程，一个单项工程又可以分解为若干个单位工程，一个单位工程又可以分解为若干个单个工程，一个单个工程还可以再分解为若干个分部工程，一个分部工程还可以再分解为若干个分项工程。

单项工程是指具有独立的设计文件，建成后能够独立发挥效能或生产设计规定的主要产品的车间或工程。比如新建一个工厂（投资项目），工厂的办公大楼、职工宿舍、车间等均为单项工程。

单位工程是单项工程的组成部分，是指具有独立设计，可以独立组织施工的工程。比如一个建成后能够独立发挥效益的车间（单项工程）按投资构成可分为建筑工程、安装工程、设备购置等单位工程：其中的建筑工程（单位工程）又可以分为土建工程、电器照明工程、卫生工程等单个工程；每个单个工程如土建工程还可再细分为土石方工程、桩基础工程、架子工程等分部工程；这些分部工程如土石方工程还可再细分为人工挖土、机械挖土等分项工程。

为了核算项目的工程造价（投资），就需要依据各地区、各部门统一编制的概（预）算定额和收费标准（包括间接费率和计划利润率等），结合设计施工图中事先确定的各分部、分项工程的实物量（工程量），最终确定项目建设投资的金额。对项目进行技术分解如图6-2所示。

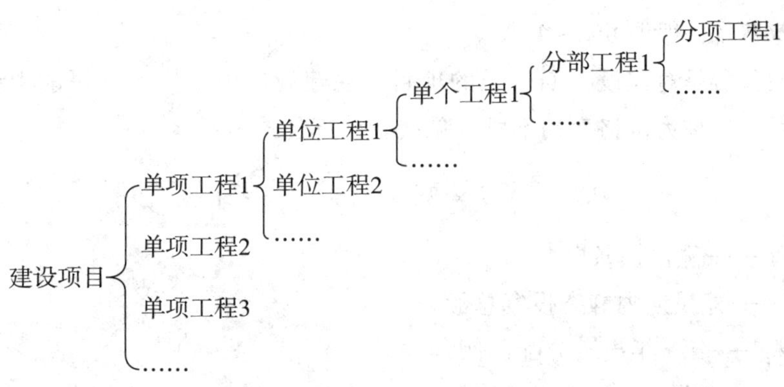

图6-2 对项目进行技术分解

相关知识链接

国产设备购置费

国产设备购置费的计算相比进口设备较为简单，就标准设备而言，其购置费的计算公式为：

国产设备购置费 = 设备出厂价 ×（1 + 运杂费率）

设备出厂价通过向厂家多方询价来加以确定；运杂费包括运输费、装卸费和保险费等根据设备供货厂家到项目所在地的距离、供货方式、运输方式等加以确定。

对于非标准设备，其购置费的计算公式为：

国产设备购置费 = 设计费 + 生产成本 + 税金 + 利润 + 运杂费

式中，设计费、生产成本由项目建设单位与设备供货厂家根据预计支出额加以确定，运杂费的确定方式同上，税金与利润根据下列公式计算：

利润 =（设计费 + 生产成本）× 成本利润率

税金 =（设计费 + 生产成本 + 计划利润）× 税率 ÷（1 - 税率）

式中，成本利润率取同行业平均水平；税率按国家税收制度确定。

资料来源：周春喜，《投资项目评估（第2版）》，浙江大学出版社，2010年。

（2）工程建设其他费用。"工程建设其他费用"是指建设期间为保证工程建设顺利完成和交付使用后能够正常发挥效用，而发生的土地征用与补偿费、勘察设计费、联合测试运转费、办公及生活家具购置费等，需要采用一定的方法分项估算。

（3）预备费用。"预备费用"包括基本预备费和涨价预备费。

①基本预备费是指在可行性研究阶段难以预料的费用，又称工程建设不可预见费。主要指设计变更及施工过程中可能增加工程量的费用。

基本预备费 =（工程费用 + 工程建设其他费用）× 基本预备费率 （式6-6）

基本预备费率一般取8%～15%。

②涨价预备费是对建设工期较长的项目，在建设期内价格上涨可能引起投资增加而预留的费用，亦称为价格变动不可预见费。计算公式为

$$PC = \sum_{t=1}^{n} I \times W_t \times [(1+f)^t - 1] \quad (式6-7)$$

式中：PC——涨价预备费；

I——建设期内静态投资总额；

W_t——第t年投资分配比例；

f——建设期内价格上涨指数（有关部门有规定的按规定执行，没有规定的由项目评估人员自行预测）。

【例6-1】某建设项目的静态投资总额为300000万元，按项目进度计划，项目建设期为2年，第一年的投资分配比例为30%，第二年为70%，建设期内年平均价格上涨指数为4%，试计算该项目的涨价预备费。

解：$PC = 300000 \times 30\% \times [(1+4\%)-1] + 300000 \times 70\% \times [(1+4\%)^2 - 1]$

$= 20736$（万元）

最后，把“工程费用”“工程建设其他费用”与“预备费用”的估算数相加汇总成固定资产投资额。

（二）建设期借款利息的估算

建设期借款利息是指项目建设期间借款的应计利息，即项目在建设期间尚未偿还的借款利息，又称“资本化利息”。具体包括借款利息及手续费、承诺费、管理费等各项财务费用。

建设期借款利息应按照可行性研究报告中的建设资金筹措方案确定的初步贷款意向书规定的利率、偿还方式和偿还期限计算。若无规定，则按项目适用的现行一般贷款利率、期限和偿还方式计算。

借款利息计算中采用的利率，应为实际利率。名义利率（r）换算为实际利率（i）的公式：

$$i = \left(1 + \frac{r}{m}\right)^m - 1 \text{（}m\text{为每年计息的次数）} \quad (式6-8)$$

为了简化计算，通常假定借款均在每年的年中支用，借款第一年按半年计息，其余各年按全年计息，计算公式为：

各年应计利息 =（年初借款本息累计 + 当年借款 ÷2）×年利率（式6-9）

有多笔借款资金来源、每笔借款年利率各不相同的子项目，既可分别计算每笔借款的利息，也可先计算出各笔借款加权平均的年利率，再以此利率计算全部借款的利息。

【例6-2】某项目建设期3年，共贷款700万元人民币，第一年贷款200万元，第

二年贷款 500 万元，贷款在各年年内均衡发生，贷款年利率为 6%，建设期内不支付利息，试估算建设期利息。

解：第一年利息 = 200 ÷ 2 × 6% = 6（万元）

第二年利息 = ［200 + 6 + 500 ÷ 2］ × 6% = 27.36（万元）

第三年利息 = （200 + 6 + 500 + 27.36） × 6% = 44（万元）

建设期利息 = 6 + 27.36 + 44 = 77.36（万元）

【例 6－3】 拟建某工业建设项目，有关数据如下：1. 主要生产项目 7400 万元（其中，建筑工程费 2800 万元，设备购置费 3900 万元，安装工程费 700 万元）；2. 辅助生产项目 4900 万元（其中，建筑工程费 1900 万元，设备购置费 2600 万元，安装工程费 400 万元）；3. 公用工程 2200 万元（其中，建筑工程费 1320 万元，设备购置费 660 万元，安装工程费 220 万元）；4. 环境保护工程 660 万元（其中，建筑工程费 330 万元，设备购置费 220 万元，安装工程费 110 万元）；5. 总图运输工程 330 万元（其中，建筑工程费 220 万元，设备购置费 110 万元）；6. 服务性工程建筑工程费 160 万元；7. 生活福利工程建筑工程费 220 万元；8. 厂外工程建筑工程费 110 万元；9. 工程建设其他费用 400 万元；10. 基本预备费率 10%；11. 建设期内价格上涨指数为 6%；12. 建设期为 2 年，每年建设投资相等。建设资金来源：第一年贷款 5000 万元，第二年贷款 4800 万元，其余为自有资金。贷款年利率为 6%（每半年计息一次）。

要求：根据以上数据编制建设项目固定资产投资估算表（如表 6－1 所示），计算基本预备费、涨价预备费及建设期借款利息。（计算结果费用保留整数位，百分比保留小数点后两位）

表 6－1　　建设项目固定资产投资估算表　　单位：万元

序号	工程费用名称	建筑工程费	设备购置费	安装工程费	其他费用	合计	占固定资产的比例
1	工程费用	7060	7490	1430		15980	78.78%
1.1	主要生产项目	2800	3900	700		7400	
1.2	辅助生产项目	1900	2600	400		4900	
1.3	公用工程	1320	660	220		2200	
1.4	环境保护工程	330	220	110		660	
1.5	总图运输工程	220	110			330	
1.6	服务性工程	160				160	
1.7	生活福利工程	220				220	
1.8	厂外工程	110				110	
2	工程建设其他费用				400	400	1.97%
	1～2 小计	7060	7490	1430	400	16380	
3	预备费用				3292	3292	16.23%

续 表

序号	工程费用名称	建筑工程费	设备购置费	安装工程费	其他费用	合计	占固定资产的比例
3. 1	基本预备费				1638	1638	
3. 2	涨价预备费				1654	1654	
4	建设期借款利息				612	612	3. 02%
合计		7060	7490	1430	4304	20284	100%

解：基本预备费 = 16380 × 10% = 1638（万元）

涨价预备费 =（16380 + 1638）×50% ×［（1 + 6%）－1］+（16380 + 1638）×50% ×［（1 + 6%）^{2} －1］= 1654（万元）

$$有效利率 = \left(1 + \frac{6\%}{2}\right)^2 - 1 = 6.09\%$$

建设期借款利息 = 第 1 年利息 + 第 2 年利息

$$= \frac{5000}{2} \times 6.09\% + \left(5000 + \frac{5000}{2} \times 6.09\% + \frac{4800}{2}\right) \times 6.09\%$$

= 152 + 460 = 612（万元）

第三节　项目流动资金的构成与估算

一、项目流动资金的构成

项目流动资金是指生产经营性项目投产后，为进行正常生产经营，用于购买原材料、燃料，支付工资及其他经营费用等所需要的周转资金。因为项目的生产经营过程是连续不断的，流动资金就须不断地投入，所以，流动资金是项目生产经营活动正常进行必需的资金保证，是项目总投资的重要组成部分。

项目流动资金按其在生产过程中的作用，以及在周转中所处的阶段不同，可分为生产领域的流动资金和流通领域的流动资金。其中，生产领域的流动资金包括储备资金和生产资金。储备资金是项目储备必要的材料与物资所占用的资金。它一般包括原材料、燃料、低值易耗品、包装物、外购半成品等占用的资金。生产资金则是指生产过程中占用在产品、自制半成品及待摊费用上的资金。流通领域的流动资金主要包括产成品资金、结算资金（各项应收、预付款项）和货币资金。

流动资金按其管理的方式划分，又可分为定额流动资金和非定额流动资金。定额流动资金如储备资金、生产资金和产成品资金，它们是项目流动资金的主要组成部分。非定额流动资金如结算资金，在项目流动资金中所占的比例较小。流动资金构成如图 6－3 所示。

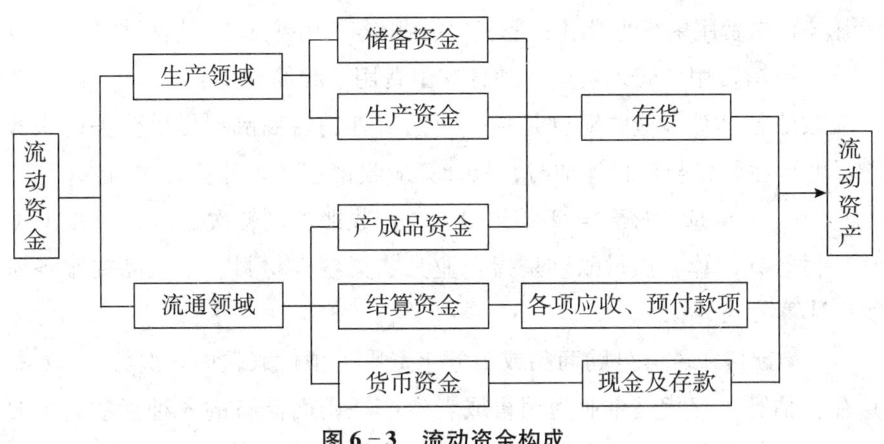

图6－3　流动资金构成

二、项目流动资金的估算方法

（一）分项详细估算法

分项详细估算法是对流动资产和流动负债的主要构成要素，即现金、存货、应收账款、预付账款以及应付账款和预收账款等内容分项进行估算，然后再综合估算获得项目流动资金需要量的一种方法。计算公式为：

流动资金＝流动资产－流动负债　（式6－10）

流动资产＝现金＋应收账款＋预付账款＋存货　（式6－11）

流动负债＝应付账款＋预收账款　（式6－12）

本年流动资金增加额＝本年流动资金－上年流动资金　（式6－13）

1. 周转次数的计算

周转次数的计算公式如下：

周转次数＝360天÷最低周转天数　（式6－14）

各类流动资产和流动负债的最低周转天数参照同类企业的平均周转天数并结合项目特点确定，或按部门（行业）规定。在确定最低周转天数时应考虑储存天数、在途天数，并考虑适当的保险系数。

外购原材料、燃料最低周转天数＝在途天数＋平均供应间隔天数×供应间隔系数＋验收天数＋整理储备天数＋保险天数　（式6－15）

在产品最低周转天数＝产品生产加工周期＋半成品储备天数　（式6－16）

产成品最低周转天数＝在库天数＋在途或结算天数　（式6－17）

2. 流动资产估算

（1）现金需要量估算。项目流动资金中的现金是指为维持正常生产运营所预留的货币资金，计算公式为：

现金需要量＝（年工资福利费用＋年其他费用）÷现金周转次数　（式6－18）

年其他费用 = 制造费用 + 营业费用 + 管理费用 + 财务费用 −（工资福利费用 + 折旧费用 + 摊销费用 + 修理费用 + 利息支出费用 + 维简费用）（式 6－19）

（2）应收账款估算。应收账款是指企业已对外销售商品、提供劳务尚未收回的资金，在进行可行性研究与项目评估时，只计算应收销售款。计算公式为：

应收账款 = 年销售收入 ÷ 应收账款周转次数（式 6－20）

（3）预付账款估算。预付账款是指企业为购买各类材料、半成品或服务所预先支付的款项，计算公式为：

预付账款 = 外购商品或服务年费用 ÷ 预付账款周转次数（式 6－21）

（4）存货估算。存货是企业为销售或者生产耗用而储备的各种货物，主要包括各类材料、商品、在产品、半成品和产成品等，计算公式为：

存货 = 外购原材料费用 + 外购燃料费用 + 其他材料费用 + 在产品 + 产成品（式 6－22）

外购原材料费用 = 年外购原材料费用 ÷ 按种类分项周转次数（式 6－23）

外购燃料费用 = 年外购燃料费用 ÷ 按种类分项周转次数（式 6－24）

其他材料费用 = 年其他材料费用 ÷ 其他材料周转次数（式 6－25）

在产品 =（年外购原材料费用 + 年外购燃料费用 + 年工资福利费用 + 年修理费用 + 其他制造费用）÷ 在产品周转次数（式 6－26）

产成品 =（年经营成本 − 年其他营业费用）÷ 产成品周转次数（式 6－27）

3. 流动负债估算

流动负债是指将在一年（含一年）或者超过一年的一个营业周期内偿还的债务，包括短期借款、应付票据、应付账款、预收账款、应付工资、应付福利费、应付股利、应交税金、其他暂收应立付款项、预提费用和一年内到期的长期借款等。通常考虑应付账款和预收账款两项。计算公式为：

应付账款 = 年外购原材料费用 + 年外购燃料费用 + 年其他材料费用 ÷ 应付账款周转次数（式 6－28）

预收账款 = 预收的年营业收入 ÷ 预收账款周转次数（式 6－29）

【例 6－4】某项目达到设计生产能力后，项目的年产量为 100 万件，单位产品售价为 60 元（不含增值税），项目定员为 1000 人，工资及福利费用按每人每年 18000 元估算。项目每年的其他费用为 900 万元。年外购原材料、年外购燃料及其他材料费用估算值为 18000 万元。年经营成本为 19800 万元，年修理费占年经营成本的 10%，项目无预收预付业务。各项流动资金的最低周转天数分别为：应收账款、应付账款为 30 天，现金及货币资金为 40 天，存货为 40 天。试估算该项目所需的流动资金量。

解：项目所需的流动资金量的估算步骤如下：

现金需要量 =（年工资福利费用 + 年其他费用）÷现金周转次数
=（1000×1.8+900）÷（360÷40）=300（万元）

应收账款 = 年销售收入÷应收账款周转次数
=（100×60）÷（360÷30）=500（万元）

外购原材料、外购燃料费 = 年外购原材料、年外购燃料及其他材料费用÷按种类分项周转次数 = 18000÷（360÷40）=2000（万元）

在产品 =（年工资福利费用 + 年其他费用 + 年外购原材料、年外购燃料及其他材料费用 + 年修理费用）÷在产品周转次数
=（1800+900+18000+1980）÷（360÷40）=2520（万元）

产成品 = 年经营成本÷产成品周转次数 = 19800÷（360÷40）=2200（万元）

存货 = 外购原材料费用 + 外购燃料费用 + 在产品 + 产成品
=2000+2520+2200=6720（万元）

流动资产 = 现金 + 应收账款 + 存货 = 300+500+6720=7520（万元）

应付账款 = 年外购原材料、年外购燃料及其他材料费用÷应付账款周转次数
=18000÷（360÷30）=1500（万元）

流动负债 = 应付账款 = 1500（万元）

流动资金 = 流动资产 − 流动负债 = 7520−1500=6020（万元）

（二）扩大指标估算法

扩大指标估算法是指在拟建项目某项指标的基础上，参照同类项目相关资金比率计算出流动资金需要量的方法。包括销售收入资金率法、总成本（或经营成本）资金率法、固定资产资金率法和单位产量资金率法。

1. 销售收入资金率法

销售收入资金率是指项目流动资金需要量与其一定时期内（通常为一年）的销售收入的比率。计算公式为：

流动资金需要量 = 项目年销售收入×销售收入资金率　　（式6−30）

一般加工工业项目多采用这种方法估算流动资金。

2. 总成本（或经营成本）资金率法

总成本（或经营成本）资金率是指项目流动资金需要量与其一定时期（通常为一年）内总成本（或经营成本）的比率。计算公式为：

流动资金需要量 = 项目年总成本（或经营成本）×总成本（或经营成本）资金率　　（式6−31）

一般采掘工业项目多采用这种方法估算流动资金。

3. 固定资产资金率法

固定资产资金率是指项目流动资金需要量与固定资产的比率。计算公式为：

流动资金需要量 = 固定资产 × 固定资产资金率　（式 6－32）

某些特定的项目（如火力发电厂、港口项目等）采用这种方法估算流动资金。

4. 单位产量资金率法

单位产量资金率是指项目单位产量所需的流动资金金额。计算公式为：

项目单位产量流动资金需要量 = 达产期年产量 × 单位产量资金率　（式 6－33）

某些特定的项目（如煤矿项目）可采用该方法估算流动资金。

（三）定额日数法

定额日数法是通过估算流动资金的定额日数，并在此基础上乘以用货币表示的日均周转额，估算出项目所需的流动资金。即流动资金 = 用货币表示的日均周转额 × 定额日数

1. 储备资金定额的估算

估算公式为：

储备资金定额 = 储备材料定额单价 × 年耗用量 × 定额日数 ÷ 360　（式 6－34）

其中：年耗用量 = 消耗定额 × 设计年产量

定额日数 = 在途日数 + 验收日数 + 供货间隔日数 × 供货间隔系数

在途日数，是指从支付货款之日起到材料运到项目所在地为止的日数；验收日数，是指材料到达后，在卸车、拆包、分类、验收等方面所需要的日数；供货间隔日数，是指先后两次供货之间的间隔日数，在日耗用量不变的情况下，供货次数越多，间隔日数越短，占用资金越少；供货间隔系数是按供货周期确定资金需要量时应乘的折扣率，其计算公式如下：

供货间隔系数 =（供货间隔日数 + 1）÷（2 × 供货间隔日数）× 100%　（式 6－35）

供货间隔系数一般在 0.5 ~ 1 之间。储备资金定额估算表如表 6－2 所示。

表 6－2　储备资金定额估算表

材料名称	供货地点	单价（万元）	全年耗用		定额日数							储备资金定额
			数量（吨）	金额（万元）	供货间隔日数	供货间隔系数	应计日数	在途日数	验收日数	整理日数	保险日数	
原材料												
辅助材料												
燃料												
低值易耗品												
修理用备件												
包装物												
外购半成品												
合计												

2. 生产资金定额的估算

生产资金定额的估算，应按品种逐一进行估算。估算公式为：

生产资金定额 = 设计日产量 × 估算单位成本 × 生产周期 × 在产品成本系数

（式 6－36）

生产周期是指产品从投料开始到加工完成、验收入库所经历的全过程所需要的时间。

在产品成本系数 = 在产品平均单位成本 ÷ 产品单位成本 × 100%　　（式 6－37）

生产资金定额估算表如表 6－3 所示。

表 6－3　　生产资金定额估算表

产品名称	设计日产量（吨）	估算单位成本（万元）	在产品成本系数	生产周期	生产资金定额（万元）
甲产品					
乙产品					
丙产品					
待摊费用					
合计					

3. 产品资金定额的估算

产品资金，是指从产品验收入库起到产品发出按有关结算方式收回货款或收到银行结算通知为止的一段时间所需占用的资金。产品资金应按产品品种分别估算。估算公式为：

产品资金定额 = 平均日产量 × 估算单位成本 × 定额日数　　（式 6－38）

其中：定额日数 = 发货间隔日数 × 发货间隔系数 + 包装和发运日数 + 结算日数

发货间隔日数 = 发货定额 ÷ 平均日产量

结算日数取决于产品的结算方式。采用托收承付结算方式，结算日数是指取得运输凭证后到开户行办理托收承付手续所需的天数，采用托收承付以外结算方式的，是指取得运输凭证后到收到货款为止所需的时间。

包装和发运日数，是指对产品进行必需的包装并运抵车站、码头直至取得运输凭证为止所需的时间。产品资金定额估算表如表 6－4 所示。

表 6－4　　产品资金定额估算表

产品名称	平均日产量（吨）	估算单位成本（万元）	定额日数	产品资金定额（万元）
甲产品				
乙产品				
丙产品				
外购商品				
合计				

三、项目流动资金的估算要点

（1）鉴定流动资金的估算总额能否满足项目的基本要求。

（2）分析流动资金估算采用的方法是否符合项目特点和有关规定。

（3）评估在新建项目所需流动资金的估算中，是否结合了项目投产后生产经营的特点。

（4）若在鉴定、分析、评估中发现问题，应及时进行修正调整。

第四节　项目投入总资金及项目资金分年投入计划评估

一、项目投入总资金

将前文估算的各项投资进行汇总，分别编制项目投入总资金估算汇总表（如表6－5所示）和主要单项工程投资估算表（如表6－6所示），并对项目投入总资金构成和各主要单项工程投资比例的合理性以及单位生产能力（使用效益）投资指标的先进性进行分析。

表6－5　　项目投入总资金估算汇总表

序号	费用名称	投资额		占项目投入总资金的比率（%）	估算说明
		合计（万元）	其中：外汇（万美元）		
1	建设投资				
1.1	建设投资的静态投资				
1.1.1	建筑工程费				
1.1.2	设备购置费				
1.1.3	安装工程费				
1.1.4	工程建设其他费用				
1.1.5	基本预备费				
1.2	建设投资的动态投资				
1.2.1	涨价预备费				
1.2.2	建设期借款利息				
2	流动资金				
3	项目投入总资金（1+2）				

表 6－6　主要单项工程投资估算表　单位：万元

序号	工程名称	建筑工程费	设备购置费	安装工程费	工程建设其他费用	合计
1						
2						
3						
⋮						

二、项目资金分年投入计划评估

（一）项目资金分年投入计划

在估算出项目投入总资金后，应根据项目实施进度的安排，编制项目资金分年投入计划表，如表 6－7 所示。

表 6－7　项目资金分年投入计划表

序号	名称	人民币分年投入计划（万元）			外汇分年投入计划（万美元）		
		第一年	第二年	……	第一年	第二年	……
1	建设投资（不含建设期借款利息）						
2	建设期借款利息						
3	流动资金						
4	项目投入总资金（1＋2＋3）						

（二）项目资金分年投入计划评估要点

对项目资金分年投入计划的评估，包括三个方面的内容：

（1）项目资金分年投入计划是否与项目的实施进度计划相吻合，是否与融资计划相适应，是否合理安排了各年的投资支出，用款计划是否与资金来源相适应，是否有必要调整与修改。

（2）评估项目投入总资金来源及项目资金分年投入计划是否合理，是否符合国家有关政策规定。

（3）评估项目资金分年投入计划是否能够保证项目的顺利实施，是否能够满足资金有效利用的要求。

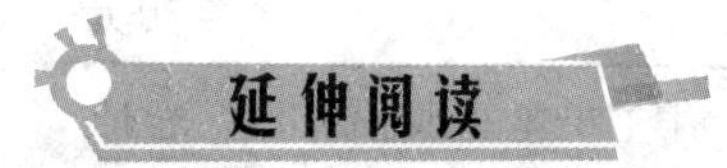

“造价工程师”

国家在工程造价领域实施造价工程师执业资格制度，凡从事工程建设活动的建设、设计、施工、工程造价咨询、工程造价管理等单位和部门，必须在计价、评估、审查（核）、控制及管理等岗位配备具有造价工程师执业资格的专业技术人员。造价工程师是通过全国造价工程师执业资格统一考试或者资格认定、资格互认，取得中华人民共和国造价工程师执业资格，并按照《注册造价工程师管理办法》注册，取得中华人民共和国造价工程师注册执业证书和执业印章，从事工程造价活动的专业人员。造价工程师执业范围包括：①建设项目建议书、可行性研究投资估算的编制和审核，项目经济评价，工程概、预、结算、竣工结（决）算的编制和审核；②工程量清单、标底（或者控制价）、投标报价的编制和审核，工程合同价款的签订及变更、调整、工程款支付与工程索赔费用的计算；③建设项目管理过程中设计方案的优化、限额设计等工程造价分析与控制，工程保险理赔的核查；④工程经济纠纷的鉴定。

资料来源：中华人民共和国建设部令第150号《注册造价工程师管理办法》。

1. 项目总投资是指项目从建设前期准备工作开始，到项目全部建成投产为止所发生的全部投资费用，即项目在整个计算期内投入的全部资金，包括项目建设投资和项目流动资金。根据现行制度规定，项目建设投资主要包括项目的建筑工程费、安装工程费、设备购置费、工程建设其他费用、基本预备费、涨价预备费、建设期借款利息；项目流动资金主要包括生产领域的流动资金和流通领域的流动资金。

2. 项目建设投资估算需要在一定的依据、要求与步骤的基础上，按各自的方法进行。其中固定资产投资额的估算方法包括扩大指标法和详细估算法。

3. 项目流动资金估算可采用分项详细估算法、扩大指标估算法和定额日数法。其中分项详细估算法是对流动资产和流动负债的主要构成要素分项进行估算，然后再综合估算获得项目流动资金需要量的一种方法；扩大指标估算法是一种简便的估算方法，主要是参照同类已完成项目的数据（如销售收入资金率、经营成本资金率、单位产量资金率等）进行类比计算出流动资金需要量的方法；定额日数法则是通过估算流动资金的定额日数，并在此基础上乘以用货币表示的日均周转额，估算出项目所需的流动资金。

4. 在估算好项目所需投入的总资金后，还应做好项目资金分年投入计划，并进行评估。

1. 名词解释

0.6 指数法　详细估算法　分项详细估算法

2. 什么是项目总投资？它具体包括哪些内容？

3. 什么是建设期借款利息？怎样估算建设期借款利息？

4. 0.6 指数法怎样计算？

5. 项目流动资金估算方法中分项详细估算法是如何进行估算的？

第七章　投资项目融资评估

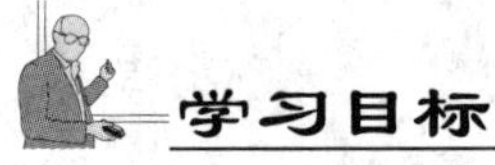

在确定了项目总投资后，在明确融资主体的基础上，以项目投资估算为依据，通过对资金来源和融资成本的评估，确定初步融资方案。有效的融资方案不仅能够以最经济的方式满足投资项目对资金数量的要求，而且可以使投资项目所需的资金适时到位。

1. 知识目标

※ 掌握投资项目资金来源的分析与评估。

※ 掌握投资项目融资成本的分析与评估。

2. 能力目标

※ 对应不同的融资方式，其融资成本的计算方法不同，熟悉银行借款、债券和股票等几种主要融资方式融资成本的计算方法并能熟练运用。

案例导入

关于联想集团并购 IBM 全球 PC 业务方面的资讯非常丰富，同学们可以从并购动机、交易内容、融资方式、价值评估、风险分析、股市反应和后续表现等诸多方面，对此次并购进行详细的分析。结合本章的学习，着重分析这一过程中的融资安排。下文是联想集团并购 IBM 全球 PC 业务中的融资安排，阅读并思考。

联想集团并购 IBM 全球 PC 业务中的融资安排

2004 年 12 月 8 日，中国 IT 业龙头企业联想集团有限公司（以下简称联想集团）并购了世界 IT 业巨头 IBM 的全球 PC 业务。这一消息震惊了世界，因为它标志着 IT 业的一个新时代的来临。

1. 收购金额

联想集团此次并购的总价为 12.5 亿美元，在三年锁定期结束时，IBM 将获得至少 6.5 亿美元的现金和价值 6 亿美元的联想集团普通股股票，此外联想集团还将承担来自 IBM 约 5 亿美元的净负债，IBM 将持有联想集团 18.9% 的股份，成为联想集团第二大股东，股权在三年之内不得出售。

2. 并购融资

除了1.5亿美元自有资金外，联想集团主要从国际金融市场融资。包括：①联想集团获得著名投行高盛公司的过桥贷款5亿美元。②2005年3月31日，联想集团与全球三大私人股权投资公司得克萨斯州太平洋投资集团（Texas Pacific Group）、美国泛大西洋投资集团（General Atlantic）及美国新桥投资集团（Newbridge Capital）达成协议，三者向联想集团提供3.5亿美元的战略投资，其中得克萨斯州太平洋投资集团投资2亿美元、美国泛大西洋投资集团投资1亿美元、美国新桥投资集团投资5000万美元。这3.5亿美元将用于收购IBM全球PC业务，其中约1.5亿美元将用作收购资金，余下约2亿美元用作日常运营。根据投资协议，联想集团将向三者发行优先股及认股权证：发行共27万余股非上市A类优先股，以及可用作认购2亿多股联想股份的非上市认股权证。这些优先股将获得每年4.5%的固定累积优先现金股息（每季度支付），并且在交易完成后第七年起，联想集团或优先股持有人可随时赎回。在这种融资方式下，这三家投资者将最终拥有共约12.4%的股权。③这三家投资者在联想集团与IBM达成收购协议之前就开始同联想集团密切接触，并在促成联想集团与IBM的收购中起到了重要作用，同时三家投资者还为联想集团吸纳了20家银行提供的五年期6亿美元的银行贷款。

3. 联想集团买到了什么？

获得如此巨额的战略投资，联想集团董事会主席杨元庆更是兴奋不已，杨元庆表示："全球三大私人股权投资公司成为联想集团的战略投资者，对此我们感到十分高兴。他们对企业的运营发展有深入细致的研究，在企业发展战略方面具有很强的规划设计能力，曾经帮助众多著名公司顺利推进整合工作，他们的加入为联想集团实现稳健发展奠定了坚实的基础。此项战略投资充分表明他们对联想集团成为全球IT领导厂商的前景充满信心。"

资料来源：综合《经济参考报》、新华社经济报道编写。

请思考：

1. 在这场中国并购市场上的大并购案中，联想集团为什么要采用"美元现金+联想股票"的支付方式？这种支付方式背后隐含着什么样的策略呢？

2. 全球三大私人股权投资公司为什么选择非上市A类优先股的方式出资？

第一节　资金来源分析与评估

投资项目资金需求主要是靠适当的资金来源渠道和融资方式予以满足。资金来源分析，主要是分析可行性研究报告中提出的各种资金来源是否正当、合理、可靠。具体评估资金来源是否符合国家有关法规，各项资金来源是否能够落实，使用条件是否合理。从投资者角度来看，投资项目的融资渠道主要有两大类：一类是投资者的自有资金，它可形成资本金；另一类是从外部融资，即借入资金，通常采用借贷或发行债券的方式。

一、自有资金分析与评估

（一）自有资金的构成

自有资金（Equity Fund）指由项目所有者自筹的资金，可以自行支配使用而无须偿还，它包括项目资本金、资本溢价和接受捐赠。

（1）项目资本金是指新建项目设立时在工商行政管理部门登记的注册资金。根据投资主体的不同，项目资本金可以分为国家资本金、法人资本金、个人资本金及外商资本金等。为了保证项目建成后顺利投产，同时减少银行项目贷款的风险，国家规定新建、扩建和技术改造项目，必须将项目建成投产所需的铺底流动资金（一般以流动资金数额为基数，按30%计算）列入投资计划。如果铺底流动资金不落实，则该项目国家不予以批准立项，银行也不予贷款。

（2）资本溢价是指在资金筹集过程中，投资者缴付的出资额超出资本金的差额。

（3）接受捐赠款也是投资项目的资金来源之一，但仅限于极少数投资项目。捐赠款是一种投资，形成企业权益的增加，捐赠的资产价值作为投资各方的共有财产，与资本溢价一起构成资本公积金，属于企业所有者权益。资本公积金是一种资本储备形式，可以按照法定程序转增资本金。

随着我国投资体制改革的逐步深化，需要建立投资风险约束机制和有效控制投资规模。从1996年开始，国家计委（现国家发展和改革委员会）规定对各种经营性项目，包括国有单位的基本建设、技术改造、房地产开发项目和集体投资项目，实行资本金制度，要求投资项目必须首先落实资本金后才能进行建设。也就是说，在投资项目的总投资中，除项目法人从银行或资本市场筹措的债务性资金外，还必须拥有一定比例的资本金。对公益性投资项目而言，由于资金来源主要由政府用财政资金安排，故不实行资本金制度。

（二）项目资本金的计算

影响项目资本金最低需要量的因素包括固定资产投资总额、铺底流动资金和项目最低资本金比例。

$$项目资本金最低需要量=(固定资产投资总额+铺底流动资金)\times 项目最低资本金比例 \quad （式7-1）$$

其中：铺底流动资金 = 流动资金总额×30%

国家规定，不同行业的项目最低资本金比例是不同的。交通运输、煤炭项目为

35%及以上；钢铁、邮电、化肥项目为25%及以上；电力、机电、建材、化工、石油加工、有色金属、轻工、纺织、商贸及其他行业的项目为20%及以上。同时，项目最低资本金比例也可以根据宏观调控的需要进行调整。比如2004年4月，国务院为了引导社会投资方向，抑制固定资产投资膨胀和信贷规模过度扩张，保障钢铁、电解铝、水泥、房地产行业自身的健康发展，决定适当提高这些行业的项目最低资本金比例。钢铁项目由25%提高到40%及以上；水泥、电解铝、房地产开发项目均由20%提高到35%及以上。

对于项目最低资本金的具体比例，应根据项目的经济效益及银行的贷款意愿和评估意见，在项目可行性研究报告审批时核定。项目资本金的出资方式可以是货币资金、实物和工业产权、非专利技术、土地使用权等无形资产，无形资产作价出资的比例不得超过项目资本金总额的20%。但对于以高新技术成果出资入股的，作价总额可以超过企业注册资本的20%，但不得超过35%。

（三）项目资本金的来源渠道和融资方式

1. 新设法人项目资本金的来源渠道和融资方式

一般地，新设法人项目资本金的来源渠道和融资方式主要有如下几种：

（1）股东直接投资。股东直接投资包括政府授权投资机构入股的资金、国内外企业入股的资金、社会团体和个人入股的资金以及基金会投资公司入股的资金，以上各项分别构成国家资本金、法人资本金、个人资本金和外商资本金。

在新设法人项目中股东直接投资表现为项目投资者为项目提供资本金。合资经营公司的资本金由企业的股东按股权比例认缴，合作经营公司的资本金由合作投资方按预先约定的金额投入。

（2）股票融资。股票融资可以采取公募和私募两种形式。其中公募又称公开发行，是在证券市场上向不特定的社会公众公开发行股票。为了保障广大投资者的合法权益，国家对公开发行股票有非常严格的规定与要求。发行股票的公司要有较高的信用，符合证券监管部门规定的各项发行条件，并获得证券监管部门批准后方可发行。私募又称不公开发行或内部发行，是指将股票直接出售给少数特定的投资者。

股票融资一般具有如下特点：股票融资所筹资金是项目的股本资金，可作为其他融资方式的基础，并增强融资主体的举债能力；股票融资所筹资金不存在到期偿还的问题，投资者一旦购买股票，便不得退股；普通股股票的股利支付，可视融资主体的经营状况及经营需要而定，因而融资风险较小；股票融资的资金成本较高，因为股利需从税后利润中支付，不具有抵税作用，而且发行费用也较高；上市公开发行股票，必须履行公开披露信息的职责，并接受投资者和社会公众的监督。

（3）政府投资。政府投资资金包括各级政府的财政预算内资金、国家批准的各种专项建设基金、统借国外借款、土地批租收入、地方政府按规定收取的各项费用及其他预算外资金等。一般地，政府投资主要用于关系国家安全和市场不能有效配置的经济和社会领域，包括加强公益性和公共基础设施建设，保护和改善生态环境，促进欠发达地区的经济和社会发展，促进科技进步和高新技术产业化。

对政府投资资金，国家根据资金来源、项目性质和调控需要，分别采取直接投资、资本金注入、投资补助、转贷和贷款贴息等方式，并按项目所需安排使用。

（4）优先股股票。优先股股票是一种兼具资本金和全程资金特点的有价证券。从普通股股东的立场来看，优先股可视同为一种负债；但从债权人的立场来看，优先股可视同为资本金。

如同债券一样，优先股股息有一个固定的数额或比率，通常要大大高于银行的贷款利息，该股息不随企业业绩的好坏而波动，并且优先股股东可以先于普通股股东领取股息。如果企业破产清算，优先股股东对企业剩余财产有先于普通股股东的要求权。优先股一般不参加企业的红利分配，持股人没有表决权，也不能参与企业的经营管理。

优先股股票相对于其他债务融资，通常处于较后的受偿顺序，且股息在税后利润中支付，为此，在项目评估中应将优先股股票视为资本金。

（5）可转换债券。可转换债券是一种可以在特定时间、按特定条件转换为企业普通股股票的特殊企业债券，兼有债券和股票的特性。

可转换债券一般具有如下特点：债权性，与其他债券一样，可转换债券也有规定的期限和利率，债券持有人可以选择持有到期债券，收取本金和利息；股权性，可转换债券在转换成股票之前是纯粹的债券，但在转换成股票之后，原债券持有人就由债权人变成了企业的股东，可参与企业的经营决策和红利分配；可转换性，债券持有人有权按照约定的条件将债券转换成股票，转股权是投资者享有的而普通企业债券持有人所没有的选择权，可转换债券在发行时就明确约定，债券持有人可按照发行时约定的价格将债券转换成企业的普通股股票，如果债券持有人不想转换，则可继续持有债券，直到偿还期满并收取本金和利息，或者在流通市场出售变现。

由于可转换债券附有普通企业债券所没有的转股权，所以可转换债券利率一般低于普通企业债券利率，企业发行可转换债券有助于降低资金成本。

2. 既有法人项目资本金的来源渠道和融资方式

投资项目采用既有法人融资方式，既有法人的资产也是投资项目资金的来源之一。

既有法人资产在企业资产负债表中表现为企业的现金资产和非现金资产，它可能由企业的所有者权益形成，也可能由企业的负债形成。企业现有资产的形成，主要来源于如下三个方面：①企业股东过去投入的资本金；②企业对外负债的债务资金；③企业经营所形成的现金净流量。

对于企业的某一项具体资产来说，通常无法确定它是由资本金形成的，还是由债务资金形成的。当企业采用既有法人融资方式，以企业的资产或资产变现获得的资金，投资于本企业的改扩建项目时，同样不能确定其属性是资本金，还是债务资金。但当一个企业以现有资产投资于另一个具有独立法人资格的某项目时，则对此项目来说，此资产投资应视为资本金。

二、借入资金分析与评估

相对于内部资金来源——自有资金而言，借入资金是指项目在金融市场上通过负债方式从资金提供者那里取得的资金，属于外部资金来源，它是需要还本付息的资金，亦称负债融资。借入资金是项目法人通过向银行或外国银行金融机构申请贷款、经批准发行企业债券、进行融资租赁等方式筹集的用于项目建设的资金。

（一）商业银行贷款

商业银行贷款是我国投资项目获得短期、中长期贷款的重要渠道。国内商业银行贷款手续简单、成本较低，适用于有偿债能力的投资项目。

（二）政策性银行贷款

政策性银行贷款一般期限较长、利率较低，是为配合国家产业政策等的实施，对相关的政策性项目提供的贷款。目前我国开展政策性贷款的银行主要有国家开发银行、中国进出口银行和中国农业发展银行。

（三）外国政府贷款

外国政府贷款是指一国政府向另一国政府提供的优惠贷款，为国家主权债务，其贷款对象一般是经济比较落后或缺乏资金的国家。它具有利率低、期限长、附加条件较多的特点。外国政府贷款的主要形式是混合贷款，即外国政府提供的低息优惠贷款或赠款和出口信贷结合使用。

（四）外国银行贷款

外国银行贷款是指为项目筹措资金而在国际金融市场上向国外银行借入的资金。外国银行贷款的利率比外国政府贷款和国际金融组织贷款的利率要高，依据贷款国别、贷款币种和贷款期限的不同而又有所差异。

外国银行贷款可划分为短期贷款、中期贷款和长期贷款，短期贷款的期限在一年以内，有的甚至为几天；中期贷款的期限为 1～5 年；长期贷款的期限在 5 年以上。外国银行贷款的偿还方法主要有到期一次偿还、分次等额偿还和提前偿还等方式。外国银行贷款所使用的货币是外国银行贷款条件的重要组成部分。就借款者而言，在其他因素不变的前提下，更倾向于使用趋向贬值的货币，以便从该货币未来的贬值中受益，而贷款者则相反。

对中长期贷款，一般采取加息的方法，即在伦敦银行同业拆放利率的基础上，加一个附加利率，附加利率由借贷双方商定。中长期贷款的利息在计息期末（即 3 个月或 6 个月的期末）支付一次。

银团贷款是指多家银行组成一个集团，由一家或几家银行牵头，采用同一贷款协议，按照共同约定的贷款计划，向借款人提供贷款的贷款方式。它除具有一般银行贷款的特点和要求之外，由于参加银行较多，需要多方协商，因而贷款过程周期长。使用银团贷款，除支付利息外，按照国际惯例通常还需支付管理费、承诺费、代理费等。银团贷款主要适用于资金需求量大、偿债能力较强的投资项目。

（五）出口信贷

出口信贷是指一国政府为了支持和鼓励该国大型机械设备、工程项目等的出口，鼓励金融机构向本国出口商或外国的进口商提供的与商品进出口有关的优惠利率贷款。为了促进本国商品的出口，增强本国商品的国际竞争能力，出口国的银行或非银行金融机构向本国出口商或外国的进口商提供利率较低的贷款，以满足本国出口商资金周转的需要，或者促使外国进口商有能力向本国出口商支付货款。

1. 出口信贷的特点

国际贸易中的出口信贷具有以下主要特点：

（1）贷款利率较低。出口信贷是出口国金融机构在政府的授权下，为了鼓励本国大型机械设备的出口而提供的一种优惠贷款，贷款利率一般比同等条件下的市场利率低，所损失的利差由出口国政府进行补贴。出口信贷期限较长，主要期限集中在1～5年或5年以上，属于中长期信贷。

（2）与信贷保险相结合。为了促进本国大型机械设备、成套设备的出口而发放的出口信贷期限长，金额大，导致贷款银行的风险较大。为了降低贷款银行的风险，许多国家都设立了政策性金融机构——信贷保险机构，对银行发放的出口信贷给予担保。当出口信贷无法收回时，由信贷保险机构对贷款银行进行赔偿，也就是说出口信贷的风险最终由出口方所在国承担。

（3）由专门机构进行管理。在发达国家，出口信贷一般直接由商业银行发放，政府对出口信贷给予利息补贴。此外，对一些特定类型的中长期出口贸易融资，直接由国家专门成立的出口信贷机构（如进出口银行）发放贷款。这样有利于弥补商业银行的资金不足，促进本国出口贸易的发展。

（4）贷款目的明确。不管是对进口商发放出口信贷，还是对出口商发放出口信贷，它的目的都非常明确，即这笔贷款必须与出口商的出口贸易相联系，以支持本国出口为目的。

2. 出口信贷的类型

出口信贷有两种基本类型，即卖方信贷和买方信贷。

（1）卖方信贷。卖方信贷是指为了促进本国大型机械设备和成套设备的出口，出口商所在国银行向本国出口商提供的中长期贷款，以便出口商以延期付款方式或赊销方式向国外销售商品。出口商获得了卖方信贷后，其资金能够周转开来，就可以允许进口商以延期付款的方式支付进口货款。因此，卖方信贷实际上是出口商从出口商所在国银行取得中长期贷款后，再向进口商提供的一种商业信用。不过，出口商一般会将贷款利息、管理费用、保险费用等资金成本计入出口货价中，将资金成本转移给进口商。因此，以延期付款方式进口商品所支付的货价一般要高于用现汇方式支付的货价的3% ~4%，有时甚至能达到8% ~10%，加重了进口商的成本。

（2）买方信贷。买方信贷是指为了促进本国大型机械设备和成套设备的出口，在出口国政府的支持下，出口商所在国的银行向进口商或进口商所在国的银行提供的中长期贷款。通过买方信贷，进口商获得了资金融通，有能力向出口商购买技术和设备，并支付有关费用。买方信贷中一般由出口国的信贷保险机构提供信贷保险。

买方信贷主要有两种形式：一种是出口商所在国银行直接贷款给进口商，由进口商所在国银行出具担保。贷款金额一般不超过贸易合同金额的80% ~85%，贷款期限根据实际情况确定，一般不超过10年。贷款利率参照“经济合作与发展组织”（OECD）确定的利率水平而定。此种情况下，进口商将获得的贷款以现汇付款方式向出口方支付货款，并按协议分期偿还出口商所在国的银行贷款。另一种是出口商所在国银行将贷款发放给进口商所在国银行，再由进口商所在国银行转贷给进口商。

（六）国际金融组织贷款

国际金融组织贷款是国际金融组织按照章程向某成员国提供的各种贷款。目前与我国关系较为密切的国际金融组织有国际货币基金组织、世界银行和亚洲开发银行。国际金融组织一般都有自身的贷款政策，只有这些组织认为应当支持的项目才能获得贷款。使用国际金融组织的贷款需要按照这些组织的要求提供必要的资料，并且需要按照规定的程序和方法来实施贷款。

1. 国际货币基金组织

国际货币基金组织（International Monetary Fund，IMF）向国际收支出现困难的会员国提供不同类型的贷款。IMF最初只发放普通贷款，后来，它陆续增加了中期贷款、补偿贷款、缓冲库存贷款和一些临时性贷款。

普通贷款是IMF各类贷款中最基本的部分，其信贷条件主要有：①贷款对象为成员国政府，具体而言是成员国的财政部、中央银行等政府机构。②贷款用途最初以解决成员国中短期国际支付困难为主，但也逐渐增加了一些用于经济结构调整和经济改革的贷款。贷款期限为3 ~5年。贷款利率在总体上低于国际金融市场利率，但是两者的差距有缩小趋势。③贷款本息均以特别提款权为计算单位。贷款的发放采用“购买”（Purchase）的特殊形式，即借款国在获得贷款时要用本国货币购买等值的外币或特别提款权货币；贷款的偿还采用“购回”（Repurchase），即在偿还贷款时要用外币或特别提款权货币换回本币。包括其他的一些贷款在内，借款国均需依次交付0.5%的手续费。

IMF 还给出现国际收支困难的成员国提供其他一些贷款，主要有：中期贷款，又称扩展贷款；补偿贷款；缓冲库存贷款；临时性贷款。

2. 世界银行

世界银行（The World Bank）的贷款主要有项目贷款、部门贷款、结构调整贷款、联合贷款和第三窗口贷款五种类型，其中项目贷款是世界银行贷款的主要组成部分。项目贷款，又称特定投资贷款，是指贷款的发放用于资助会员国的某个具体的发展项目。联合贷款是世界银行同其他贷款者一起，共同为借款国的项目融资，以帮助缓和世界银行有限的资金来源与不断增长的会员国资金需求之间的矛盾。联合贷款的具体方式主要是：世界银行确定了借款国的项目后，即与其他贷款者签订联合贷款协议；然后，世界银行和其他贷款者按自己常用的贷款条件分别与借款国签订贷款协议。

世界银行项目贷款的信贷条件主要包括：借款的费用包括利息和承担费。贷款利率采用浮动利率方式，利率适用期为 3 个月。对于在规定期间内未支用部分的贷款，世界银行收取年利率 0.75% 的承担费。贷款期限少则 3 ~5 年，多则 20 ~30 年。贷款的计价货币是美元，借款国也可按其需要提取相应的货币，但汇率风险按特定的折算方法确定后由借款国承担。贷款的偿还通常采取宽限期的等额偿还法，宽限期后每半年还款一次。

3. 亚洲开发银行

亚洲开发银行（Asian Development Bank，ADB）所在地发放的贷款按条件划分，有硬贷款、软贷款和赠款三类。硬贷款的贷款利率为浮动利率，每半年调整一次，贷款期限为 10 ~30 年（2 ~7 年宽限期）。软贷款也就是优惠贷款，只提供给人均国民收入较低且还款能力有限的会员国或地区成员，贷款期限为 40 年（10 年宽限期），软贷款没有利息，仅有 1% 的手续费。赠款用于技术援助，资金由技术援助特别基金提供，赠款额没有限制。

亚洲开发银行贷款按方式划分有项目贷款、规划贷款、部门贷款、开发金融机构贷款、特别项目援助贷款和私营部门贷款等。

（七）企业债券

企业债券是企业以自身的财务状况和信用条件为基础，依照《中华人民共和国证券法》《中华人民共和国公司法》等法律法规规定的条件和程序发行的、约定在一定期限内还本付息的债券，如三峡债券、中国铁路建设债券等。

企业债券表明发债企业和债券投资者之间有一种债权债务关系。债券投资者是发债企业的债权人，不是所有者，无权参与或干涉企业的经营管理，但有权近期收回本息。

企业债券一般具有如下特点：①筹资对象广、市场面广，但发行条件严格、手续复杂；②其利率虽低于银行贷款利率，但发行费用较高，需支付承销费、发行手续费、兑付手续费及担保费等费用；③适用于资金需求量大、偿债能力较强的投资项目。

目前我国企业债券的发行总量需纳入国家信贷计划，申请发行企业债券的企业必须经过严格的审核，只有实力强、资信好的企业才有可能被批准发行企业债券，还必须有实力很强的第三方提供担保。

（八）国际债券

国际债券是一国政府、金融机构、工商企业或国际组织为筹措和融通资金，在国际金融市场上发行的、以外国货币为面值的债券。国际债券的重要特征是债券发行者和债券投资者分属不同的国家，筹集的资金来源于国际金融市场。

按照发行债券所用货币与发行地点的不同，国际债券主要有外国债券和欧洲债券两种。发行国际债券的优点是资金规模巨大、稳定，借款时间较长，可以获得外汇资金；缺点是发债条件严格、信用要求高、融资成本高、手续复杂。这种形式适用于资金需求量巨大且能吸引外资的投资项目。因国际债券的发行涉及国际收支管理，所以国家对企业发行国际债券进行非常严格的管理。

（九）融资租赁

融资租赁也称金融租赁，它是目前国际上使用得最为普遍、最基本的形式。根据《国际融资租赁公约》的定义，融资租赁是指这样一种交易行为：出租人根据承租人的请求及其提供的规格与其所同意的条件，与第三方（供货商）缔结一项供货协议，据此出租人取得工厂、资本货物或其他设备（以下简称设备），并同承租人缔结一项租赁协议，授予承租人使用该设备的权利，以补偿其所付的租金。

其特点是：①融资租赁是一项至少涉及三方当事人的交易；②拟租赁的设备由承租人自行选定，出租人只负责按用户的要求给予融资便利，购买设备，不负责设备缺陷、延迟交货等责任和设备维护的义务；承租人也不得以此为由拖欠和拒付租金；③金额清偿，即出租人在基本租期内只将设备出租给一个特定的用户，出租人从该用户收取的租金总额应等于该项租赁交易的全部投资及利润，换言之，出租人在此交易中就能收回全部或大部分该项交易的投资；④不可解约性，对承租人而言，租赁的设备是承租人根据其自身需要而自行选定的，因此，承租人不能以退还设备为条件而提前中止合同；⑤设备的所有权与使用权长期分离；⑥设备的保险、保养、维护等费用及设备过时的风险均由承租人负担；⑦基本租期结束时，承租人对设备拥有留购、续租或退租三种选择权。

（十）国际项目融资

1. 国际项目融资的含义及特点

国际项目融资是指一国的贷款方向另一国特定的工程项目提供的贷款融资，贷款方对于该项目所产生的现金流量享有偿债请求权，并以该项目的资产作为附属担保。它是一种以项目的未来收益和资产作为偿还贷款的资金来源和安全保障的融资方式。

国际项目融资中借款方用项目未来的现金流量和项目本身的资产作为偿还项目贷

款的担保，它具有以下特点：

（1）项目导向。国际项目融资就是以项目为主体安排的融资。是否发放项目贷款，不是看借款方的资信实力，而是重点考察项目在贷款期间能够产生多少现金流量用于还款，项目贷款的数量、利息费用的高低以及融资期限等都是与项目的预期现金流量和资产价值直接联系在一起的。

（2）有限追索。追索是指在借款方不能按时足额偿还债务时，贷款方有权要求借款方用担保财产之外的其他财产来还债。在国际项目融资中，借款方只承担有限的债务责任，贷款方一般在贷款的某个特定阶段（如项目的建设期）或特定范围可以对借款方实行追索，而一旦项目达到完工标准，贷款方就失去追索权。因此，在国际项目融资中，贷款方承担更大的风险。为了降低贷款风险，贷款方一般要求由项目实体以外的第三方提供担保，贷款方有权向第三方追索，但追索权仅限于担保金额。

（3）融资风险分散。国际项目融资承担的风险较高，因此需要借助某种形式在借款方、与项目开发有利益关系的其他主体和贷款方之间进行风险分担，以实现在项目中没有任何一方单独承担起全部项目债务的风险责任。实际操作中，对贷款方而言，一笔项目贷款的发放往往有多家银行参与其中，并通过书面协议明确各贷款银行承担风险的程度，一般还会形成结构严谨而复杂的担保体系。

（4）融资比例大，成本高。国际项目融资中主要衡量的是项目自身的风险大小和项目预期的现金流量等因素，对借款方投入的权益资本金数量没有太多要求，因此绝大部分资金是依靠银行贷款来筹集的。由于国际项目融资的风险较高，国际项目融资的利息也比同等条件抵押贷款的利息高。此外，国际项目融资涉及面广、融资结构和担保体系复杂，参与者数量多，需要做好大量有关风险分担、资产抵押、税收结构调整等技术性工作，因此需要承担各种融资顾问费、成本费、承诺费、律师费等，这使得国际项目融资的成本比其他融资方式要高。

（5）是资产负债表表外融资。即通过国际项目融资产生的债务不体现在借款方的资产负债表当中，这种债务最多只以某种说明的形式反映在资产负债表的注释中。资产负债表表外融资方式使某些财力有限的企业能够从事更多的投资，特别是一家企业在从事超过自身资产规模的投资时，这种融资方式的价值会更大。比如矿业开发项目建设周期和投资回收周期都比较长，如果项目贷款全部反映在借款方的资产负债表上，很可能造成借款方负债比例过高，影响其以后的筹资能力。

2. 国际项目融资的运作程序

从项目的投资决策算起，到完成项目融资，一般要经历融资决策分析、融资结构设计、融资谈判和融资执行四个阶段。

（1）融资决策分析。在这个阶段，项目投资者将决定采用何种融资方式为项目开发筹集资金。是否采用国际项目融资，取决于投资者对债务责任分担上的要求、贷款资金数量上的要求、时间上的要求、融资费用上的要求以及诸如债务会计处理等方面要求的综合评价。如果决定选择采用国际项目融资作为筹资手段，投资者就需要选择和任命融资顾问，开始研究和设计项目的融资结构，有时，项目的投资者自己也无法明确判断采取何种融资方式为好，在这种情况下，投资者可以聘请融资顾问对项目的融资能力以及可能的融资方案进行分析和比较，在获得一定的信息反馈后，再做出项目的融资决策。

（2）融资结构设计。要完成项目融资结构的设计必须对项目进行深入而广泛的研究，完成对项目风险的分析和评估。能否采用以及如何设计项目融资结构的关键就是要求项目融资顾问和项目投资者一起对与项目有关的风险因素进行全面的分析和判断，确定项目的债务承受能力和风险，设计出切实可行的融资方案，签订相关谅解备忘录、保密协议等，并成立项目公司。

（3）融资谈判。在初步确定了项目融资的方案之后，融资顾问将代表投资者同商业银行或其他金融机构接洽，提供项目资料及融资可行性研究报告。这一阶段可能会经过多次的反复，借款方在和贷款银行的多次谈判中，可能会对相关文件进行多次修订，包括融资结构和资金来源问题，以满足贷款银行的要求。经过多次的反复谈判和协商，在最终达成一致的基础上，贷款银行将与项目投资者共同起草融资的有关文件。同时，项目投资者还需要按照贷款银行的要求签署有关销售协议、担保协议等文件。在融资谈判过程中，融资顾问和法律顾问可以帮助加强项目投资者的谈判地位，最大限度地保护项目投资者的利益，并在谈判陷入僵局时，及时灵活地找出适当的变通办法，绕过难点解决问题。

（4）融资执行。当项目融资的法律文件签订后，融资的组织安排工作就结束了，项目融资就进入了融资执行阶段。一般情况下，一旦进入融资执行阶段，借贷关系就相对简单了，借款方按照贷款协议的规定提款和偿还贷款的本息。在这个阶段，贷款银行因承担了项目融资的风险，会对项目的执行过程进行监督与管理，以达到控制项目风险，保证银行贷款安全回流的目的。贷款银行通常会监督项目的进展，并根据贷款协议的约定参与部分项目的决策，管理和控制项目贷款资金的投入和现金流量。

相关知识链接

BOT投资模式

1. BOT的含义

BOT是“Build—Operate—Transfer”的缩写，意为“建设—运营—移交”，是私人企业参与基础设施建设，向社会提供公共服务的一种投资模式。我国一般称其为“特许权”，是指政府部门就某个基础设施项目与私人企业（项目公司）签订特许权协议，授予签约方的私人企业来承担该基础设施项目的投资、融资、建设、经营与维护，在协议规定的特许期限内，这个私人企业向设施使用者收取适当的费用，由此来回收项目的投融资，建造、经营和维护成本并获取合理回报；政府部门则拥有对这一基础设施的监督权、调控权；特许期届满，签约方的私人企业将该基础设施无偿或有偿移交给政府部门。

2. BOT 投资模式的特点和优点

从 BOT 投资模式的基本内涵可以看出，BOT 投资模式的一个显著的特点就是政府赋予私人企业对某一项目的特许权，由其全权负责建设与经营，政府无须花钱，通过转让权利即可实现一些重大项目的建成并产生极大的社会效益，特许期满后还可以收回项目。当然，投资者也因为拥有一定时期的特许权而获得极大的投资机会，并相应赚取了利润。所以，BOT 投资模式能使多方获利，具有较好的投资效果。

BOT 投资模式有如下优点：①可利用私人企业投资，减少政府公共借款和直接投资，缓和政府的财政负担；②避免或减少政府投资可能带来的各种风险，如利率和汇率风险、市场风险、技术风险等；③有利于提高项目的运作收益，BOT 投资模式下一般资金投入量巨大、所投资的项目周期长，由于有私人企业的参加，贷款机构对项目的要求就会更严格，另外私人企业为了减少风险，获得较多的收益，客观上会促使其加强管理，控制造价，缩短建造期；④可提前满足社会与公众需求，采取 BOT 投资模式，可在私人企业的积极参与下，使一些本来急需建设而政府暂时又无力投资建设的基础设施项目，提前建成；⑤可以给大型承包公司提供更多的发展机会，有利于刺激经济发展和提高就业率；⑥BOT 投资模式下可带来技术转让、培训本国人员、发展资本市场等相关利益；⑦BOT 投资模式下整个项目运作过程都与法律、法规相联系，因此，利用 BOT 投资模式不但有利于培养各专业人才，也有助于促进东道国法律制度的健全与完善。

3. BOT 的具体投资模式

（1）BOT（Build—Operate—Transfer）：即建设—运营—移交。政府授予项目公司建设新项目的特许权时，通常采用这种模式。

（2）BOOT（Build—Own—Operate—Transfer）：即建设—拥有—运营—移交。这种投资模式明确了 BOT 投资模式的所有权，项目公司在特许期内既有经营权又有所有权。一般来说，BOT 即是指 BOOT。

（3）BOO（Build—Own—Operate）：即建设—拥有—运营。这种投资模式是开发商按照政府授予的特许权，建设并运营某项基础设施，但并不将此基础设施移交给政府或公共部门。

（4）BOOST（Build—Own—Operate—Subsidy—Transfer）：即建设—拥有—运营—

补贴—移交。

（5）BLT（Build—Lease—Transfer）：即建设—租赁—移交。政府出让项目建设权，在项目运营期内，政府有义务成为项目的租赁人，在租赁期结束后，所有资产再转移给政府公共部门。

（6）BT（Build—Transfer）：即建设—移交。项目建成后立即移交，可按项目的收购价格分期付款。

（7）BTO（Build—Transfer—Operate）：即建设—移交—运营。

（8）IOT（Investment—Operate—Transfer）：即投资—运营—移交。收购现有的基础设施，然后再根据特许权协议运营，最后移交给公共部门。

（9）ROO（Rehabilitate—Operate—Own）：即移交—运营—拥有。

资料来源：综合相关资料编写。

第二节　融资成本分析与评估

一、融资成本的概述

（一）融资成本的含义

融资成本是指项目为筹集和使用资金而支付的费用，包括资金筹集费和资金占用费。其中资金筹集费是指在融资过程中发生的一次性支付的费用，如承诺费、手续费、担保费、广告费、评估费、印刷费和代理费等；而资金占用费是反映资金占用和使用期内应支付的经常性费用，如利息。

融资成本是投资项目必须获得的最低投资收益水平，以补偿投资者为取得和使用资金所付出的代价。投资者将从各个渠道筹集的资金，在各个可供选择的、有时带有竞争性的投资项目中进行分配时，应选择具有最低综合融资成本的融资方案的投资项目，也就是说，在其他条件相仿的情况下，融资成本的高低就成了选择投资项目时需要考虑的主要因素，这是因为融资成本最低的融资方案是资金结构最合理的融资方案。同时，对投资者来说，融资成本不仅是选择资金来源和拟订融资方案的重要依据，而且是评估项目投资效益、决定投资方案取舍的重要标准，是判断投资项目融资方案合理性的重要尺度与重要因素。

（二）融资成本计算的基本公式与计算程序

1. 融资成本计算的基本公式

项目融资成本一般采用资金成本率这一相对数来表示。资金成本率亦称资本成本率，是指使用资金所负担的费用与筹集资金净额的百分比，其公式为：

资金成本率 = 资金占用费 ÷（筹集资金总额 − 资金筹集费）×100%

（式7－2）

资金筹集费一般与筹集资金总额成正比，如果知道筹集费用率，资金成本率公式也可以用如下公式表示：

资金成本率 = 资金占用费 ÷ 筹集资金总额 ×（1 − 筹集费用率）×100%

（式7－3）

或 $K = D \div (P - F) \times 100\% = D \div P \times (1 - f) \times 100\%$ （式7－4）

式中：K——资金成本率；

D——资金占用费；

P——筹集资金总额；

F——资金筹集费；

f——筹集费用率（资金筹集费占筹集资金总额的比率）。

2. 融资成本的计算程序

（1）应分别计算各种融资方式下的资金成本率，如发行债券、银行借款和发行股票等。

（2）计算各种融资方式的融资规模占项目融资总规模的比重，并以此作为计算项目综合资金成本率的权重。

（3）根据各种不同融资方式的资金成本率及融资规模比重，采用加权算术平均的方法，计算出各融资方案的加权平均资金成本率，即项目综合资金成本率。

（4）通过分析比较各种融资方案的资金成本率，合理调整资金结构，就可以达到以最低的融资成本筹集到项目所需全部资金的目的，从而也完成了最佳融资方案的选择与决策。

二、几种主要融资方式的资金成本率计算方法

由于实际工作中不同的融资方式的资金成本率各不相同，因此在进行融资方案比选时，需要先计算各种融资方式的资金成本率，包括银行借款（长期借款）、发行企业债券、发行股票等融资方式的资金成本率。下面介绍几种主要融资方式的资金成本率的计算方法。

（一）银行借款的资金成本率

银行借款的融资成本主要包括借款利息和融资费用。按我国现行制度规定，企业借款利息在所得税税前列支，所以企业少缴了一笔所得税，其实际负担的借款利息应扣除相应的所得税税额，从而起到了抵税的作用。银行借款的资金成本率的计算公式为：

$K_i = I_i \times (1 - T) \div L \times (1 - f_i) = R \times (1 - T) \div (1 - f_i)$ （式7－5）

式中：K_i——银行借款的资金成本率；

I_i——银行借款年利息（按有效年利率计算）；

R——银行借款利率；

T——所得税税率；

L——银行借款融资额（借款本金）；

f_i——银行借款融资费用率。

（二）债券的资金成本率

债券的融资成本主要包括债券利息和融资费用。债券的资金成本率的计算公式为：

$$K_b = I_b \times (1-T) \div B(1-f_b) = R_b \times (1-T) \div (1-f_b) \quad （式7-6）$$

式中：K_b——债券的资金成本率；

I_b——债券年利息（按有效年利率计算）；

R_b——债券利率；

T——所得税税率；

B——债券融资额（债务本金）；

f_b——债券融资费用率。

（三）股票的资金成本率

1. 普通股资金成本率

普通股融资成本属于权益融资成本。权益资金的占用费是向股东分派的股利，以扣除所得税后的净利支付的，故不能抵减所得税。

普通股资金成本率的计算公式为：

$$K_c = D_c \div P_c(1-f_c) + G \quad （式7-7）$$

式中：K_c——普通股资金成本率；

D_c——预期年股利额；

P_c——普通股融资额（每股票面价值）；

f_c——普通股融资费用率（手续费率，按发行价的一定百分比计算）；

G——普通股股利年增长率；

$P_c(1-f_c)$——实收普通股金额。

2. 优先股资金成本率

优先股的优先权利是优于普通股分得股利，优先股的股利不能在税前扣除。

优先股资金成本率的计算公式为：

$$K_p = D_p \div P_p(1-f_p) = i \div (1-f_p) \quad （式7-8）$$

式中：K_p——优先股资金成本率；

D_p——年支付优先股股利；

P_p——优先股融资额（每股票面价值）；

f_p——优先股融资费用率（手续费率，按发行价的一定百分比计算）；

P_p（$1-f_p$）——实收优先股金额；

i——股息率。

（四）综合资金成本率的计算

由于资金的筹集有多种来源，而且从不同来源取得的融资成本各不相同，又由于各种条件的限制，项目不可能仅从某种融资成本最低的来源处筹集资金，而须将各种融资方式有机组合，因此，为了进行融资和投资决策，就需要计算全部资金来源的综合资金成本率。

综合资金成本率（亦称总资金成本率）是融资方案中各种融资方式的资金成本率的平均值。统计学意义上的综合资金成本率是以各种融资方式的资金成本率为变量，以各种融资方式的融资金额占项目融资总额的比重为权重，进行加权算术平均计算的结果。其计算公式如下：

$$K_w = \sum_{i=1}^{n} W_i \cdot K_i \tag{式 7-9}$$

式中：K_w——综合资金成本率；

K_i——第 i 种单项融资方式的资金成本率；

W_i——第 i 种单项融资方式的融资金额占项目融资总额的比重（权重）；

n——融资方式的种类数。

三、融资方案的比选方法及应用

对融资方案的比选，就是对各种不同资金来源组合的融资方案进行比较计算，选择综合资金成本率最低、符合国家规定要求和实际需要，而且能够提供最方便的资金获取方式和收到最佳投资效益的方案。

在进行融资方案比选之前，需要对各种融资方案的安全性、经济性和可靠性进行进一步分析论证。其中，安全性是指融资风险对融资目标的影响程度；经济性是指融资成本最低；而可靠性是指融资渠道有无保证，是否符合国家政策规定。最后对融资方案进行综合分析，提出最优融资方案。

融资方案的比选应区别以下两种情况加以比选。

（一）资金成本率已定的比选分析

这种情况，是指各种融资方式的资金成本率已经确定，但有几种资金来源比例组合可供选择，要求经过比选分析，选择最优组合。

【例 7－1】某项目经过分析测算，决定从申请贷款、发行债券、发行股票三个方面进行融资，其资金成本率已经确定，但还需从四种资金来源比例组合中比选一组。资金成本率已定的比选如表 7－1 所示。

表 7 - 1　资金成本率已定的比选

资金来源	待定资金来源比例（%）				已定资金成本率（%）
	第一种组合	第二种组合	第三种组合	第四种组合	
申请贷款	30	20	25	30	6
发行债券	20	40	30	40	8
发行股票	50	40	45	30	9

根据表 7 - 1 的资料，各种组合情况下的综合资金成本率计算如下：

第一种组合的综合资金成本率 $=0.3\times0.06\times100\%+0.2\times0.08\times100\%+0.5\times0.09\times100\%=7.9\%$

同理，第二种组合、第三种组合、第四种组合的综合资金成本率分别为 8%、7.95%和 7.7%。计算结果表明，第四种组合的综合资金成本率（7.7%）最低，因此，应以 30%申请贷款、40%发行债券和 30%发行股票为最优融资方案。

（二）资金成本率未定的比选分析

即资金来源比例已经确定，但各种融资方式的资金成本率有几种可能，要求经过比选分析，使综合资金成本率实现最低。

【例 7 - 2】某项目决定在所筹资金中，申请贷款、发行债券、发行股票的比例分别为 50%、30%、20%，但各种融资方式的资金成本率尚待从四个组合中比选，资金成本率未定的比选如表 7 - 2 所示。

表 7 - 2　资金成本率未定的比选

资金来源	待定资金成本率（%）				已定资金来源比例（%）
	第一种组合	第二种组合	第三种组合	第四种组合	
申请贷款	6	6.5	7	6.5	50
发行债券	8	7.5	8	7	30
发行股票	9	8	8.5	9.5	20

根据表 7 - 2 的资料，各种组合情况的综合资金成本率计算如下：

第一种组合的综合资金成本率 $=0.5\times0.06\times100\%+0.3\times0.08\times100\%+0.2\times0.09\times100\%=7.2\%$

同理，可计算出第二种组合、第三种组合、第四种组合的综合资金成本率分别为 7.1%、7.6%和 7.25%。计算结果表明，第二种组合的综合资金成本率（7.1%）最低，故其为最优融资方案。

1. 投资项目资金需求主要是靠适当的资金来源渠道和融资方式予以满足。资金来源分析，主要是分析可行性研究报告中提出的各种资金来源是否正当、合理、可靠。具体评估资金来源是否符合国家有关法规，各项资金来源是否能够落实，使用条件是否合理。从投资者角度来看，投资项目的融资渠道主要有两大类：一类是投资者的自有资金，它可形成资本金；另一类是从外部融资，即借入资金，通常采用借贷或发行债券的方式。

2. 自有资金指由项目所有者自筹的资金，可以自行支配使用而无须偿还，它包括项目资本金、资本溢价和接受捐赠。项目资本金的计算公式：

项目资本金最低需要量 =（固定资产投资总额 + 铺底流动资金）×项目最低资本金比例

3. 新设法人项目资本金的来源渠道和融资方式主要有如下几种：股东直接投资、股票融资、政府投资、优先股股票、可转换债券。投资项目采用既有法人融资方式，既有法人的资产也是投资项目资金的来源之一。

4. 借入资金属于外部资金来源，它是需要还本付息的资金，亦称负债融资。借入资金是项目法人通过向银行或外国银行金融机构申请贷款、经批准发行企业债券、进行融资租赁等方式筹集的用于项目建设的资金。具体包括：商业银行贷款、政策性银行贷款、外国政府贷款、外国银行贷款、出口信贷、国际金融组织贷款、企业债券、国际债券、融资租赁、国际项目融资。

5. 融资成本是指项目为筹集和使用资金而支付的费用，包括资金筹集费和资金占用费。在其他条件相仿的情况下，融资成本的高低就成了选择投资项目时需要考虑的主要因素，这是因为融资成本最低的融资方案是资金结构最合理的融资方案。同时，对投资者来说，融资成本不仅是选择资金来源和拟订融资方案的重要依据，而且是评估项目投资效益、决定投资方案取舍的重要标准，是判断投资项目融资方案合理性的重要尺度与重要因素。

6. 项目融资成本一般采用资金成本率这一相对数来表示。资金成本率亦称资本成本率，是指使用资金所负担的费用与筹集资金净额之比。

7. 几种主要融资方式的资金成本率计算方法：银行借款的资金成本率计算公式；债券的资金成本率计算公式；普通股资金成本率的计算公式；优先股资金成本率的计算公式；综合资金成本率的计算公式。

1. 名词解释

自有资金　优先股股票　可转换债券　政策性银行贷款　外国政府贷款　外国银

行贷款　出口信贷（卖方信贷、买方信贷）　国际金融组织贷款　企业债券　国际债券　融资租赁　国际项目融资　融资成本

2. 简要回答投资项目的资金来源。

3. 简要回答银行借款、债券和股票等几种主要融资方式资金成本率的计算方法，并能熟练运用。

4. 计算题：某拟建项目投资估算共需要资金2000万元，其中项目自有资金600万元，其余资金采用向建设银行贷款、发行五年期企业债券、发行股票三种方式筹集解决。经测算，各种筹资款的数额及其资金成本率如表7－3所示。项目建成后的期望报酬率为12.9%，试计算该项目的综合资金成本率。

表7－3　　　　某拟建项目投资估算

筹资方式	筹资额（万元）	各项筹资额比重（%）	资金成本率（%）
银行贷款	700	35	5.6
企业债券	300	15	7.2
发行股票	400	20	10.8
资本金	600	30	12.9
合计	2000	100	

第八章　投资项目财务分析

学习目标

投资项目财务分析通常称为投资项目财务效益评估，它是投资项目评估的重要组成部分。投资项目财务效益评估是在估算财务基础数据的基础上，编制财务报表，通过计算和分析财务指标，审查和分析投资项目的盈利能力、清偿能力和财务生存能力，以判断投资项目财务可行性的一项工作。投资项目财务效益评估是对投资项目进行投资决策和贷款决策的重要依据，是进一步开展国民经济评估的基础。

1. 知识目标

※ 掌握投资项目财务分析的含义和内容。

※ 掌握投资项目财务分析的步骤、投资项目财务分析应遵循的基本原则。

※ 掌握投资项目盈利能力指标即静态指标和动态指标的计算方法。

※ 掌握投资项目偿债能力指标的内容和计算。

2. 能力目标

※ 重点掌握投资项目财务分析的内容，并能熟练计算财务分析指标，在此基础上，掌握从项目角度测算和考察项目建成投产后的盈利能力和清偿能力。

案例导入

下文是永鸿化工厂开发新产品的可行性研究报告，本案例选取其中经济分析部分（主要是财务分析），阅读并理解。

永鸿化工厂关于开发四氯化碳新产品的可行性研究报告
（经济分析部分）

本项目是永鸿化工厂扩建年产1000吨四氯化碳的独立车间，新增产品与老产品无关，其增量投资为新增投资，增量效益为扩建部分新增的效益。

一、基本数据（略）

二、财务评价

1. 税金

本项目为新产品开发，根据有关规定投产后（第二年、第三年）免税两年，从第四年开始照章纳税，经计算，正常生产年份的销售税金为31.3万元。

2. 利润

本项目不发生技术转让费和资源税，也不考虑营业外净支出，经计算，正常生产年份的利润总额为40.5万元。各年利润预测如表8－1所示。

表8－1　各年利润预测　单位：万元

序号	时间 项目	投产期	达到设计能力生产期					合计
		第2年	第3年	第4年	第5年	第6年	第7～11年	
1	生产负荷（%）	90	100	100	100	100	100	
2	产品销售收入	261	290	290	290	290	290×5	2871
3	总成本	200.8	218.2	218.2	218.2	218.2	218.2×5	2164.6
4	销售税金			31.3	31.3	31.3	31.3×5	250.4
5	技术转让费							
6	销售利润	60.2	71.8	40.5	40.5	40.5	40.5×5	456
7	资源税							
8	营业外净支出							
9	利润总额	60.2	71.8	40.5	40.5	40.5	40.5×5	456

根据各年利润预测计算出下列财务评价指标：

（1）投资利润率＝年利润总额×100%÷总投资＝21%（计算数据包含于基本数据中，已忽略）

（2）投资利税率＝年利税总额×100%÷总投资＝37.2%（计算数据包含于基本数据中，已忽略）

3. 现金流量分析

从现金流量表可得出：累计现金净流量第四年出现正值，计算期内累计现金净流量为463.8万元。由现金流量表计算的财务评价指标如下：

①财务内部收益率37%；②财务净现值（$i=10\%$）203万元；③投资回收期（含建设期）3年8个月。（现金流量表数据包含于基本数据中，已忽略）

4. 借款偿还分析

还款资金来源计算如下：

（1）可用于还款的折旧，基本折旧按规定上缴15%的能源交通建设基金后，其余部分的20%为企业留用，80%作还款资金。

（2）扣除企业留利后的利润总额，按规定还款期间企业留利为：企业基金取工资总额的5%；奖励基金取标准工资的12%；新产品试制基金取正常年利润的3%。

项目投产后，每年用上述还款资金偿还固定资产借款本息，借款偿还期（含建设期）为2年8个月。

借款偿还平衡计算如表8－2所示。

表8－2　借款偿还平衡计算　单位：万元

序号	科目＼时间	建设期	投产期	达产期	合计
		第1年	第2年	第3年	
一	借款支出及还本付息				
1	年初借款累计		100.6	43.5	
2	本年借款支用	96.6			96.6
3	本年应付利息	4.0	6.0	1.9	11.9
4	本年还本付息				
4.1	还本		53.1	43.5	96.6
4.2	付息		10.0	1.9	11.9
5	期末借款累计	100.6	43.5	0	
	其中：利息累计	4.0			
二	还款资金来源				
1	利润总额		60.2	71.8	
2	可用于还款的折旧		5.0	5.0	
3	可用于还款的其他收益				
4	还款期企业留利		2.1	2.1	
	合计		43.1	74.7	

三、结论

本项目财务评价各项指标较好，财务内部收益率37%，投资利润率21%，投资利税率37.2%，均高于目前国内同行业平均水平；投资回收期（含建设期）3年8个月、借款偿还期（含建设期）2年8个月也都比较短；不确定性分析表明投资项目具有一定的抗风险能力，所以，本项目财务效益是好的，是可行的。

资料来源：王勇，陈延辉，《项目可行性研究与评估典型案例精解》，中国建筑工业出版社，2008年。

请思考：

1. 投资项目财务分析包括哪些方面？

2. 如何理解上述案例的最后结论？

3. 初步了解投资项目的盈利能力指标、偿债能力指标的计算。

第一节　投资项目财务分析概述

一、投资项目财务分析的含义

在投资项目评估阶段，投资项目财务分析通常称为投资项目财务效益评估，它是投资项目评估的重要组成部分。投资项目财务效益评估是在估算财务基础数据的基础上，编制财务报表，通过计算和分析财务指标，审查和分析投资项目的盈利能力、清偿能力和财务生存能力，以判断投资项目财务可行性的一项工作。投资项目财务效益评估是对投资项目进行投资决策和贷款决策的重要依据，是进一步开展国民经济评估的基础。

投资项目财务分析与企业财务分析的区别如表 8－3 所示。

表 8－3　　投资项目财务分析与企业财务分析的区别

	投资项目财务分析	企业财务分析
分析目的	为投资项目选择最优投资方案，提供财务决策	为企业今后的经营方向、发展规模和速度提供财务决策
分析时间	在投资项目可行性研究阶段进行	企业在一定经营阶段结束以后进行
采用资料	投资项目的预测资料	企业经营活动的历史资料
分析人员	投资项目可行性研究人员	企业财务人员
分析内容	分析投资项目的现金流量、损益和资产负债情况及盈利能力、清偿能力和财务生存能力	分析企业的现金流量、损益和资产负债情况
分析方法	常用比较分析法	采用趋势分析法、比较分析法、比率分析法等

二、投资项目财务分析的内容与步骤

（一）投资项目财务分析的内容

根据不同财务决策的需要，投资项目财务分析可分为融资前分析和融资后分析。

1. 融资前分析

融资前分析是指在考虑融资方案前就开始进行的财务分析，即在不考虑债务融资条件下进行的财务分析。融资前分析仅是从投资项目全部投资的角度分析投资项目自身的盈利能力，而不考虑其资金来源，与融资条件无关，所以分析所需的数据少，报表编制较为简单。

通过融资前分析能够判断投资项目本身的盈利水平，其分析结论可满足初步投资决策的需要。如果分析后，该投资项目盈利能力达到要求，可再考虑融资方案，继续进行融资后分析；反之，则修改、调整方案，或放弃该投资项目。

由于不涉及融资条件，融资前分析只进行盈利能力分析，即通过编制投资项目投资现金流量表，计算相应的动态指标和静态指标，来评价投资项目的盈利能力。

2. *融资后分析*

在融资前分析达标的情况下，即可设定融资方案，进行融资后分析。融资后分析是指以设定的融资方案为基础进行的财务分析。投资项目融资后分析包括三项内容：盈利能力分析、清偿能力分析以及财务生存能力分析。

（1）盈利能力分析。盈利能力分析是运用静态或动态分析方法，计算一系列反映投资项目盈利水平的静态指标或动态指标，据此判断该项目建成投产后的盈利水平。在市场经济条件下，每年都会有一定数量的投资活动通过项目单位以投资项目的方式来完成，这些资金的投放不仅直接影响项目单位未来多个会计期间的收益和经营状况，而且会对整个国民经济发展产生重大的影响。因此，评价某个项目是否值得投资，首先要考察该项目建成投产后的预计盈利能力。

（2）清偿能力分析。投资项目清偿能力是通过考察投资项目计算期内各年的财务状况和固定资产投资借款本金及利息偿还情况来反映的。投资项目的清偿能力分析包括：投资项目资金的流动性分析，即投资项目在营运过程中所面临的财务风险程度及偿债能力的大小；投资项目清偿贷款和利息的能力，投资项目在营运过程中所面临的财务风险程度及偿债能力的大小、投资项目的还本付息能力等都是投资项目有关各方非常关心的问题。在市场经济条件下，投资项目清偿能力的高低，既是银行是否发放贷款的决策依据，也是投资者能否通过财务杠杆实现迅速发展的基础。

（3）财务生存能力分析。财务生存能力分析主要考察在投资项目营运期间，能否确保从各项经济活动中得到足够的现金净流量使投资项目得以持续生存。在财务分析中，应通过编制财务现金流量表，综合分析投资项目计算期内各年的投资活动、融资活动和经营活动所产生的现金净流量能否维持投资项目的正常运营。现金流量是投资项目周转的“血液”，财务生存能力的高低是投资项目能否正常运转并实现盈利的基础。财务分析报表与财务指标如表8－4所示。

表8－4　财务分析报表与财务指标

融资阶段	评价内容	基本报表	财务指标	
			静态指标	动态指标
融资前分析	盈利能力分析	投资项目投资现金流量表	静态投资回收期	动态投资回收期、净现值、净现值率、内部收益率、外部收益率

续 表

融资阶段	评价内容	基本报表	财务指标	
			静态指标	动态指标
融资后分析	盈利能力分析	投资项目投资现金流量表		内部收益率、资本金财务净现值
		投资各方现金流量表		投资各方内部收益率、投资各方财务净现值
		利润与利润分配表	总投资收益率、资本金利润率、投资利税率和资本金净利率	
	清偿能力分析	借款还本付息表	借款偿还期、偿债备付率、利息保障倍数	
		资产负债表	资产负债率、流动比率、速动比率	
	财务生存能力分析	财务计划现金流量表	项目现金净流量、累计盈余资金	

（二）投资项目财务分析的步骤

投资项目财务分析的步骤主要包括：

（1）分析和评估投资项目财务基础数据。对基础数据进行审查、鉴定，然后与评估人员掌握的数据资料进行对比分析和评估。

（2）分析和评估投资项目财务报表。一是审查财务报表格式是否符合规范要求；二是审查所列数据的准确性。

（3）进行投资项目财务分析。计算出一系列财务效益评估指标，包括反映盈利能力、清偿能力以及财务生存能力等方面的动态指标和静态指标。

分析时，一是审查计算方法是否正确；二是审查计算结果的准确性；三是将这些指标与国家规定的基准值进行对比，并从经济的角度提出投资项目是否可行的结论。

三、投资项目财务分析的基本原则

（一）效益与费用计算口径一致的原则

财务效益评估要正确识别投资项目的效益和费用，只计算投资项目本身的内部直接效益和直接费用，不考虑外部的间接效益和间接费用。为此，在财务效益评估中计算费用和效益时，应注意计算价值尺度的一致性，避免人为扩大费用和效益的计算范围，使费用与效益缺乏可比性，造成财务效益评估失真。

（二）动态分析为主，静态分析为辅的原则

静态分析是一种不考虑资本金时间价值，只根据投资项目某一年或某几年的盈利状况进行盈利能力和清偿能力分析的方法。它具有计算简便、指标直观、容易理解掌握等特点，但也存在计算结果不够客观实际、不能正确反映资本金的时间价值因素，从而不能真正评估投资项目财务真实效益等缺点。而动态分析正好弥补了静态分析的缺点，它是一种充分考虑了资本金时间价值因素，根据投资项目整个经济寿命期各年度的现金流入量和流出量进行效益分析的方法，尽管动态分析的计算过程复杂，但计算出的指标能够较为准确地反映投资项目的财务效益。因此，在财务效益评估中应坚持以动态分析为主，静态分析为辅的动静相结合的分析原则。

（三）采用预测价格的原则

由于投资项目计算期一般较长，受市场供求关系变化等因素的影响，投入物和产出物的价格在计算期内肯定会发生变化，若以现行价格作为价值衡量尺度，显然是不科学的。这是由于物价总水平上涨乃是客观趋势，不考虑市场供求关系变化，不考虑物价上涨因素，则计算出的费用和效益难免失真。为此，在财务效益评估中应采用以现行价格体系为基础的预测价格，从而正确计算投资项目的费用和效益，对投资项目的财务效益做出客观评估。

（四）定量分析为主，定性分析为辅的原则

投资项目财务效益评估的本质要求是对投资项目建设和生产经营过程中的诸多经济因素，通过效益和费用计算，给出明确的数量概念。即对投资项目进行财务效益评估时，要以数据说话，做到评之有据。这就要求采用定量分析的方法对投资项目的财务效益进行评估。但是，一个复杂的投资项目，总会有一些很难甚至不能量化的经济因素，因而无法直接进行定量分析。对此，则应进行实事求是的、准确的定性分析，并与定量分析结合在一起进行评估。

第二节　投资项目财务报表分析评估

投资项目财务效益评估的基本报表有现金流量表、利润表、借款还本付息表、资产负债表、财务外汇平衡表，这些都是必不可少的报表。为编制这些报表，还需要有一系列的辅助报表，如总成本费用表、销售收入与税金表等。

一、现金流量表

（一）现金流量的分类

现金流量是现金流动量的简称，它是指与特定投资项目相关的现金流入和流出的数量。按照工程建设和生产计划进度与投资项目资金规划，计算出整个投资项目寿命期内各年的现金流量和现金净流量，列成逐年现金流量计算表，编制财务现金流量表，用以计算静态指标和动态指标，进行现金流量分析和投资项目盈利能力分析。现金流量是投资项目财务效益评估的主要依据。

1. 按流动时间分类

（1）初始现金流量。初始现金流量是与投资项目相关的于投资开始时发生的现金流量。初始现金流量包括固定资产投资、投入的营运资金和原有固定资产的变价收入。

（2）营业现金流量。营业现金流量是与投资项目相关的于固定资产投入运行后，在投资项目寿命周期内由于生产经营所带来的现金流量。营业现金流量包括营业收入和营业支出。

（3）终结现金流量。终结现金流量是与投资项目相关的于固定资产寿命终结时发生的现金流量。终结现金流量包括收回的固定资产余值和收回的营运资金。

2. 按流动方向分类

（1）现金流出量，是指与投资项目相关的现金支出的增加量。投资项目的现金流出量主要包括：

①固定资产投资，即与固定资产购建有关的现金流出量。包括：固定资产的购建费、运杂费和安装费等。其一般在固定资产购建的最初阶段发生，较大的投资额也可分阶段投入。

②营业支出，即与固定资产使用有关的现金流出量。包括：固定资产投入运行后新增产品的变动成本，新增利润应交的所得税以及增加的固定资产维护费、保养费等。

③投入的营运资金。投入的营运资金是增加的流动资产减去增加的流动负债后的差额。这部分投资在固定资产运行期间，始终处于周转使用之中，直到固定资产运行期满方可收回。

（2）现金流入量，是指与投资项目相关的现金收入的增加量。投资项目的现金流入量主要包括：

①营业收入，是与固定资产使用有关的现金流入量，即固定资产投入运行后新增产品的销售收入或节约的成本。

②收回的固定资产余值，是与固定资产处置有关的现金流入量，即固定资产运行期满可收回的余值收入或提前变卖可收回的变价收入。

③收回的营运资金，是在固定资产运行期满伴随固定资产处置而收回的营运资金。

（3）现金净流量，是指与投资项目相关的现金流入量与现金流出量的差额。估算现金净流量应与时点挂钩。

（二）现金流量表的分类及其作用

在对投资项目进行财务分析时，按照投资项目投资金额计算基础的不同，现金流量表可分为投资现金流量表（全部投资）、财务现金流量表（自有投资）。

（1）投资现金流量表（全部投资），是在不考虑项目资金来源及其构成的前提下，以投资项目全部投资作为计算基础，用以计算投资项目内部收益率、财务净现值及财务回收期等财务指标，反映投资项目的自身盈利能力，为不同投资项目的比较提供基础。投资现金流量表（全部投资）如表8－5所示。

表8－5　投资现金流量表（全部投资）

序号	项目	时间						
		第1年	第2年	第3年	第4年	第5年	……	合计
一	现金流入							
1	产品销售（营业收入）							
2	回收固定资产余值							
3	回收流动资金							
	流入小计							
二	现金流出							
1	固定资产投资							
2	流动资金							
3	经营成本							
4	销售税金							
5	技术转让费							
6	资源税							
7	营业外净支出							
	流出小计							
三	现金净流量							
四	累计现金净流量							

（2）财务现金流量表（自有投资），亦称“资本金现金流量表”，是以投资项目自有投资（资本金）为计算基础。把投资项目自有投资（资本金）、借款本金偿还和利息支出作为现金流出量，用以计算税后投资项目的内部收益率、财务净现值等财务指标，衡量投资项目自有投资（资本金）的盈利能力和权衡向外部借款对投资项目是否有利。

（三）现金流量的估算

为满足投资决策对有关数据的需求，现金流量的估算主要是估算投资项目的现金净流量。从理论上讲，投资项目的现金净流量是其现金流入量与现金流出量之间的差额，现金净流量的估算包括年现金净流量和累计现金净流量两项内容。

1. 投资项目年现金净流量的估算

投资项目年现金净流量（通常用 *NCF* 来表示）的估算，必须以年度为单位计算。估算模型为：

年现金净流量（*NCF*）＝年营业收入－年付现成本－年所得税

∵ 年付现成本＝年营业成本－年折旧

∴ 年现金净流量（*NCF*）＝年营业收入－（年营业成本－年折旧）－年所得税

＝年营业收入－年营业成本＋年折旧－年所得税

＝年利润＋年折旧－年所得税

＝年税后净利润＋年折旧　　（式 8－1）

2. 投资项目累计现金净流量的估算

投资项目累计现金净流量的估算模型为：

累计现金净流量＝∑各年现金净流量＋期满可收回的营运资金及固定资产残值－总投资额　　（式 8－2）

【例 8－1】某企业欲新建一条生产线，现有两个方案可供使用。甲方案是从国外采购，其中：固定资产投资 200 万元，营运资金投入 100 万元；因其自动化程度较高，预计单位产品的变动成本为 32 元；预计残值为 22 万元。乙方案是从国内采购，其中：固定资产投资 180 万元，营运资金投入 100 万元；因其自动化程度较低，预计单位产品的变动成本为 35 元；预计残值为 16 万元。该企业规定，按直线法计提固定资产折旧，折旧期限为 10 年。而且不管采用何种方案，每年均将增加 A 产品 4 万件，预计单位售价 50 元。假定该企业使用的所得税税率为 33%。试估算两个方案的年现金净流量和累计现金净流量。

解：甲方案年现金净流量的估算如下：

年营业收入＝4×50＝200（万元）

年付现成本＝4×32＝128（万元）

年折旧＝（200－22）÷10＝17.8（万元）

$NCF_{1\text{-}9}$ ＝［4×（50－32）－17.8］×（1－33%）＋17.8 ＝54.114（万元）

NCF_{10} ＝54.114＋22＋100 ＝176.114（万元）

累计现金净流量＝54.114×10＋100＋22－（200＋100）＝363.14（万元）

乙方案年现金净流量的估算如下：

年营业收入＝4×50＝200（万元）

年付现成本＝4×35＝140（万元）

年折旧＝（180－16）÷10＝16.4（万元）

$NCF_{1\text{-}9}$ ＝［4×（50－35）－16.4］×（1－33%）＋16.4 ＝45.612（万元）

$NCF_{10} = 45.612 + 16 + 100 = 161.612$(万元)

累计现金净流量 =45.612×10+100+16－（180+100）=292.12（万元）

二、利润表

利润表（如表8－6所示）是反映投资项目计算期内各年利润总额、所得税及税后利润分配情况的重要财务报表。利润表综合反映了投资项目每年实际的盈利水平，在投资项目财务分析中可用于计算投资利税率和资本金利润率等指标。利润表还可以反映出用于偿还投资项目贷款的利润额。对利润表的分析评估，主要是审核表中数据是否真实可靠，编制格式是否符合要求，指标计算是否正确。审查分析投资项目的利润总额及其分配的顺序是否符合国家有关规定。

表8－6　　利润表

项目	时间						
	第2年	第3年	第4年	第5年	第6年	……	合计
销售收入							
总成本及费用							
销售税金及附加							
销售利润							
所得税							
税后利润							
盈余公积金							
可供分配利润							
股利分配							
未分配利润							

三、资产负债表

资产负债表是表示投资项目在一定日期（通常为各会计期期末）财务状况（资产、负债和所有者权益的状况）的主要会计报表。资产负债表利用会计平衡原则，将符合会计原则的“资产、负债、所有者权益”交易科目分为“资产”“负债及所有者权益”两大区块，在经过分录、转账、分类账、试算、调整等会计程序后，以特定时期的静态情况为基准，浓缩成一张报表。

资产负债表能综合反映投资项目计算期内各年年末的资产、负债和所有者权益的增减变化情况及其相互间的对应关系。用以考察投资项目的资产负债、资本结构是否合理，是否有较强的还债能力。根据此表计算投资项目的资产负债率、流动比率和速动比率等指标，从而进行偿债能力分析。依次分析投资项目资金周转和资金筹集与运用的策略，衡量投资项目建成投产后的生产经营水平和投资项目资金回收能力。债权人（贷款银行）也能及时掌握投资项目中流动资金和应付账款的情况，有利于投资项目资金周转、提高贷款使用效率和贷款质量。资产负债表如表8－7所示。

表8－7　　资产负债表

序号	项目	时间											
		建设期		投产期	达到设计能力生产期								
		第1年	第2年	第3年	第4年	第5年	第6年	第7年	第8年	第9年	第10年	第11年	第12年
1	资产												
1.1	流动资产总额												
1.1.1	应收账款												
1.1.2	存货												
1.1.3	货币资金												
1.2	在建工程												
1.3	固定资产净值												
1.4	无形资产及其他资产净值												
2	负债及所有者权益												
2.1	流动负债总额												
2.1.1	应付账款												
2.1.2	短期借款												
2.1.3	其他应付款												
2.2	长期借款												
	负债小计												
2.3	所有者权益												
2.3.1	实收资本												
2.3.2	资本公积												
2.3.3	盈余公积												
2.3.4	未分配利润												
计算指标	资产负债率（%）												
	流动比率												
	速动比率												

四、借款还本付息表

表8－8借款还本付息表反映了投资项目计算期内各年借款的使用、还本付息，以及偿债资金来源情况，用以计算投资项目借款偿还期。对此表进行分析评估，应鉴定该表编制格式是否符合国家有关规定和要求，审查表中数据与其他报表中的相应数据的勾稽关系是否正确，判断各项指标的计算是否正确。注意表中建设期借款利息应计入投资项目生产费用总额的财务费用中。

表8－8　　借款还本付息表

项目	时间						
	第2年	第3年	第4年	第5年	第6年	……	合计
借款与还本付息							
年初欠长期借款							
年初欠流动资金借款							
长期借款							
流动资金借款							
建设期借款利息							
长期借款付息							
流动资金借款付息							
付息合计							
长期借款还本							
流动资金借款还本							
还本资金来源							
税后利润							
折旧费与摊销费							
流动资金回收							

第三节　投资项目财务效益评估指标

为了全面、准确地对投资项目的财务状况做出分析，就有必要针对财务分析的内容设置相应的指标体系。其中，投资项目盈利能力分析的主要指标有内部收益率、净现值、总投资收益率、投资利税率、资本金利润率等；投资项目清偿能力分析的主要指标有借款偿还期、资产负债率、流动比率、速动比率等。在这些指标中，内部收益率、借款偿还期、资产负债率为必须分析的指标，其他指标可根据具体情况决定取舍。

目前，国内各有关咨询部门、专业银行等在投资项目评估中所采用的基本报表和指标体系有所差别，但大同小异。

一、盈利能力分析

按是否考虑资金的时间价值，分析投资项目盈利能力可以分为静态分析和动态分析，相应的其指标也分为静态指标和动态指标。其中，静态指标主要有静态投资回收期、总投资收益率、投资利税率、资本金利润率和资本金净利率，动态指标主要有动态投资回收期、净现值、净现值率、内部收益率、外部收益率。

（一）静态分析

1. 静态投资回收期

静态投资回收期 P_t 是指以投资项目每年的净收益回收该项目全部投资所需要的时间，它是考察投资项目投资回收能力的重要指标。全部投资包括固定资产投资和流动资金投资。其表达式为：

$$\sum_{t=1}^{P_t}(CI-CO)_t=0 \qquad (式8-3)$$

式中：$(CI-CO)_t$——项目第 t 年的现金净流量。

静态投资回收期一般以“年”为时间单位，自投资项目建设开始年算起。若以投资项目建成投产年算起，需要加以说明。其计算分两种情况：

（1）若各年现金净流量相等，其计算公式如下：

投资回收期 = 投资额 ÷ 年现金净流量 （式8－4）

（2）若各年现金净流量不等，其计算公式如下：

投资回收期 = 累计现金流量出现正值的年份 － 1 +

（该年年末尚未收回的投资额 ÷ 开始出现正值年份的年现金流量）

（式8－5）

分析标准为：投资回收期短于或等于行业标准投资回收期（或平均投资回收期）的投资方案可行，否则为不可行。在多个可行的投资方案中，投资回收期最短的投资方案最优。

【例8－2】某吸尘器生产线项目拟定的投资方案有A、B、C三种，投资方案及其相关数据如表8－9所示。投资方案C的累计现金流量表如表8－10所示。试计算各方案的投资回收期；若该项目所处行业的标准投资回收期为3.5年，试选出最优方案。

表 8－9　　　　投资方案及其相关数据

方案	投资额	各年现金净流量（万元）				
		第 1 年	第 2 年	第 3 年	第 4 年	第 5 年
A	100	50	50	50	50	50
B	150	50	50	50	50	50
C	200	80	60	50	40	100

解：A 方案和 B 方案的各年现金净流量相等，具体计算如下：

$$P_{tA} = 100 \div 50 = 2 \text{（年）}$$

$$P_{tB} = 150 \div 50 = 3 \text{（年）}$$

C 方案的各年现金净流量不等，具体计算如下：

表 8－10　　　　投资方案 C 的累计现金流量表　　　　单位：万元

年序	第 0 年	第 1 年	第 2 年	第 3 年	第 4 年	第 5 年
现金净流量	－200	80	60	50	40	100
累计现金净流量	－200	－120	－60	－10	30	130

$$P_{tC} = 4 - 1 + (10 \div 40) = 3.25 \text{（年）}$$

从上面的计算结果可以看出，A、B、C 三个投资方案均可行；而且 A 最优，C 最劣，B 居中。说明针对吸尘器生产线建设这一投资项目，应采用 A 投资方案。

投资回收期的概念容易理解，标准容易把握，计算也比较简便，但是缺点是没有考虑货币的时间价值，也没有考虑回收期满后的现金流量状况。

2. 总投资收益率

总投资收益率是指项目达到设计生产能力后的一个正常生产年份的息税前利润额与项目总投资额的比率。它是从全部投资的角度考察项目单位投资盈利能力的静态指标。若是生产期内各年的息税前利润额变化幅度较大的项目，应计算生产期内年平均息税前利润额与项目总投资额的比率。计算公式为：

$$\text{总投资收益率} = \text{年平均息税前利润额} \div \text{总投资额} \times 100\% \qquad \text{（式 8－6）}$$

式中的总投资额为建设投资、建设期利息和流动资金之和。

可根据“损益表”及“投资计划与资金筹措表”中的有关数据计算求得。

分析标准为：将项目的总投资收益率与行业的基准（平均）总投资收益率相比，若计算出的总投资收益率大于或等于行业基准总投资收益率，则投资该项目是可行的，否则就不可行。在多个可行方案中，总投资收益率最高的方案最优。

3. 投资利税率

投资利税率是指项目达到设计生产能力后的一个正常生产年份的年利税总额

或项目生产期内的年平均利税额与项目总投资额的比率。该指标不仅从投资有关各方的权益角度，还从国家财政收入的角度考察了项目为国家所创造的价值，尤其是对于一些税大利小的企业，用投资利税率能较合理地反映项目的财务效益。计算公式为：

$$投资利税率 = 年平均利税额 \div 总投资额 \times 100\% \quad （式8-7）$$

分析标准为：投资利税率是衡量项目为社会所提供的剩余产品的数量，对国家财政贡献度的静态指标。计算出的投资利税率若大于或等于行业平均投资利税率，则投资该项目可行，反之，则投资该项目不可行。

4. 资本金利润率

资本金利润率是指项目达到设计生产能力后的一个正常年份的年平均利润总额或项目生产期内的年平均利润总额与资本金的比率。该指标从项目投资者所投入资本金的角度反映了项目盈利能力的大小。计算公式为：

$$资本金利润率 = 年平均利润总额 \div 资本金 \times 100\% \quad （式8-8）$$

式中的资本金是指项目的全部注册资本金。

分析标准为：将项目的资本金利润率与行业的平均资本金利润率或投资者的目标资本金利润率相比，若计算出的资本金利润率大于或等于行业的平均资本金利润率或投资者的目标资本金利润率，则投资该项目可行，否则就不可行。在多个可行方案中，资本金利润率最高的方案最优。

5. 资本金净利率

资本金净利率是项目的年平均税后利润与项目资本金之比，计算公式为：

$$资本金净利率 = 年平均税后利润 \div 资本金 \times 100\% \quad （式8-9）$$

分析标准为：将项目的资本金净利率与行业的平均资本金净利率或投资者的目标资本金净利率相比，若计算出的资本金净利率大于或等于行业的平均资本金净利率或投资者的目标资本金净利率，则投资该项目可行，否则就不可行。在多个可行方案中，资本金净利率最高的方案最优。因为它反映了投资者自身的出资所带来的净利润的高低，所以资本金净利率是投资者较为关心的一个指标。

（二）动态分析

1. 动态投资回收期

动态投资回收期是指在考虑了资金的时间价值的情况下，以项目每年现金净流量的现值之和回收项目全部投资所需要的时间。其表达式为：

$$\sum_{t=1}^{P'_t} (CI - CO)_t (1 + i)^{-t} = 0 \quad （式8-10）$$

动态投资回收期可从财务净现值流量表中求得，其计算式如下：

动态投资回收期 = 累计现金净流量现值开始出现正值的年份 − 1 +（累计现金净流量现值开始出现正值年份的前一年累计现金净流量现值的绝对值 ÷ 累计现金净流量现值开始出现正值年份的年现金净流量现值）

（式 8 − 11）

分析标准为：在财务效益评估中，求出的动态投资回收期 P'_t 若小于或等于行业基准回收期，投资该项目被认为是可行的；反之，则投资该项目不可行。

【例 8 − 3】 某项目现金流明细如表 8 − 11 所示，计算该项目的动态投资回收期。设标准折现率为 10%。

表 8 − 11 **某项目现金流明细** 单位：万元

年序	第 0 年	第 1 年	第 2 年	第 3 年	第 4 年	第 5 年	第 6 年	第 7 年
投资	20	500	100					
销售收入				450	700	700	700	700
经营成本				300	450	450	450	450
现金净流量	−20	−500	−100	150	250	250	250	250
现金净流量现值	−20	−454.6	−82.6	112.7	170.8	155.2	141.1	128.3
累计现金净流量现值	−20	−474.6	−557.2	−444.5	−273.7	−118.5	22.6	150.9

解：根据假设的标准折现率 10%，得出现金净流量现值（详见表 8 − 11），则动态投资回收期为：

$$P'_t = 6 - 1 + \frac{|-118.5|}{141.1} = 5.84(\text{年})$$

动态投资回收期的优点是考虑了资本金的时间，能正确反映投资的回收时间；该指标克服了静态投资回收期未考虑资金的时间价值的弊端。缺点是计算相对复杂。

2. 净现值

净现值（常用 NPV 表示）是指投资方案未来各年现金净流量的总现值减去原始投资额的现值后的差额。其计算公式为：

$$NPV = \sum_{t=1}^{n} (CI - CO)_t (1 + i)^{-t} \qquad (\text{式 } 8-12)$$

分析标准为：净现值大于零（净现值为正数）的投资方案可行，否则为不可行；在多个可行投资方案中，净现值最大的投资方案最优。

【例 8 − 4】 一条化工产品生产线所拟定的投资方案有 A、B、C 三种，方案的各年现金净流量的计算已经完成，投资方案及其相关数据如表 8 − 12 所示。

已知，A、B、C 三个方案的原始投资额分别为 1600 万元、1800 万元和 2200 万元；A 方案和 B 方案都属于当年投资当年收益的情况，原始投资在固定资产有效使用期的第一年年初一次性投入；C 方案有一年的建设期，原始投资额分两次投入，其中第一次投入 1200 万元，第二次投入 1000 万元，如果该企业要求的最低投资收益率为 10%。试计算各方案的净现值，并选出最优方案。

表 8－12　　**投资方案及其相关数据**　　单位：万元

方案	时间						
	第 1 年	第 2 年	第 3 年	第 4 年	第 5 年	第 6 年	现金净流量合计
A	400	400	400	400	400	400	2400
B	400	500	600	700	700	600	3500
C	700	700	700	700	700	700	4200

解：$NPV_A = 400 \times PVIFA_{10\%,6} - 1600 = 400 \times 4.3553 - 1600 = 142.12$（万元）

$NPV_B = 400 \times PVIF_{10\%,1} + 500 \times PVIF_{10\%,2} + 600 \times PVIF_{10\%,3} + 700 \times PVIF_{10\%,4} + 700 \times PVIF_{10\%,5} + 600 \times PVIF_{10\%,6} - 1800$

$= 400 \times 0.9091 + 500 \times 0.8264 + 600 \times 0.7513 + 700 \times 0.683 + 700 \times 0.6209 + 600 \times 0.5645 - 1800$

$= 2479.05 - 1800 = 679.05$（万元）

$NPV_C = 700 \times PVIFA_{10\%,6} -$（$1200 \times FVIF_{10\%,1} + 1000$）

$= 700 \times 4.3553 -$（$1200 \times 1.1 + 1000$）

$= 3048.71 - 2320 = 728.71$（万元）

$\because NPV_A$、NPV_B、NPV_C均 >0　　　$\therefore$ 投资方案 A、B、C 均可行。

又$\because NPV_C$最大　　　$\therefore$ 投资方案 C 最优。

净现值指标的优点是考虑了资金的时间价值，可以清楚地表明投资方案在整个投资项目寿命期内的绝对收益，简单、直观。但是，净现值反映的是投资方案投入产出的绝对效益，不能说明投资方案投入产出的相对效益的高低，当各投资方案的原始投资额不等时，无法以充分的理由说明哪个投资方案为优。此外，折现率确定较困难，而折现率的大小直接影响投资方案的经济性。为了解决这一问题，常需要借助于净现值率这一指标。

3. 净现值率

净现值率（NPVR）是项目净现值与全部投资现值之比率，即为单位投资现值的净现值。它说明项目单位投资现值所能实现的净现值的大小，是一种动态投资收益指标，也是用于衡量不同投资方案获利能力大小的评估指标。实际上，它是对净现值指标的一种补充，也是多方案选择时的一种补充判别条件。因为净现值只能衡量项目净收益现值大小，而不能反映出为获得这些收益所需支出的投资成本。因此，只有在投资额相同情况下，它才能作为判别和选择最佳方案的绝对盈利能力分析指标。对获得相同净现值而投资额不等的投资项目和投资方案，则应采用净现值率这个指标作为衡量方案优劣的标准。

$$NPVR = \frac{NPV}{I_P} \quad \text{（式 8-13）}$$

分析标准为：净现值率大于零的投资方案可行，否则为不可行；在多个可行投资方案中，净现值率最大的方案最优。

【例 8-5】续**【例 8-4】**计算三个方案的净现值率。

$$NPVR_{\mathrm{A}} = \frac{142.12}{1600} = 0.089$$

$$NPVR_{\mathrm{B}} = \frac{679.05}{1800} = 0.377$$

$$NPVR_{\mathrm{C}} = \frac{728.71}{2320} = 0.314$$

$\because NPVR_{\mathrm{A}}$、$NPVR_{\mathrm{B}}$、$NPVR_{\mathrm{C}}$均 >0 $\quad\therefore$ 投资方案 A、B、C 均可行。

又$\because NPVR_{\mathrm{B}}$最大 $\quad\therefore$ 投资方案 B 最优。

净现值率指标的优点是考虑了资金时间价值，弥补了原始投资额不等时净现值指标不能横向比较的不足，但是净现值和净现值率都未能揭示各投资方案本身可能达到的实际收益水平。

4. 内部收益率

内部收益率（Internal Rate of Return，IRR）是指在项目整个寿命期内，各年现金净流量现值累计等于零时的折现率。即能使投资方案的各年现金净流量的现值之和等于原始投资额的现值时所用的折现率，简言之，能使投资方案的净现值为零的折现率。它反映项目以每年的净收益归还投资后，所能获得的最大投资利润率，表明项目整个寿命期内的实际收益率，也就是项目内部潜在的最大盈利能力，故称为内部收益率。其计算式如下：

$$\sum_{t=1}^{n} (CI - CO)_t (1 + IRR)^{-t} = 0 \quad \text{（式 8-14）}$$

按照投资项目评估的范围和对象不同，内部收益率可分为项目全部投资内部收益率、自有资金（资本金）内部收益率（简称自有资金内部收益率）和投资各方内部收益率。

（1）项目全部投资内部收益率是以项目全部投资均为自有资金作为计算基础，考察项目在未确定融资方案和所得税前整个项目的盈利能力，为项目投资决策者对项目方案比选和银行贷款单位进行信贷决策，提供不同方案进行优选的可比性基础。

（2）自有资金内部收益率，是以项目自有资金为计算基础，考察项目所得税后自有资金可能获得的投资收益水平。

（3）投资各方内部收益率，是以投资各方的出资额作为计算基础，考察投资各方能获得的投资收益水平。

具体计算分为两种情况：

其一，各年现金净流量相等。当各年现金净流量相等时，内部收益率的计算步骤为：

计算年金现值系数，公式为 $PVIFA_{i,n}=\dfrac{I_P}{NCF}$。

查年金现值系数表，在相同的期数内，找出与上述年金现值系数相邻的较大和较小的两个年金现值系数及其对应的折现率。

根据两个相邻的折现率和计算得出的年金现值系数，采用内插法计算投资方案准确的内部收益率。

其二，各年现金净流量不等。当各年现金净流量不相等时，通常需要通过逐次测试的办法来确定内部收益率。其步骤为：

估计一个折现率，并按此折现率计算净现值。如果计算出的净现值为正数，则表示估计的折现率小于该投资方案实际的内部收益率，应提高折现率，再进行测算；如果计算的净现值为负数，则表示估计的折现率大于该投资方案实际的内部收益率，应降低折现率，再进行测算。经过反复测算，就可以找出净现值由正转负并且比较接近于零的两个折现率。

根据上述两个相邻的折现率，再运用内插法，就能计算出投资方案准确的内部收益率。

分析标准为：内部收益率大于资金成本率的投资方案可行，否则不可行；在多个可行的投资方案中，内部收益率最大的投资方案最优。

【例8-6】 续【例8-4】计算三个方案的内部收益率，选择最优方案。

解：（1）以投产日为决策基点，投资方案A和投资方案C的各年现金净流量相等，按第一种情况的步骤计算内部收益率。

首先，A：$PVIFA_{i,6}=\dfrac{1600}{400}=4$　　C：$PVIFA_{i,6}=\dfrac{2320}{700}=3.314$

其次，查年金现值系数表，可知：

A：

折现率	年金现值系数
12%	4.111
i	4
13%	3.998

C：

折现率	年金现值系数
20%	3.326
i	3.314
25%	2.951

最后，运用内插法，求解 i 即 IRR。

IRR_A 即 $i=12\%+(13\%-12\%)\times(4-4.111)\div(3.998-4.111)=12.98\%$

IRR_C 即 $i=20\%+(25\%-20\%)\times(3.314-3.326)\div(2.951-3.326)=20.16\%$

（2）以投产日为决策基点，投资方案 B 的各年现金净流量不相等，按第二种情况的步骤计算内部收益率。为了方便计算和对比，测试过程如表 8－13 所示。

表 8－13　逐次测试过程及其相关数据　单位：万元

时间	NCF_i	设折现率为 18%		设折现率为 20%		设折现率为 22%	
		复利现值系数	现值	复利现值系数	现值	复利现值系数	现值
第 0 年	－1800	1.00	－1800	1.00	－1800	1.00	－1800
第 1 年	400	0.847	338.8	0.833	333.2	0.820	328
第 2 年	500	0.718	359	0.694	347	0.672	336
第 3 年	600	0.609	365.4	0.579	347.4	0.551	330.6
第 4 年	700	0.516	361.2	0.482	337.4	0.451	315.7
第 5 年	700	0.437	305.9	0.402	281.4	0.370	259
第 6 年	600	0.370	222	0.335	201	0.303	181.8
NPV		—	152.3	—	47.4	—	－48.9

由表 8－13 的测算可知：

B：　折现率　净现值

　　20%　　47.4

　　i　　　0

　　22%　　－48.9

运用内插法，求解 i 即 IRR。

IRR_B 即 $i=20\%+(22\%-20\%)\times(0-47.4)\div(-48.9-47.4)=20.98\%$

$\because IRR_A$、IRR_B、IRR_C 均 $>10\%$　$\therefore$ 方案 A、B、C 均可行。

又 $\because IRR_B$ 最大　　$\therefore$ 投资方案 B 最优。

内部收益率的概念容易理解，标准易于把握，而且计算时考虑了货币时间价值，能够反映投资方案的真实收益率。但是计算过程比较复杂，特别是各年现金净流量不相等的情况下，一般要经过多次测试才能计算出投资方案的内部收益率。

5. 外部收益率

外部收益率（External Rate of Return，ERR）与内部收益率相似，其假设投资过程中每年的收益都以相当于标准折现率的收益进行再投资，到项目的有效期期末必有一笔本利和，这是投资过程中的收入。在投资过程中每一年都有一笔投资支出，把这些支出按某一利率折算到项目有效期期末，若投资支出本利和等于投资收入本利和，则投资过程对该投资的折现利率来说是不亏不盈的，这个利率就叫作投资过程的外部收益率。

它适用于非常规项目（计算期内各年现金净流量正负的变化超过一次的项目）的评估。用外部收益率可以避免非常规项目 *IRR* 方程可能出现的多解问题。即满足：

$$\sum_{t=0}^{n} NB_t (1+i_0)^{n-t} = \sum_{t=0}^{n} K_t (1+ERR)^{n-t} \quad \text{（式 8-15）}$$

式中：K_t——第 t 年的净投资；

NB_t——第 t 年的净收益；

i_0——标准折现率。

所以，外部收益率实际是指项目在计算期内各年净收益按标准折现率计算的终值，正好等于计算各年净投资的终值时所采用的利率。

外部收益率的分析标准是：当 $ERR \geqslant i_0$ 时，投资该项目可行；反之，投资该项目不可行。

【例 8-7】某公司为一项目提供一套大型设备，签订合同后，买方要分两年先预付一部分款项，待设备交货后再分两年支付设备款的其余部分。该公司承接该项目预计各年的现金净流量资料如表 8-14 所示（标准折现率为 10%），试评价该项目是否可行。

表 8-14　　各年现金净流量表　　单位：万元

时间	第 0 年	第 1 年	第 2 年	第 3 年	第 4 年	第 5 年
现金净流量	1900	1000	-5000	-5000	2000	6000

解：该项目是一个非常规项目，其 *IRR* 有两个解：

$IRR_1 = 10.2\%$，$IRR_2 = 47.3\%$。故不能用 *IRR* 进行评估，可计算其 *ERR* 如下：

$$1900(1+10\%)^5 + 1000(1+10\%)^4 + 2000(1+10\%) + 6$$
$$= 5000(1+ERR)^3 + 5000(1+ERR)^2$$

解之得 $ERR = 10.1\%$。

$\because ERR > i_0$　　　$\therefore$ 投资该项目可行。

改扩建项目盈利能力分析

1. 改扩建项目概念及特点

改扩建项目系指对既有企业通过投资方式新建工程来扩大生产规模形成新的生产设

施或进行设备更新和技术改造来完善原有生产系统的活动。其目的是通过采用各种手段提高企业生产效率和综合经济效益。改扩建项目主要包括改建、扩建和技术改造等形式。

改扩建项目与新建项目相比，具有以下特点：

（1）项目的决策者是既有企业法人。

（2）项目是要利用既有企业的部分或全部原有的固定资产、流动资产和无形资产，而且这部分资产也无须发生产权转移，因为改扩建项目与既有企业是密切相关、不可分割的。

（3）项目目标和规模具有多样性。

（4）项目建设期内生产与建设一般是同时进行的。

2. 改扩建项目盈利能力分析的特点

（1）明确界定项目范围。目的是正确识别项目的效益和费用及估算范围，避免误算、漏算或重复计算。

（2）正确识别和估算“现状”“无项目”“有项目”“新增”和“增量”五种状态下的资产、效益和费用等基础数据。“现状”数据是指项目实施前企业原有的数据；“无项目”数据是指在不实施项目的情况下，根据可能变化的趋势，预测企业未来的资产、效益和费用等数据；“有项目”数据是指在实施项目的情况下，依据可能的变化趋势，预测企业未来的资产、效益和费用等数据；“新增”数据是指“有项目”数据减去“现状”数据得到的差额；“增量”数据是指“有项目”数据减去“无项目”数据的差额，即通过有无对比得到的数据。

（3）改扩建项目原则上应分别估算“有项目”“无项目”的销售（营业）收入、流动资金、经营成本、总成本费用等基础数据，并通过有无对比得出增量销售（营业）收入、流动资金、经营成本和总成本费用。在符合简化计算条件时，可按“有无对比”得出的增量数值直接计算增量销售（营业）收入、流动资金、经营成本和总成本费用。

（4）改扩建项目的两个层次分析。由于融资主体与项目实体可能不一致，需进行两个层次的分析：

①项目层次分析：可利用有无对比法分析项目的增量盈利能力、项目本身的偿债能力、来自既有企业的还款资金、项目的财务生存能力及项目对企业财务状况改善的贡献，可直接用“增量”数据进行分析。

②企业层次分析：分析既有企业以往的和今后可能的财务状况，了解企业的现有资产情况、资产负债结构、融资能力、发展能力、资源利用优化的必要性及生产与销售情况等。重点分析企业的信用及能为项目提供资金支持的能力。

（5）改扩建项目的盈利能力分析应采用有无对比法进行。一般可采用新建项目的盈利能力分析报表，必要时可增补其他辅助报表，局部改扩建项目可不编制资产负债表。同时，必须特别注意计算期的可比性、原有资产的利用和停产、减产的损失等问题。

3. 改扩建项目盈利能力分析的简化计算条件和考核

（1）改扩建项目盈利能力分析的简化计算条件。对改扩建项目盈利能力分析的简化计算应具备下列特定条件：项目的投入和产出与既有企业的生产经营活动相对独立；对于以增加产出为目的的改扩建项目，其增量占既有企业产出比例相对较小的情况；与新增量相比，利用既有企业的资产数量较小的情况；其他可简化的情况。

（2）改扩建项目盈利能力分析的考核。主要从下列两方面进行考核：

考察项目本身的盈利能力、偿债能力、财务生存能力，可利用相应的指标及其对应的判断依据来确定项目改扩建的可行性。

考察项目范围内企业绩效的改善程度，可通过计算项目实施后既有企业的销售（营业）收入、销售税金及附加、利润总额、税后利润和净现值等指标的“新增”数据及相关增长率、评估项目投资活动对既有企业绩效的贡献，并从项目投资的目标出发，判断项目目标实现程度的可接受性。

4. 改扩建项目盈利能力分析的指标

（1）增量内部收益率 ΔIRR。它是指有项目和无项目在计算期内各年增量净现值累计为零时的折现率。其计算式为：

$$\sum_{t=1}^{n}[(CI-CO)_{有}-(CI-CO)_{无}]_t(1+\Delta IRR)^{-t}=0 \qquad (式8-16)$$

或

$$\sum_{t=1}^{n}(\Delta CI-\Delta CO)_t(1+\Delta IRR)^{-t}=0 \qquad (式8-17)$$

ΔIRR 的计算与一般 IRR 的计算方法相同，可用逐次测试法求解。

判别准则为：只有当 ΔIRR 大于等于基准收益率时，投资项目可行，否则不可行。

（2）增量净现值 ΔNPV。它是指有项目和无项目计算期各年增量现金净流量按基准收益率折现到开始时点的现值之和。其计算式为：

$$\Delta NPV=\sum_{t=1}^{n}(\Delta CI-\Delta CO)_t(1+i)^{-t} \qquad (式8-18)$$

判别准则为：$\Delta NPV \geqslant 0$，投资该项目方可接受；否则，投资该项目是不可接受的。

（3）增量投资回收期 ΔP_t。它是以增量净收益抵偿增量投资所需要的时间。计算式为：

$$\sum_{t=1}^{\Delta P_t}(\Delta CI-\Delta CO)_t=0 \qquad (式8-19)$$

判别准则为：只有当 $\Delta P_t \leqslant t_0$（基准投资回收期），投资该项目方可接受；否则，投资该项目不可接受。

二、偿债能力分析

偿债能力也称清偿能力，是指偿还债务的能力。项目在财务上盈利并不等于项目就有相应的清偿债务的能力，贷款银行不是项目的所有者，不可能从项目的投资中获得投资收益，贷款银行关心的是项目未来的偿债能力，而不是项目未来的投资收益率。因此，在分析了项目盈利能力后，从贷款银行的角度看，还必须分析项目的偿债能力。偿债能力分析指标主要包括资产负债率、流动比率、速动比率、固定资产投资借款偿还期、利息保障倍数和偿债备付率。

1. 资产负债率

资产负债率（Debt Asset Ratio）是项目各年负债合计与资产合计的比率，它反映了项目各年所面临的财务风险程度及偿债能力，也是反映项目偿债能力的最主要的指标。公式为：

$$资产负债率 = 总负债 \div 总资产 \times 100\% \qquad （式8-20）$$

在实际工作中，可将计算的资产负债率与行业资产负债率比较，若项目的资产负债率小于或等于行业的平均资产负债率，表明项目在财务上是可以接受的。通常，这一比率越小，说明回收借款的保障越大；反之，则投资风险程度就越高。因此，这一指标不仅能衡量投资者利用债权人提供资金进行投资和生产经营活动的能力，而且能反映债权人发放借款的安全程度。一般它的标准值为50%。

2. 流动比率

流动比率（Current Ratio）是各年流动资产总额与流动负债总额的比率，它是反映项目各年偿付流动负债能力的指标。公式为：

$$流动比率 = 流动资产 \div 流动负债 \times 100\% \qquad （式8-21）$$

式中的流动资产包括现金、应收账款、存货、累计盈余资金等项目；流动负债包括应付账款、短期借款等项目。

通常，流动比率越高，说明项目偿还流动负债的能力越强，项目的经营风险就越小；反之，则经营风险就越大，项目的投资风险程度就越高。所以，该比率能衡量项目短期偿债能力。一般它的标准值为2∶1。

3. 速动比率

速动比率（Quick Ratio）是项目各年速动资产与流动负债的比率，它是反映项目迅速偿付流动负债能力的指标。公式为：

$$速动比率 = 速动资产 \div 流动负债 \times 100\% \qquad （式8-22）$$

式中，速动资产是指流动资产减去存货和预付费用后的金额，它是指容易转变为现金的流动资产，如现金、有价证券和应收账款等。因为流动资产中的存货变现能力较差，如果项目中的存货所占比重过大，一旦企业需要立即偿还流动负债时就可能导致项目出现资金周转不灵的情况，所以用扣除存货后的速动资产所计算的速动比率比流动比率更能反映项目的短期偿债能力。一般认为，速动比率的标准值为1∶1。

4. 借款偿还期

在我国现行财务制度下，一般国内项目的借款偿还期是指固定资产投资的借款偿还期。借款偿还期就是指在国家政策规定及项目的具体财务条件下，用项目投产后可用作还款的利润、折旧及其他收益额偿还固定资产投资借款本利和所需要的时间。数学表达式为：

$$I_d = \sum_{t=1}^{P_d} (R_p + D + R_0 + R_t)_t \qquad \text{（式 8-23）}$$

式中：I_d ——固定资产投资本金与利息之和；

P_d ——借款偿还期（从建设之日算起，从投产年算起应注明）；

R_p ——年利润总额；

D ——年可用作偿还借款的折旧（包括无形资产、递延资产摊销费等）；

R_0 ——年可用作偿还借款的其他收益；

R_t ——还款期间的企业留利；

$(R_p + D + R_0 + R_t)_t$ ——第 t 年可用于还款的收益额（含按规定减免的销售税金等）。

借款偿还期以“年”表示，计算公式如下：

$$\text{借款偿还期} = \text{借款偿还后开始出现盈余的年份} - 1 + \frac{\text{当年未偿还完的借款余额}}{\text{当年可用于还款的收益额}} \qquad \text{（式 8-24）}$$

$$\text{或} = \text{偿还借款本金的资金来源大于年初借款本息累计的年份} - \text{开始借款年份} + \frac{\text{年初借款本息累计}}{\text{当年实际偿还本金的资金来源}}$$

（式 8-25）

涉及外资的项目，国外借款部分的还本付息，应按已经明确的或预计可能的借款偿还条件（包括偿还方式和偿还条件）计算。

判断准则：计算出借款偿还期以后，要与贷款机构的要求期限进行对比，等于或小于贷款机构提出的要求期限，即认为项目是有清偿能力的。否则，认为项目没有清偿能力，从清偿能力角度考虑，则认为投资该项目是不可行的。

【例 8-8】一项目投资为 1100 万元，其中利用外资 50 万美元，合人民币 500 万元（出于计算方便，未按外汇牌价折算），人民币投资 600 万元，全部是借款，外币借款利率为 8%，人民币借款利率为 10%。项目第一年年初付款，建设期为两年，第三年年初投产，达到设计能力的 1/3，第四年达到设计能力的 2/3，第五年达到设计能力的 100%，正常年份的国内销售收入为 500 万元，国外销售收入为 10 万美元，合人民币 100 万元。销售税金为销售收入的 6%。正常年份的经营成本为 200 万元，其中固定成本 150 万元，变动成本 50 万元。成本均可用人民币支付。该项目的使用寿命为 20 年，采用平均年限法计提折旧。外币借款必须用外币偿还，人民币借款可用人民币偿还，也可用外币偿还。试计算外币借款和人民币借款的偿还期。

解：(1) 外币借款偿还期计算表（如表8－15所示）。

表8－15　　外币借款偿还期计算表　　单位：万美元

项目	第1年 0	第2年 0	第3年 33.3%	第4年 66.7%	第5年 100%	第…年 100%	第12年 100%	第13年 100%
上年本息结转	50	54	58.32	59.66	57.76	…	9.76	0.54
本年应计利息	4	4.32	4.67	4.77	4.62	…	0.78	0.04
本息合计	54	58.32	62.99	64.43	62.38	…	10.54	0.58
本年还本付息	0	0	3.33	6.67	10	…	10	0.58
年末本息欠款	54	58.32	59.66	57.76	52.38	…	0.54	0

根据表8－15数据，计算借款偿还期如下：

$$借款偿还期 = 13 - 1 + 0.58 \div 10 = 12.06\text{（年）}$$

(2) 人民币贷款偿还期的计算。需要首先确定各年的还款来源：

①正常年份的“还款来源”，即达到100%设计生产能力年份的还款来源，它包括“利润”和“每年折旧”。计算如下：

“利润”＝人民币销售收入－年经营成本－年销售税金－每年折旧

（这里的“利润”不是真正意义上的利润，因为没有考虑外币收入）

$$正常年份的“利润” = 500 - 200 - 500 \times 6\% - 65.46 = 204.54\text{（万元）}$$

$$每年折旧 = \frac{建设期利息}{使用年限} = \frac{600 \times (1 + 10\%)^2 + 500 \times (1 + 8\%)^2}{20} = 65.46\text{(万元)}$$

（用于偿还人民币贷款的折旧，既包括人民币投资所形成的折旧，也包括外币投资所形成的折旧）

$$正常年份的还款来源为：“利润” + 折旧 = 204.54 + 65.46 = 270\text{（万元）}$$

②投产期第一年（计算期第三年）的还款来源。

$$\begin{aligned}还款来源 &= 投产期第一年的“利润” + “每年折旧” \\ &= 500 \times \frac{1}{3} - (150 + 50 \times \frac{1}{3}) - 500 \times \frac{1}{3} \times 6\% - 65.46 + 65.46 = -10\text{（万元）}\end{aligned}$$

③投产期第二年（计算期第四年）的还款来源。

$$\begin{aligned}还款来源 &= 投产期第二年的“利润” + “每年折旧” \\ &= 500 \times \frac{2}{3} - (150 + 50 \times \frac{2}{3}) - 500 \times \frac{2}{3} \times 6\% - 65.46 + 65.46 = 130\text{（万元）}\end{aligned}$$

编制人民币借款偿还期计算表如表 8 - 16 所示。

表 8 - 16　　人民币借款偿还期计算表　　单位：万元

项目	第 1 年 0	第 2 年 0	第 3 年 1/3	第 4 年 2/3	第 5 年 100%	第 6 年 100%	第 7 年 100%	第 8 年 100%
上年本息结转	600	660	726	798.60	758.46	564.31	350.74	115.81
本年应计利息	60	66	72.6	79.86	75.85	56.43	35.07	11.58
本息合计	660	726	798.60	878.46	834.31	620.74	385.81	127.39
本年还本付息	0	0	-10	120	270	270	270	127.39
年末本息欠款	660	726	798.60	758.46	564.31	350.74	115.81	0

借款偿还期 = 8 - 1 + 127.39 ÷ 270 = 7.47（年）

分析借款偿还期指标的目的在于计算最大偿债能力，适用于需尽快还款的项目；不适用于已约定借款偿还期限的项目。对于已约定借款偿还期限的项目，应采用利息保障倍数和偿债备付率指标，分析项目的偿债能力。

5. 利息保障倍数

利息保障倍数（Interest Protection Multiples）是指项目在借款偿还期内，各年可用于支付利息的息税前利润与当期应付利息的比值。它是从付息资金来源的充裕性角度反映项目偿付债务利息的保障程度，计算公式为：

利息保障倍数 = 息税前利润 ÷ 当期应付利息 × 100%　　（式 8 - 26）

利息保障倍数表示项目的利润偿付利息的保证倍率。利息保障倍数高，表明利息偿付的保障程度高。它可以分年计算，也可以按整个借款期计算。利息保障倍数应当大于 1，并结合债权人的要求确定。

6. 偿债备付率

偿债备付率（Debt Repayment Ratio）是指项目在借款偿还期内，各年可用于还本付息的资金与当期应还本付息金额的比值，表示可用于计算还本付息的资金偿还借款本息的保障程度，计算公式为：

偿债备付率 = 可用于还本付息的资金 ÷ 当期应还本付息金额 × 100%　　（式 8 - 27）

偿债备付率表示可用于还本付息的资金偿还借款本息的保证倍数。偿债备付率高，表明可用于还本付息的资金保障程度高。偿债备付率可以分年计算，也可以按整个借款期计算。在正常情况下，该指标的值应大于 1。当指标值小于 1 时，表示当年资金来源不足以偿付当期债务，需要通过短期借款偿付已到期的债务。

本章小结

1. 投资项目财务效益评估是在估算财务基础数据的基础上，编制财务报表，通过计算和分析财务指标，审查和分析投资项目的盈利能力、清偿能力和财务生存能力，以判断投资项目财务可行性的一项工作。投资项目财务效益评估是对投资项目进行投资决策和贷款决策的重要依据，是进一步开展国民经济评估的基础。投资项目财务效益评估是投资项目评估的重要组成部分。

2. 投资项目财务分析主要包括：盈利能力分析、清偿能力分析以及财务生存能力分析。投资项目财务分析的步骤：①分析和评估投资项目财务基础数据。②分析和评估投资项目财务报表。③进行投资项目财务分析。投资项目财务分析应遵循的基本原则包括：①效益与费用计算口径一致的原则。②动态分析为主，静态分析为辅的原则。③采用预测价格的原则。④定量分析为主，定性分析为辅的原则。

3. 投资项目财务效益评估指标是指用于衡量和比较投资项目可行性优劣程度、便于进行投资方案决策的定量化标准和尺度。按是否考虑资金的时间价值，考核投资项目盈利能力的指标分为静态指标和动态指标。其中，静态指标主要有静态投资回收期、总投资收益率、投资利税率、资本金利润率和资本金净利率，动态指标主要有动态投资回收期、净现值、净现值率、内部收益率、外部收益率。

4. 偿债能力指标主要包括资产负债率、流动比率、速动比率、借款偿还期、利息保障倍数和偿债备付率。

5. 财务生存能力分析主要是通过计算项目的现金净流量和累计盈余资金，来分析、判断项目是否有足够的现金净流量维持项目的正常运营，以实现财务可持续性。

复习题

1. 什么是投资项目财务分析？它包括哪些内容？
2. 投资项目财务分析应遵循的基本原则是什么？
3. 投资项目财务分析有哪些基本报表？
4. 反映投资项目盈利能力的指标有哪些？
5. 净现值指标有哪些优缺点？
6. 内部收益率指标有哪些优缺点？
7. 怎样进行内部收益率的计算？
8. 反映投资项目清偿能力的指标有哪些？

第九章　投资项目国民经济评估

学习目标

通过本章学习，掌握投资项目国民经济评估与投资项目财务分析的联系和区别，能够理解项目的费用和效益的分类，理解影子价格的含义与确定方法，了解价格调整范围和货物的划分，了解国家参数的含义和分类，以及投资项目国民经济评估中的其他相关概念。

1. 知识目标

※ 掌握投资项目国民经济评估的作用。

※ 掌握转移支付的处理。

※ 掌握国家参数的评估。

2. 能力目标

※ 掌握影子价格的含义和计算。

※ 掌握国民经济评估费用和效益的识别与计量。

※ 掌握国民经济评估指标的含义及其计算方法。

案例导入

投资项目国民经济评估是按资源合理配置原则，从国家或地区整体经济利益角度考察投资项目的费用和效益，可以将其理解为投资项目评估的宏观经济评估。一段时间内学者们更加注重的是采用影子价格、影子汇率和社会折现率等国家参数计算、分析投资项目对国民经济的净贡献，但实际上这些评估并未完全置身于“宏观”经济评估中。

党的二十大报告是新时代中国特色社会主义的世界观和方法论，也是我们学习、从事投资项目评估的世界观与方法论。深入学习党的二十大报告，为学习者提供一些新的思路、新的方法指引，带着这样一个思路，进入本章的学习。

全面贯彻新发展理念

党的二十大报告中明确指出，“高质量发展是全面建设社会主义现代化国家的首要任务”，“要坚持以推动高质量发展为主题”。要完整、准确、全面贯彻新发展理念，就要着力把握好这个“首要任务”和“主题”，推动中国经济再上新台阶。那么在投资项目评估中应该怎么把握好、落实好高质量发展这个“首要任务”和“主题”呢？

发展是量变和质变的辩证统一，量的合理增长是质的有效提升的重要基础，质的有效提升又是量的合理增长的重要动力，应该说两者是相互作用相互推动，构成高质量发展的实现路径。进入新时代，社会的主要矛盾发生了新的变化，需要解决的是发展不平衡不充分的问题，换言之，重点是要解决好质的问题。建设现代化产业体系是高质量发展的重要支撑。党的二十大报告强调，“建设现代化产业体系。坚持把发展经济的着力点放在实体经济上”。

坚持科技创新

中国的科技创新工作取得了举世瞩目的成就，这是中国持续健全新型举国体制，强化国家战略科技力量的必然结果；这是中国在理论与实践探索中坚持破除体制机制障碍、完善科技创新体系，在关键核心技术领域持续投入，坚持科技创新开放共赢发展路径的必然结果。

坚持以人民利益为导向，在关键核心技术领域持续增加投入。新时代，科技创新事业应当依旧保持人民需要什么，党和国家就努力研发什么的政策导向。在关键核心技术领域持续增加投入，尤其是针对“卡脖子”技术建立科学的技术预见、技术评估、技术开发体系。推动国家主导，设立关键核心技术清单制度，加大关键核心技术的资金投入，定点研发定向突破。

科技创新提高产业发展质量效益，科技创新助推产业结构优化升级。深度开展国家间技术、人才、政策等方面的交流合作建设世界科技强国，比以往任何时候都更加重视构建科学高效的国家科技创新治理体系，都更加需要发挥科技创新治理的体系驱动、机制引导、政策传导、平台支撑和人才动力。

资料来源：综合相关资料编写。

请思考：

1. 党的二十大报告是新时代中国特色社会主义的世界观和方法论，也是我们学习、从事投资项目评估的世界观与方法论。如何理解全面贯彻新发展理念的内涵？

2. 全面贯彻新发展理念是进行投资项目国民经济评估的基础之一，在当前的投资项目国民经济评估中，绝大部分学者更侧重的是使用技术手段进行分析。在全面贯彻新发展理念的背景下，投资项目国民经济评估是否可以在这方面有所作为、有所创新。带着这样的问题进入本章的学习。

第一节 投资项目国民经济评估概述

一、投资项目国民经济评估的含义及作用

从经济学角度来讲，资源的根本特性是其实用价值和稀缺性，因此资源应该最大限度地为国民经济及其发展服务。在现实生活中，有的投资项目其财务分析是可行的，但是其在国民经济评估方面却是不可行的，这是因为部分项目的首要目标是追求利润最大化，这可能与国家或地区的整体经济利益相冲突，所以从评估学角度来说，不但需要做好投资项目财务分析，还必须做好投资项目国民经济评估。

（一）投资项目国民经济评估的含义

投资项目国民经济评估是按国家或地区资源合理配置的原则，从国家或地区的整体经济利益角度考察项目的费用和效益，采用货物影子价格、影子工资、影子汇率和社会折现率等国家参数计算、分析投资项目对国民经济的净贡献，并据此评估投资该项目的经济合理性。

投资项目国民经济评估具有以下特征：

（1）投资项目国民经济评估是从国家角度来评估项目的，评估一个项目的效益对国家这一整体系统的贡献；评估项目在系统中的最优组合。所以，它具有整体性和系统性的特征。

（2）投资项目国民经济评估是用影子价格的概念，采用最优化的方法分析计算的。通过对投资项目的评估，实现资源的合理配置，优化投资结构。

（3）投资项目国民经济评估最终考察的是投资项目对国民经济的净贡献。

（二）投资项目国民经济评估的作用

投资项目国民经济评估的作用主要有：

（1）合理配置资源。国家在一定时期内要通过一系列的经济活动实现一定的目标，投资项目的建设和生产是基本的活动之一。而投资项目需要消耗社会资源，一个国家或地区的资源总是有限的，人们必须从相互争夺资源的各种项目中选择出更加符合社会利益的项目。任何项目都会从国民经济系统中取得其所需要的资源，同时，也都会向国民经济系统提供项目的产品、服务等。投资项目国民经济评估就是分析和评估项目消耗资源和项目产出两个方面，从而选出对国民经济整个系统更为有利的项目。

（2）真实反映投资项目对国民经济的净贡献。要做好投资项目国民经济评估，不仅要采用科学的评估理论，还要有正确的基础价格数据。价格是投资项目国民经济评估中费用和效益的基础，投资项目国民经济评估的正确与否很大程度上取决于采用的

价格。但是，任何一个国家或地区只要存在着进出口、资本、市场等多方面的管制，就会给整个市场信息传递机制带来影响，导致某些资源的市场价格不能够真实地反映其实际价值和市场供求的关系，导致商品比价和价格水平不够合理。所以人们必须使用一定的方法去修正和调整项目所需资源和项目产品的价值，因此，在投资项目国民经济评估中使用影子价格等方法去计算项目的费用和效益，就能真实反映投资项目对国民经济的净贡献。

（3）有利于投资项目投资决策科学化。投资项目国民经济评估是投资项目实施与运行决策的客观需要。表现在以下三个方面：一是有利于引导投资方向。通过投资项目国民经济评估人们会从全社会资源配置更为合理的角度去做出正确的项目投资决策，因为这种评估借助影子价格等国家参数给出了项目所需资源和项目产品的真实价值。二是有利于控制投资规模。在评估的基础上国家或地区去合理控制全社会项目投资总体规模和投资方向以提高国民经济运行的速度和质量，因为这种评估是根据全社会资源总量和社会经济承载能力去全面评估投资项目对国民经济的影响和贡献。三是有利于管理和控制事关国计民生的投资项目的投资决策和管理质量，因此，只有事关国计民生的投资项目才必须进行投资项目国民经济评估，而其他投资项目可以不进行国民经济评估。

二、投资项目国民经济评估与投资项目财务分析的比较

在投资项目可行性分析研究中，投资项目财务分析和投资项目国民经济评估，是投资项目评估的关键环节和核心内容。投资项目财务分析和投资项目国民经济评估既有联系又有区别。

（一）投资项目国民经济评估与投资项目财务分析的联系

投资项目财务分析是投资项目国民经济评估的基础和前提，投资项目国民经济评估是投资项目财务分析的完善和深化，二者的主要联系表现为都是对项目成本及收益的分析和评估，投资项目财务分析所用的数据加工整理后便构成投资项目国民经济评估的数据。两者的任务相同，投资项目财务分析和投资项目国民经济评估的共同任务，都是对投资项目的效益做出定量和定性的分析评估，从而为投资项目的经济可行性和投资决策提供可靠的依据。两者的分析评估原理、方法和指标也大致相同。

（二）投资项目国民经济评估与投资项目财务分析的区别

主要区别是：由于基本的出发点和分析评估角度不同，导致投资项目在“费用”和“效益”的识别和范围划分上有所不同，于是投资项目国民经济评估与投资项目财务分析的区别体现为以下五点。

（1）经济目标不同。投资项目财务分析是站在企业的角度上，只考虑企业的微观

利益，所追求的经济目标是企业的盈利。而投资项目国民经济评估是站在国民经济的角度上进行宏观评估，其不仅要关心投资项目给企业带来的盈利，而且要关心投资项目对整个国民经济的贡献。

（2）计量费用和效益的价格不同。投资项目财务分析是计算和分析在现行价格下企业的实际盈利水平，所以，其计量费用和效益的价格是现行价格。投资项目国民经济评估要考察投资项目对国民经济的净贡献，要考察国民经济的最佳投资方向和投资结构，要考察国内外市场供求关系和市场价格变化，因此，投资项目国民经济评估只有采用体现资源合理有效配置的影子价格才能满足以上要求。

（3）折现率不同。投资项目财务分析采用的是部门、行业的基准收益率，或者是综合平均利率加风险系数，不同的投资项目有不同的折现率。投资项目国民经济评估采用的是全国统一的社会折现率。

（4）汇率不同。投资项目财务分析使用官方汇率，而投资项目国民经济评估使用的是影子汇率。汇率实质上是一种外汇价格，官方汇率体现了现行的外汇价格，所以，在投资项目财务分析中，用官方汇率换算、计量费用和效益。投资项目国民经济评估要求使用一种反映资源稀缺性和市场供求关系的外汇价格，所以要对现行汇率进行调整，用比较合理的汇率进行换算和计量。

（5）内容和方法不同。投资项目财务分析的内容和方法比较简单，主要采用企业成本与效益的分析方法。投资项目国民经济评估的内容较多，涉及的范围广，需采用费用和效益分析、成本与效益分析和多项目综合分析等方法。

三、投资项目国民经济评估的内容和程序

（一）投资项目国民经济评估的内容

（1）投资项目费用和效益的分析。主要分析计算投资项目在整个计算期内费用和效益的流量情况，以考察投资项目对国民经济的净贡献。这方面主要的评估指标有投资项目的经济净现值、经济净现值率和经济内部收益率。

（2）投资项目国民经济利润及其比率的分析。主要分析计算投资项目达到设计生产能力后的正常年份的经济净效益流量与收益比率，以考察投资项目在正常生产年份的国民经济获利情况和盈利水平，主要评估指标是投资项目的投资净收益率。

（3）投资项目国民经济的外汇效果分析。主要计算分析投资项目在计算期内各年份的经济外汇流入和流出情况，以考察投资项目的经济创汇或节汇能力。主要评估指标有经济外汇净现值、经济换汇成本和经济节汇成本（对于外汇充裕的国家可以不评估这方面的指标）。

（二）投资项目国民经济评估的程序

投资项目国民经济评估的内容广泛，分析计算较为复杂，投资项目国民经济评估

的程序十分独特。主要步骤如下：

（1）对投资项目费用和效益从国民经济的角度进行划分。投资项目费用和效益的识别因投资项目评估目标及其性质、类型的不同而有所区别。效益是指投资项目对国民经济所作出的贡献，包括投资项目本身获得的直接效益和由投资项目引起的外部效益；费用则指国民经济为该项目所付出的代价，包括投资项目本身支出的直接费用和由投资项目引起的外部费用。投资项目国民经济评估应从整个国民经济的发展目标出发，考察投资项目对国民经济发展和资源合理利用的影响，应注意对有关转移支付等的处理，并对投资项目的外部效果进行重点分析和评估。

（2）对计算投资项目费用和效益所用影子价格等国家参数进行分析。投资项目国民经济评估的关键是要确定投资项目产出物和投入物的各种合理的经济价格，必须选择既能反映资源本身的真实社会价值，又能体现供求关系、稀缺物资的合理利用和国家经济政策的经济价格（如影子价格）。按照国家相关规定，合理选用和确定影子价格等国家参数对投资项目费用和效益进行分析。

（3）对投资项目费用和效益等财务基础数据进行调整和评估。对已划定的投资项目费用和效益的各项财务基础数据，按照已确定的影子价格等国家参数进行调整，重新计算投资项目的营业收入、投资和生产成本的支出，以及投资项目投资余值的经济价值，使它们符合国家规定。

（4）对投资项目国民经济评估基本报表进行评估。在对投资项目费用和效益数据进行调整的基础上，编制投资项目国民经济评估基本报表。例如“投资项目国民经济费用效益流量表”等，并对这些报表进行评估。

（5）对投资项目国民经济评估指标进行评估。投资项目国民经济评估就是从国民经济整体角度考察一个投资项目给国民经济带来的效益（净贡献）。遵照国家统一测定颁发的国家参数（如社会折现率、影子汇率和影子工资等），依据投资项目国民经济评估基本报表中的各项数据，估算投资项目国民经济评估指标，考察投资项目给国民经济带来的效益（净贡献），主要对投资项目经济盈利能力、外汇效果及经济偿还能力进行静态和动态的定量分析和评估；对难以用货币价值量化的外部效果做定性分析和评估。

第二节　投资项目费用和效益的划分

一、费用和效益

投资项目的费用和效益的划分随着评估目标的不同而有所不同。投资项目财务分析是以企业净收入的最大化为目标，因此，凡是增加企业收入的就是财务效益，凡是减少企业收入的就是财务费用。投资项目国民经济评估采用的是费用—效益分析法，即站在国家和整个社会的角度，从国民经济的发展目标出发，全面、综合地分析和评估投资项目的效益。费用—效益分析法的前提是对投资项目的费用和效益进行识别与计量。凡投资项目对国民经济所作的净贡献，即由于投资项目的兴建和投产为国家经济提供的总经济效益，均计为投资项目的效益；凡国民经济为投资项目付出的代价，即国家为投资项目建设和生产所付出的全部真实的经济代价，均计为投资项目的费用。投资项目的费用和效益根据其与项目本身的关系又有直接与间接之分。

二、费用和效益的识别与计量

（一）费用和效益的分类

1. 直接费用和直接效益

直接费用是指投资项目使用投入物所产生并在投资项目范围内计算的费用，用影子价格计算其经济价值。直接费用包括投资项目本身的直接投资和生产物料投入，以及其他直接支出。投资项目产生的负效益亦划为费用，不能用货币量化的负效益可用文字做定性分析。

直接效益指投资项目直接增加销售量和劳动量所获得的收益，或为社会节约的开支、减少的损失和节省的资源。直接效益是由投资项目本身产生和提供的产出物或劳务，用影子价格计算其经济价值。直接效益是投资项目产生的主要经济效益。投资项目的直接费用和直接效益统称为内部效果。

2. 间接费用和间接效益

间接费用指国民经济为投资项目付出了代价，而投资项目本身并不实际支付的费用，是由投资项目引起的外部费用。在投资项目国民经济评估中，目前间接费用主要是投资项目所造成的环境污染所需的治理费用，为新建项目服务的配套和附属工程等相关项目投资所支出的其他费用，生活福利设施和公用基础设施所需的费用。如果这类设施专门和全部为此投资项目服务，则应作为该投资项目的组成部分，所有费用都包括在该投资项目的总投资之内，就不需另列计算；如果这类设施不全部为该投资项目提供服务，则应估算投资项目外部效益或根据服务量大小，与其他接受服务的有关投资项目分摊建设投资和经营费用。

间接效益指投资项目对社会作出了贡献，而投资项目本身并未得益的那部分效益。是由于投资项目的兴建和经营，使配套项目和相关部门因增加产量和劳务量而获得的收益。例如，建设一个水电站，一般除发电、防洪灌溉和供水等直接效果外，还必然带来养殖业和水上运动的发展，以及旅游业的增收等间接效益。这些效益包括有形的和无形的、可以用货币计量的和不可计量的。除了经济效益外，还可体现为社会效益、环保效益、政治效益、资源利用效益和军事效益等。但地区间的效益转移，从国家角度来说可以不计。

投资项目的间接费用和间接效益统称为外部效果。在对投资项目进行经济评估时，应复核外部效果，检查计算范围是否合理，有无重复计算和漏算现象，外部效果的计量是否正确。对外部效果，能定量的要尽量进行定量分析，并将计算结果计入投资项目的总效益或总费用中；不能定量的，应做定性描述。

3. 投资项目费用和效益的调整评估

投资项目国民经济评估中的费用和效益，可以在投资项目财务分析中财务收入和支出的基础上进行调整来获得，亦可用影子价格等国家参数直接计算，计算的方法结合投资项目的特点来确定。一般情况下，只将价格扭曲较大的主要投入物和产出物的财务价格调整为影子价格，据以计算投资项目的费用和效益。对这些费用和效益进行评估时，重点分析费用和效益的调整是否符合国家规定的调整原则，调整的内容是否齐全，主要包括固定资产投资、流动资金、经营成本和营业收入的调整计算。

在对费用和效益进行调整时，要遵循下列原则：一是调整不属于费用和效益的内容，应剔除国民经济内部转移支付；二是计算和分析投资项目的间接费用和间接效益（外部效果）；三是使用投入物和产出物的影子价格等国家参数（如影子汇率、影子工资、社会折现率等），对有关经济数据进行调整。

（二）费用的识别与计量

1. 内部费用的识别与计量

内部费用包括以下三种形式：

（1）为满足投资项目所需投入物而加大社会供应量所带来的费用。因投资项目建设大量使用各种投入物，有时需要国民经济增加生产来满足这种需求，从而加大社会供应量，增加的需求必然消耗社会有限的资源。由此所带来的费用，是为增加社会供应量所消耗的资源的真实成本，也就是作为投资项目投入物资源的机会成本。

（2）减少对其他相同或类似企业的供应所带来的费用。有时投资项目所需的投入物不是通过加大社会供应量解决的，而是通过减少对其他企业的供应来提供。在这种情况下，投资项目因减少对其他相同或类似企业的供应所带来的费用，就是按影子价格计算的，上述企业因减少供应而不能正常生产的产品的边际效益。

（3）增加进口或减少出口所带来的费用。为满足投资项目对投入物的需要，还可以通过国家增加进口或减少出口来解决。增加进口所带来的费用，是指因投资项目使用了进口货物作为投入物，增加了国家进口量而多支付的外汇；减少出口所带来的费用，是指因投资项目使用了国家准备用来出口的商品作为投入物，减少了国家的出口量而损失的外汇收入。

2. 外部费用的识别与计量

在费用和效益分析中所考虑的外部费用主要是指投资项目废物产生的环境污染给

社会造成的损失。环境污染包括空气污染、水污染、固体废物的堆积和噪声造成的污染等。对于投资项目所造成的污染，首先，要进行鉴别，并与国家规定的标准进行比较，考察污染的程度。其次，对污染所付出的代价，能用货币量化的尽可能量化，量化确实困难的，可做定性分析。量化可以考虑以下两个方面：一是为了清除污染或减少污染，社会所消耗资源的价值；二是投资项目为其产生的污染所支付的赔偿金和罚款。后者可参照同类企业的经验数据计算。

（三）效益的识别与计量

1. 内部效益的识别与计量

与内部费用的形式相对应，内部效益也包括三种形式。

（1）投资项目投产后增加社会总供给量所带来的效益。投资项目投产后增加的社会总供给量，是指由此而增加的国内最终消费品或中间产品。从理论上讲，其效益应当按消费者或用户愿意支付的价格来计量。在实际情况下，这种愿意支付的价格不太容易确定，因而也可以用依据调价方法调整后的价格来计量。

（2）投资项目投产后减少了相同或类似企业的产量所带来的效益。某些投资项目投产后并没有增加整个社会的产品数量，只是提供了与被替代企业等量的产品。从理论上讲，这种情况下的效益是被替代企业因为停产或减少产量而节省的资源价值。这些资源价值可以按消费者或用户愿意支付的价格来计量，也可以用依据调价方法调整后的价格来计量。

（3）增加出口或减少进口所带来的效益。增加出口所带来的效益，是指投资项目投产后因增加国家出口产品的数量而增加的外汇收入；减少进口所带来的效益，是指投资项目投产后其产品可以替代进口产品，减少国家等量产品的进口而节省的外汇。

2. 外部效益的识别与计量

外部效益的表现形式也是多种多样的，在费用和效益分析中所考虑的外部效益主要包括以下几个方面。

（1）技术扩散和示范效果。技术扩散和示范效果的产生是由于建设技术先进的项目会培养和造就大量的技术人员和管理人员。它们除了为本项目服务外，由于人员流动、技术交流也会对整个社会经济发展带来好处。这部分外部效益比较容易鉴别，但很难量化，在费用和效益分析中一般只做定性分析。

（2）产业关联效果，给“上下游”企业带来的效益。“上游”企业是指为投资项目提供原料或半成品的企业；“下游”企业是投资项目为其提供原料或半成品的企业。之所以会给“上下游”企业带来效益，这是投资项目的“联系效应”所致。所谓“联系”，是指一个部门（或项目）在投入或产出上与其他部门（或项目）之间的关系。一个部门（或项目）和向它提供投入的部门（或项目）之间的联系叫作“后向联系”，也就是投资项目与“上游”企业的联系。一个部门（或项目）和吸收它的产出的部门

（或项目）之间的联系叫作“前向联系”，也就是投资项目与“下游”企业的联系。投资项目与“下游”企业的联系产生的效果叫“前联”效果，投资项目与“上游”企业的联系产生的效果叫“后联”效果。产生“前联”效果的投资项目，一般是指基础工业项目，如原材料工业、能源工业、交通运输业项目等。在整个国民经济中，可能由于原料产品或中间产品的缺乏会使一大批有效益的加工和制造项目失去投资的机会，而所评估的基础工业项目投产后，会给这些加工和制造项目创造投资和取得效益的机会。产生“后联”效果的投资项目，一般是指加工和制造工业项目，此类项目的建立会刺激和鼓励那些为它提供原料或半成品的工业得到发展。

（3）投资项目的关联效果，也即投资项目对“上下游”企业产生的效益主要表现在两个方面：

①投资项目使“上下游”企业闲置的生产能力得以充分利用从而增加的净效益。如果投资项目在建设之前，为其提供原材料的“上游”企业的产品市场需求不足，因而不能充分利用现有的生产能力，则该投资项目投产后，增加了“上游”企业产品的市场需求量，使得“上游”企业提高了生产能力，增加了净效益。这里要注意以下两点：未被利用的生产能力是国内需求不足或供给不足所致，除采取拟建项目投资措施外，鲜有其他办法可以提高需求或增加供给；只考虑整个投资项目运营期内这种闲置生产能力被利用所增加的净效益。

②投资项目投产后，使“上下游”企业的生产规模达到了规模经济，特别是“上游”企业，为了满足对所增加投入物的需求，不得不增加该种产品的供给，从而使其扩大生产规模，达到规模经济。这里也要注意两点：“上下游”企业的生产规模处于规模不经济状态；“上下游”企业达到规模经济除采取拟建项目投资措施外，别无其他途径可以使其达到规模经济状态。

从实践来看，在计算“上下游”企业的效益时，往往重视第一个方面，因为它可能产生较大的可量化的外部效益。而对第二个方面，可忽略不计，因为对其鉴别和计量比较困难，产生的影响用数量表示又不是很明显。除非情况特殊，一般不需要花很大的精力考察这部分外部效益。

（四）转移支付的处理与评估

在识别与计量费用和效益时，要剔除“转移支付”。“转移支付”是指那些既不需要消耗国民经济资源，又不增加国民经济收入，只是一种归属权转让的款项，只表现为相关资源的支配权在两个项目相关利益主体之间的转移，包括税金、补贴和国内借款利息。由于这些转移支付都有货币收支发生，所以其在财务效益评估中属于投资项目费用和效益，但由于这些转移支付并不真正导致国民收入的增减，所以，在投资项目国民经济评估中，其不属于投资项目费用和效益的范畴，应予以剔除。

1. 税金

列为转移支付的税金包括营业税金及附加、房产税、土地使用税和车船使用税等。

从企业角度看，税金是企业实际支出的金额，应计入成本。在财务效益评估中，房产税、土地使用税和车船使用税在管理费用中列支，计为投资项目的支付；营业税金及附加是企业拿出按营业收入的一定比例计算的款项上缴给国家财政，也是投资项目的支付。但投资项目国民经济评估是站在国民经济角度考察投资项目的，以是否增加国民经济的资源消耗或增加国民经济收入价值来判定费用和效益，各种税金支付，实际上并不花费任何资源，只是投资项目所在部门把这笔款项转付给财政部门。因此，在投资项目国民经济评估中，这些税金不列入投资项目的费用，否则就会高估投资项目的经济代价，从而降低投资项目的效益。

2. 补贴

补贴实际上是一种与税金相反的转移支付，是指根据国家政策的规定给某些产品的价格补贴。这种补贴，从获得者角度来看，它少支付了相当于补贴金额的款项，意味着投资项目降低了成本，增加了效益。因此，在财务效益评估中，这部分价格补贴金额表现的是投资项目的效益。但从国民经济角度考察投资项目，为生产这些包含价格补贴的产品所消耗的资源并没有因价格补贴而减少，国民经济收入也没有因此而增加。在投资项目国民经济评估中，不应把这种补贴作为投资项目的效益，以免低估投资项目的经济代价，人为地增加投资项目的效益。

3. 国内借款利息

借款利息分为国内借款利息和国外借款利息。在财务效益评估中，国内借款利息是作为投资项目的费用来处理的，但从国民经济角度考察投资项目，它也属于一种转移支付，即由企业拿出一部分款项转付给国家的金融机构。这种转付并没有因此而增加国民经济的收入或增加国民经济的资源消耗。故在投资项目国民经济评估中，不把国内借款利息列入投资项目费用。

直接与投资项目有关的国内各种税金、国内借款利息、职工工资等在投资项目财务效益评估中属于现金支出列入投资项目费用，而在投资项目国民经济评估中就属于国民经济内部的转移支付，不作为投资项目的费用；同样，国家对投资项目的各种补贴在国民经济评估中亦不作为投资项目的效益，而属于内部转移支付。因为上述情况都未造成国内资源的实际增加或耗费，应从投资项目的费用和效益中剔除。只有国民经济为投资项目所付出的代价（如经营费用、自然资源、外汇等）才列为投资项目费用。在建设投资项目和其他物料投入中包含的职工工资，应看作投资项目和其他行业对国民收入的贡献，因此，在评估中可不予扣除。

在进行投资项目国民经济评估时，应复核可行性研究报告中的国民经济评估是否从投资项目原效益和费用中剔除了各项税金以及企业支付的国内借款利息和国家给企业的各种形式的补贴等转移支付的部分。

第三节 投资项目国民经济评估的国家参数

一、国家参数的含义

国家参数是指在投资项目国民经济评估中，为分析计算费用和效益，衡量技术经济指标所使用的各种参数的统称。

从社会角度看，国家参数应反映资源的最佳配置，体现国家的价值判断、国家目标和国家政策，参数是指标计量的依据，又是价值判断的标准，因而在投资项目国民经济评估中发挥着重要的作用，直接影响着项目评估和选定的结果。一般来讲，各部门、各地区和各项目所使用的国家参数应当是一致的。但在极特殊的情况下也有可能不一致，如由于历史和自然条件原因而欠发达的地区，或那些急需发展的国家，以及比较重要的部门的项目，有可能不采用统一的国家参数。

国家参数应随着时间的推移而不断调整，因为在不同时期，国家有不同的价值判断、经济目标和经济政策。随着经济的发展，投资项目国民经济评估方法和理论体系日臻完善，国家参数也要不断地进行测算和修订，力求达到投资资金的最佳配置，准确反映国家的价值判断、经济目标和经济政策。

二、国家参数的分类

在投资项目评估中，投资项目国民经济评估的国家参数是计算、分析、评估投资项目投入费用和产出效益、判断投资项目宏观经济合理性所使用的基础数据和判别标准。它是投资项目费用和效益计算的基础和决定投资项目取舍的主要依据，是衔接微观项目投资选择与宏观经济目标的纽带，使投资项目选择符合国家经济社会发展目标和宏观调控意图。使用投资项目国民经济评估的国家参数的目的是保证各类项目评估标准的统一性和评估结论的可比性。因此，要求投资项目国民经济评估的国家参数取值合理，符合客观实际。投资项目国民经济评估的国家参数从参数制定颁布的层次结构上可分为国家级通用参数与项目级一般参数。

国家级通用参数包括社会折现率、影子汇率、影子价格、影子工资等，是由国家相关部门统一测定、定期修改、调整和发布的国家级通用参数，供各类项目统一使用。

项目级一般参数是根据项目对国民经济的具体影响所决定的、在项目一级自行确定的投资项目专用参数。如投资项目主要投入物和产出物的影子价格，投资项目占用资源的机会成本等。这些参数应由投资项目评估人员根据投资项目评估的需要和国家参数的要求，按国家统一规定的原则和方法自行测定。

下文重点介绍国家级通用参数。

（一）影子价格

投资项目国民经济评估的关键是评估中所采用的价格，用现行价格来计算投资项目的费用和收益，不能正确反映投资项目的经济合理性，因此，在投资项目费用和效益评估中采用了一种更为合理的价格体系，即影子价格（Shadow Price）。

影子价格的概念最早由坎托罗维奇研究并应用于经营决策分析；其后，又由库普曼斯独立提出和研究，并应用于生产活动分析。理论意义上的影子价格是通过线性规划计算出来的，规划从优化资源配置出发，本身并不含资源的价格，但由于对偶规划的存在，一旦实现了资源的最佳配置，各种资源的最优计划价格也就如影随形地产生了，这就是影子价格这一术语的由来，也就是学界通常所说的“影子价格是线性规划的对偶解”。影子价格也被称为最优计划价格、机会成本或会计价格。但是这种理论意义上的影子价格要求的条件比较严格，在实际生活中很难计算出来。按照国内外惯例，实际的影子价格通常以口岸价格（国际市场价格，下同）为基础。

在经济数学中，影子价格是指对现行价格进行调整所依据的合理价格。理论意义上的影子价格是指当经济处于某种最优状态下时，能够反映社会劳动的消耗，能更好地反映产品的价值、资源稀缺程度和最终产品状况的价格。从价格产出的效果来讲，影子价格应该能使资源配置向优化的方向发展。影子价格是人们对所用资源的一种评价，它不用于商品交换，而用于预测、计划和投资项目评估等工作中。也就是说，影子价格是人为确定的、比交换价格更为合理的价格。

影子价格是用线性规划把社会资源和价格联系起来，在一定经济结构中，以线性规划方法计算反映资源最优利用的价格。某种资源的影子价格并不是固定的数值，而是随着经济结构变化。当目标函数和约束条件发生变化时，整套影子价格也会随之变化。

（二）社会折现率

社会折现率是资金的影子价格，也是投入资金的机会成本。社会折现率反映国家对资金稀缺程度和对资金时间价值的估量，是社会可接受的最低投资收益率的标准。它是投资项目国民经济评估的重要国家级通用参数，作为计算合理价格和经济净现值的折现率，并作为衡量经济内部收益率的基准值，是评估投资项目经济可行性和进行方案比优的主要依据。合理的社会折现率可以起到控制投资规模、调节投资方向、优化投资结构和提高投资效益等作用。如果社会折现率定得过高，投资资金供过于求，将导致资金积压，也会过高估计货币的时间价值，使投资者偏爱短期项目；如果社会折现率定得过低，在投资项目国民经济评估中有过多的项目通过检验，将导致投资资金不足，同时也会过低地估计货币的时间价值，使投资者偏爱长期项目。因此，适当的社会折现率有利于正确引导投资，改变资源配置情况，调节资金的供求。

（三）影子汇率

影子汇率是指两国货币实际购买力的比价关系，即外汇的影子价格，是把单位外汇换成人民币的真实价值。发展中国家一般都存在着不同程度的外汇短缺，政府会根据实际情况不同程度地对外汇实施管制，低估外汇价值，市场汇率往往不能反映外汇的真实价值。因此，在投资项目国民经济评估中，需要利用影子汇率将外汇折算为人民币；对于非美元的其他国家货币，可先按当时国家外汇管理局公布的汇价折算为美元，再用影子汇率折算为人民币。影子汇率是投资项目国民经济评估的重要国家级通用参数，用作计算各类项目投入物与产出物中外贸货物影子价格的基础，亦是衡量经济换汇（节汇）成本等经济外汇效果指标的依据。影子汇率的高低，影响投资项目比较选择中的进出口抉择，间接影响投资项目的经济合理性。影子汇率可通过国家外汇牌价（官方汇率）乘以影子汇率换算系数求得，由国家统一测定发布。根据我国的进出口结构、外汇机会成本、换汇成本和供需状况，1993 年发布的影子汇率换算系数为 108（为官方汇率的 1.08 倍）。

（四）影子工资

影子工资是劳动力的影子价格，应以劳动力的机会成本来计量，是指拟建项目使用劳动力以及国家和社会为此而付出的代价，其由两部分组成：一是劳动力的机会成本，即由于所评估投资项目的建设而使其他部门流失的劳动力的边际产出；二是因劳动力就业或转移所增加的社会资源消耗，如交通运输费用、城市管理费用等。实际上，劳动力的机会成本是很难计算的。至于第二部分的估算就更加困难了，因为在投资项目评估阶段，难以预测到底会增加多少社会资源的消耗。所以，一般以财务效益评估中的现行工资及福利基金为基础，乘上适当的工资换算系数，即变换为影子工资。根据我国劳动力现状、结构和就业水平，对于一般劳动力，工资换算系数可取 1.0。若是所在地区就业压力大，占用大量非熟练劳动力的投资项目，可取小于 1.0 的工资换算系数。因为在这种情况下，劳动力的机会成本是相对比较小的，如在建设期内使用大量民工的投资项目（如水利、公路、铁路等投资项目），其民工的工资换算系数可取 0.5。对于占用大量熟练劳动力的投资项目，可取大于 1.0 的工资换算系数，一般在 1.5 ~ 2.0。对于工程技术人员和专业管理人员，其工资换算系数一般取 4，因为在这种情况下，劳动力的机会成本相对比较大，为培训、转移所消耗的社会资源也较多。上述只是给出一个范围，在确定具体数值时，还要由评估人员根据投资项目及投资项目环境的特点，按照上述原则进行分析和判断。

三、国家参数的评估

（一）国家参数的评估

（1）进行投资项目国民经济评估时，对国家参数选取的评估，应重点评估选用国家参数的使用条件、货物（或服务）影子价格的测算方法、取值依据及其可靠性。

（2）对社会折现率、影子汇率和影子工资的评估，主要评估其是否选用国家有关部门最新颁布的数值，使用是否合理。

（二）国家参数中影子价格的评估

（1）评估时，应重点审核投资项目评估中影子价格的估算方法和使用条件，是否符合国家有关规定，选取的数据是否符合投资项目的具体情况，是否根据市场发展的新情况，综合考虑测算货物或服务的影子价格。

（2）在评估外贸货物影子价格时，应审核其是否充分分析了国际市场供求变化趋势，并特别注意到由于倾销或暂时紧缺出现价格过低或过高的情况，口岸价格是否考虑货物的来源和出口流向，并力求做到准确合理。

（3）在评估非外贸货物影子价格时，应审核其是否根据市场情况，判断投资项目的使用或生产对市场产生的影响，并分别采用了不同的计算方法。

（4）评估时，应审核是否根据市场发展的新情况，综合考虑和测算了特殊投入物的影子价格。

（5）评估时，应根据投资项目的实际情况，审核选用参数的使用条件及调整数据的依据及其合理性，并要注意各种影子价格之间的协调，使用国家相关部门最新发布的数据。

第四节　投资项目国民经济评估中的价格调整

一、价格调整范围和货物的划分

（一）价格调整范围

为让现行价格更加合理，需要在投资项目国民经济评估中对投入物和产出物进行价格调整。需要调整价格的投入物和产出物有两个条件：一是价格严重不合理、价差大的投入物和产出物；二是在费用和效益计算中占的比重较大、影响较大的投入物和产出物。只有符合这两个条件的投入物和产出物，才调整其价格。

（二）货物的划分

价格调整就是把不太合理的现行价格调整为基本合理的价格——影子价格。在确定影子价格时，在项目投入物和产出物中有些是具有市场价格的货物或服务；而有些货物或服务则不具有市场价格，或市场价格难以真实反映其经济价值；还有些是特殊投入物，如劳动力和土地。运用影子价格进行价格调整前，要鉴别货物的类型，对不同类型的投入物和产出物，要采取不同的价格调整方法。通常把项目投入物和产出物划分为外贸货物、非外贸货物和特殊投入物三种类型。

（1）外贸货物是指其生产、使用将直接或间接影响国家进出口水平的货物。产出物包括直接出口、间接出口（内销产品，替代其他企业的产品使其增加出口）或替代进口产出物；投入物包括直接进口投入物、间接进口投入物（占用其他企业的投入物使其增加进口）或占用原可用于出口的国内产品（减少出口投入物）。

（2）非外贸货物是指其生产或使用不影响国家进出口水平的货物。除基础设施产品和服务外，还包括受运输、贸易政策等条件限制不能进行外贸交易的货物。

（3）特殊投入物包括劳动力和土地。

二、外贸货物影子价格的确定方法

影子价格属于重要的国家参数，一般应由国家发展和改革委员会或其他有关权威机构测算并颁发。但可作为投入和产出的货物成千上万，因受各方面条件的限制，国家相关部委和机构不可能测算出所有投入物和产出物的影子价格，大部分投入物和产出物的影子价格需要投资项目评估人员自己进行测算。为此，需要了解确定影子价格的基本方法，首先介绍外贸货物影子价格的确定方法。

外贸货物影子价格以口岸价格为基础，通过加减国内长途运输费用和贸易费用来确定。

（一）项目产出物（以出厂价计）影子价格确定方法

1. 直接出口的产出物

影子价格 = 离岸价格 × 影子汇率 − 国内费用 − 贸易费用　　（式 9－1）

2. 间接出口的产出物

影子价格 = 离岸价格 × 影子汇率 − 原供应厂到口岸的运输费用和贸易费用 +
原供应厂到用户的运输费用和贸易费用 −
用户到拟建项目的运输费用和贸易费用　　（式 9－2）

从增加或减少资源消耗来分析：没有拟建项目，就不会发生原供应厂到口岸以及用户到拟建项目的运输费用和贸易费用，但会发生原供应厂到用户的运输费用和贸易费用。有拟建项目，前者发生了，后者就不再发生，显然，作为计算效益的价格应当从中减去增加的资源消耗（前者），加上减少的资源消耗（后者）。

3. 替代进口的产出物

影子价格 = 到岸价格 × 影子汇率 − 口岸到用户的运输费用和贸易费用 +
用户到拟建项目的运输费用和贸易费用　　（式 9－3）

从增加或减少资源消耗来分析：没有拟建项目，不会发生用户到拟建项目的运输费用和贸易费用，但会发生口岸到用户的运输费用和贸易费用。有拟建项目，前者发生了，后者不再发生。显然，作为计算效益的价格，应当从中加上节省的资源消耗，减去增加的资源消耗。

（二）项目投入物（以进厂价计）影子价格确定方法

1. 直接进口的投入物

影子价格 = 到岸价格 × 影子汇率 + 口岸到拟建项目的运输费用和贸易费用
（式 9－4）

2. 间接进口的投入物

影子价格 = 到岸价格 × 影子汇率 + 口岸到用户的运输费用和贸易费用 - 原供应厂到用户的运输费用和贸易费用 + 原供应厂到拟建项目的运输费用和贸易费用　　（式 9 - 5）

从增加或减少资源消耗来分析：没有拟建项目，不会发生口岸到用户及原供应厂到拟建项目的运输费用和贸易费用，但会发生原供应厂到用户的运输费用和贸易费用。有拟建项目，前者发生了，后者不再发生。显然，作为计算费用的价格，应当从中加上增加的资源消耗，减去节省的资源消耗。

3. 减少出口的投入物

影子价格 = 离岸价格 × 影子汇率 - 原供应厂到口岸的运输费用和贸易费用 + 原供应厂到拟建项目的运输费用和贸易费用　　（式 9 - 6）

从增加或减少资源消耗来分析：没有拟建项目，不会发生原供应厂到拟建项目的运输费用和贸易费用，但会发生原供应厂到口岸的运输费用和贸易费用。有拟建项目，发生了前者，后者不再发生。显然，作为计算费用的价格，应当从中加前者，即增加的资源消耗，减去后者，即减少的资源消耗。

三、非外贸货物影子价格的确定方法

（一）项目产出物的定价方法

项目产品为非外贸货物，则应按国内市场上这种产品的供需关系决定其影子价格，可分两种情况：

（1）项目产品能增加国内供应量和总消费。当市场供求基本均衡时，可按企业财务价格定价；当市场供不应求时，可参照国内市场价格及其变化的趋势定价，但不应高于相同质量产品的进口价格；对无法判断供求情况的产出物，取上述价格中较低者。

（2）项目产品不能增加国内供应数量，可替代其他相同或类似企业的产出物。质量与被替代产品相同的，应按照被替代企业生产相应产品的价格定价；对于提高了产品质量的产出物，应按被替代产品的价格再加上提高产品质量而带来的价值定价。

（二）项目投入物的定价方法

（1）企业能通过挖潜（不增加投资）而增加供应的项目投入物。现有企业不用通过新增投资去新建生产能力就可以直接供给的，可按可变成本分解定价。

（2）企业需新建生产能力才可提供的项目投入物。现有企业需通过增加投资扩大生产规模来满足项目投入需要的，则按全部成本（包括可变成本和固定成本）分解定价。当难以获得分解成本所需要的资料时，可参照国内市场价格定价。

（3）项目计算期内无法通过扩大生产规模增加供应的（减少用户的原供应量），参照国内市场价格、国家统一价格加补贴（如有时）中较高者定价。

项目投入物按上述原则定价后，再加上运输费用和贸易费用计算为进厂价格。

（三）非外贸货物的成本分解方法

成本分解方法是一种测算非外贸货物影子价格的重要方法。用分解成本作为某些产出物或投入物的影子价格，是基于如下的判断：口岸价格基本代表了国际市场价格，国际市场价格是基本合理的价格，对现行价格进行调整，应该以口岸价格为基础。另外，外贸货物的影子价格以口岸价格为基础进行测算，非外贸货物也必须以相同的基础来估价，以保证每种产出物和投入物始终都用相同的基础进行估价。非外贸货物不能直接以口岸价格为基础定价，因为它们是不可对外进行贸易的。但生产非外贸货物所用的原材料、零部件、燃料等可能是外贸货物。为了符合上述判断，要对非外贸货物的成本进行分解，并分别对各生产费用要素进行调价，其中的外贸货物，以口岸价格为基础，按照外贸货物的调价方法调价，非外贸货物用规定的方法调价。

用成本分解方法测算非外贸货物的影子价格，在产出物中，仅包括项目产品替代其他同类企业的产出物，致使被替代企业停产或减产的情况；在投入物中，除减少用户的原供应量的情况外，通过现有企业挖潜和通过增加投资扩大生产规模来满足项目对投入物的需求的情况，都要用成本分解方法调价。分解成本可分解变动成本，还可分解总成本。

对于上述情况和通过现有企业挖潜满足项目投入物需求的情况，用分解变动成本的方法调价；对通过增加投资扩大生产规模满足项目投入物需求的情况，则用分解总成本的方法调价。

分解成本，首先，要对所分解的投入物或产出物按现有生产该种物品的企业的成本费用要素进行分解，并剔除其中的税金，因为税金属于转移支付，不计入物品的费用。这里的税金主要是指包括在成本中的房产税、土地使用税、车船使用税、进口原材料的关税、进口增值税等。其次，对分解出来的原材料、燃料及其他物料投入进行分类，分为外贸货物、非外贸货物、特殊投入物，并按规定的各自调价方法分项进行调价。其中重要的，即在总费用中所占比重较大的属于非外贸货物的物料投入要进行第二轮分解。再次，调整在生产费用中的折旧和流动资金贷款利息。因为折旧是用静态方法计算出来的，并且作为计算基础的建设投资是没有调过价的。调整这项费用要用调过价的建设投资和动态方法进行。流动资金贷款利息调整是基于这样的考虑，在原成本费用中，利息是按照没有调过价的流动资金计算的，所用的利率是现行利率。对其调整，要按调过价的流动资金和社会折现率来计算。

分解成本的步骤为：

（1）按费用要素列出某种非外贸货物的财务成本、单位货物的建设投资额及流动资金，并列出该货物生产厂的建设期限、建设期各年投资比例。

（2）剔除上述数据中包含的税金。

（3）对外购原材料、燃料等投入物的费用进行调整。其中有些是可直接使用的给定的影子价格或换算系数。对重要的外贸货物应自行测算其影子价格，重要的非外贸货物可留待第二轮分解。有条件时，也应对投资中某些占比较大的费用项目进行调整。

（4）工资及福利费和其他费用原则上不予调整。

（5）计算单位货物总投资（包括建设投资和流动资金）的资金回收费用，对折旧和流动资金贷款利息进行调整。

四、特殊投入物影子价格的确定方法

（一）劳动力影子价格的确定方法

劳动力影子价格即为影子工资，其公式为：

劳动力的影子价格 = 工资及福利费 × 影子工资换算系数　　（式 9－7）

影子工资换算系数由国家统一测定发布。一般来讲，影子工资换算系数的大小取决于项目所在地区劳动力的充裕程度以及项目所用劳动力的技术熟练程度。项目所在地区劳动力越充裕，项目所用劳动力的技术熟练程度要求越低，影子工资换算系数越低，反之则相反。

（二）土地影子价格的确定方法

土地影子价格即为土地的影子费用。土地作为投资项目的一项投入，国民经济为此而付出的代价为增加的资源消耗和土地的机会成本。因此，土地的影子费用可用国民经济为投资项目使用土地而增加的资源消耗和土地的机会成本来计量。国民经济为土地投入而增加的资源消耗是指投资项目所支付的拆迁费、安置费等。没有投资项目，就不会发生这部分支付；有投资项目，则这部分资源的消耗不可避免。这部分费用在项目的投资中已经支付，在费用和效益的分析中仍作为费用处理。但在对项目的建设投资进行调整时，要扣除这部分支付外的其他因征用土地而支付的费用，如土地征用费、青苗补偿费等。因为这部分支付属于国民经济内部的转移支付，不再作为费用处理。

土地的机会成本有两种考虑：①若投入的土地除投资项目使用外，别无其他潜在用途（如该土地是荒山野岭），则土地作为一种投入，其机会成本为零；②若投入的土地还可作他用，则土地作为一种投入，其机会成本为已不能再作他用所放弃的净效益。

与投资项目的其他物料投入的机会成本是已不再作他用所放弃的效益不同，土地的机会成本是放弃的净效益。因为，其他物料投入，作为投资项目的投入物，既要有费用发生，又要产生效益，而作他用，也要有费用发生，有效益产生。取得的效益与放弃的效益中都包括一定比例的费用，所以具有可比性。而土地不同，作为一项投入物，它只会产生效益，而不会因此发生费用，而放弃的效益中包括一定比例的费用，这样，取得的效益与放弃的效益没有可比性。若把土地的机会成本定义为所放弃的效益，就人为地增加了土地费用。

在费用和效益分析中，以机会成本作为土地费用有两种处理方法：一是计算项目占用土地期间各年净效益的现值之和，作为一项土地费用计入项目的建设投资中；二是将各年的净效益现值之和换算成等值效益，作为投资项目每年的投入。一般采用第一种处理方法。

第五节　投资项目国民经济评估报表和评估指标

一、投资项目国民经济评估报表

编制投资项目国民经济费用效益流量表，以全部投资为计算基础，主要用于计算经济内部收益率和经济净现值等评估指标，进行静态和动态分析。

（一）投资项目国民经济费用效益流量表（全部投资）

投资项目国民经济费用效益流量表不分投资资金来源，以全部投资作为计算基础，用以计算全部投资的经济内部收益率和经济净现值等评估指标，考察项目全部投资的国民经济盈利能力，为各个投资方案（不论其资金来源如何）进行比较建立共同基础，投资项目国民经济费用效益流量表如表9－1所示。

表9－1　投资项目国民经济费用效益流量表

序号	项目	建设期		投产期		达产期					合计
		1	2	3	4	5	6	7	…	n	
	生产负荷（%）										
1	效益流量										
1.1	投资项目直接效益										
1.2	资产余值回收										
1.3	投资项目间接效益										
2	费用流量										
2.1	建设投资										
2.2	维持运营投资										
2.3	流动资金										
2.4	经营费用										
2.5	投资项目间接费用										
3	净效益流量										

（二）投资项目国民经济费用效益流量表（国内投资）

对于利用外资的投资项目，除了要编制全部投资项目国民经济费用效益流量表外，还要编制国内投资项目国民经济费用效益流量表，表的格式与表9－1相似，以国内投资为计算基础，反映国外贷款本利偿还、外资支付等财务条件，用以计算国内投资中各项国民经济评估指标，作为利用外资项目经济评估和方案比较选择的依据。

（三）出口（替代进口）产品国内资金来源流量表

涉及产品出口创汇或替代进口结汇的项目，还需要编制出口（替代进口）产品国内资金来源流量表，以便计算经济换汇成本或经济节汇成本指标，其格式如表9－2所示。

表9－2　　出口（替代进口）产品国内资金来源流量表

序号	项目	建设期		投产期		达产期				合计
		1	2	3	4	5	6	…	n	
	生产负荷（%）									
1	建设投资中国内投资									
2	流动资金中国内投资									
3	经营费用中国内投资									
4	其他国内投资									
5	国内资金来源流量合计									

表9－2具有两个功能：一是汇总计算期内各年国内资源消耗的价值量，包括全部投资中的国内投资和经营费用中的国内投资和其他国内投资。二是依据汇总的国内资金来源流量总额和设定的社会折现率，计算国内资金来源流量现值和出口产品中国内投资现值。各项国内资源消耗价值量依据各对应辅助报表填列，或直接填列，或经过分析、综合整理后填列，如“建设投资中国内投资”依据建设投资估算表填列。

二、投资项目国民经济评估指标

投资项目费用和效益评估包括投资项目国民经济盈利能力评估和投资项目国民经济外汇效果评估，以经济内部收益率为主要评估指标。根据投资项目特点和实际需要，也可计算经济净现值等评估指标。产品出口创汇及替代进口结汇的项目，要计算经济外汇净现值、经济换汇成本和经济节汇成本。此外，还可对难以量化的外部效果进行定性评估。

（一）投资项目国民经济盈利能力评估指标

投资项目国民经济评估是从国民经济整体角度考虑项目给国民经济带来的净贡献（净效益）。此外，还对难以量化的外部效果作定性评估。评估主要采用经济内部收益率和经济净现值。根据投资项目特点和实际需要，在多方案经济效益比选时，还可采用经济净现值率对不同投资项目进行排序；在进行投资项目初选时，也可采用投资净收益率和投资净增值率进行评估。

1. 经济内部收益率

经济内部收益率（Economic Internal Rate of Return，EIRR）是在投资项目生命期（计算期）内逐年累计的经济净效益流量的现值等于零时的折现率，即项目动态投资最大收益率。它是反映投资项目对国民经济净贡献的相对效果指标，是投资项目国民经济评估的主要判断依据。其表达式为：

$$\sum_{i=1}^{n}(CI-CO)_i\times(1+EIRR)^{-i}=0 \qquad (式9-8)$$

式中：CI——现金流入量；

CO——现金流出量；

$(CI-CO)_i$——第 i 年的经济净效益流量；

n——计算期；

$EIRR$——经济内部收益率。

当经济内部收益率等于或大于社会折现率时，说明项目占用投资对国民经济的净贡献达到或超过了投资要求的水平，这时投资项目可以接受；反之，则投资项目在经济上不合理。

2. 经济净现值

经济净现值（Economic Net Present Value，ENPV）是反映投资项目对国民经济净贡献的绝对指标，它是用来进行投资项目国民经济评估和方案比选的主要依据。它是指用社会折现率将投资项目计算期内各年的经济净效益流量折算到建设期初的现值之和。其表达式为：

$$ENPV=\sum_{i=1}^{n}(CI-CO)_i\times(1+i_s)^{-i} \qquad (式9-9)$$

式中：i_s——社会折现率。

经济净现值等于或大于零，表示国家为拟建项目付出代价后，可以得到符合社会折现率的社会盈余，或除得到符合社会折现率的社会盈余外，还可得到以现值计算的超额社会盈余，因此，应认为该项目是可以考虑进行投资的。

3. 经济净现值率

经济净现值率（Rate of Economic Net Present Value，ENPVR）是反映项目单位投资和对国民经济所作贡献的相对效果的动态评估指标。它是经济净现值与总投资现值之比，即单位投资现值的经济净现值。

$$ENPVR=ENPV\div EI_p \qquad (式9-10)$$

式中：EI_p——总投资现值。

经济净现值率一般可按全部投资和国内投资分别计算。在分别计算时，公式中的数据应根据评估指标的要求做相应的调整。

4. 投资净增值率

投资净增值率（DVR）是指投资项目达到正常生产能力规模年份所带来的国民收入净增值与项目的经济总投资额之比。它是衡量项目单位投资所能获取的国民收入净增值的静态效益评估指标，多用于投资项目的初选阶段。其计算公式为：

投资净增值率 = 国民收入净增值 ÷ 项目的经济总投资额

投资净增值率也可按全部投资和国内投资分别计算。在以全部投资作为计算基础时，其净增值部分为投资项目的直接收益和间接收益之和减去投资项目的物料投入（直接和间接部分）及折旧。

在以国内投资作为计算基础时，其净增值部分为投资项目的直接收益和间接收益之和减去投资项目的物料投入、投资项目流到国外的资金（主要有外籍人员工资、国外借款本息、支付给外国投资者的利润、股息、技术转让费、保险费等）及折旧。一般地，计算出的投资净增值率应高于国家规定的有关标准，且越大越好。

5. 投资净收益率

投资净收益率（TVR），又称投资利税率，是指投资项目达到正常生产年份所获得的社会净收益（包括利润与税金）与项目的经济总投资额之比。它也是进行投资项目评估和初选时常用的静态指标。

$$TVR = SS \div EI \times 100\% \qquad (式9-11)$$

式中：EI——项目的经济总投资；

SS——投资项目正常生产年份的社会净收益（年社会净收益 = 年产品销售收入 + 年外部效益 - 年经营成本 - 年折旧 - 年技术转让费 - 年外部费用）。

投资净收益率也可按全部投资和国内投资分别计算。其中，年社会净收益的数值应等于国民收入净增值减去项目支付给职工的工资及福利费。

（二）投资项目国民经济外汇效果评估指标

对于涉及产品出口创汇及替代进口结汇的投资项目，还需进行投资项目国民经济外汇效果的分析，主要是通过经济外汇净现值、经济换汇成本、经济节汇成本 3 个评估指标来反映。投资项目国民经济外汇效果分析也是评估投资项目实施后对国家外汇状况的影响程度及外汇经济效益。

1. 经济外汇净现值

经济外汇净现值是指生产出口产品的投资项目的外汇流入和外汇流出的差额，采用影子价格和影子工资计算，按规定的折现率（国外贷款平均利率或社会折现率）折算到基年的现值之和。

经济外汇净现值可用来分析评估拟建项目实施后对国家的外汇净贡献（创汇）或净消耗（用汇）程度，也可用来分析评估投资项目实施后对国家外汇收支的影响。一般该评估指标可以通过经济外汇流量表直接求得。其表达式为：

$$经济外汇净现值 = \sum_{t=1}^{n} (FI - FO)_t \times (1 + i_s)^{-t} \qquad (式9-12)$$

式中：FI——生产出口产品的外汇流入（包括外汇贷款、出口产品的收入、替代进口的价值）；

FO——生产出口产品的外汇流出（包括以外汇形式支付的原材料费、设备费、外籍人员工资、技术转让费、外汇借款本息等）；

$(FI-FO)_t$——第 t 年的净外汇流量；

i_s——社会折现率；

n——计算期。

一般情况下，要求经济外汇净现值大于或等于零。

2. 经济换汇成本

经济换汇成本也称换汇率，它是分析评价项目实施后生产的出口产品在国际上的竞争能力和判断产品能否出口的一项重要评估指标。它主要适用于生产出口产品的投资项目。

经济换汇成本是指用影子价格、影子工资和社会折现率计算的投资项目为生产出口产品而投入的国内资源现值（以人民币表示）与出口产品的经济外汇净现值（通常以美元表示）之比。它表示换回1美元的外汇（现值）所需投入的人民币金额（现值）。其表达式为：

$$经济换汇成本 = \sum_{t=1}^{n} DR_t (1 + i_s)^{-t} \div \sum_{t=1}^{n} (FI - FO)_t (1 + i_s)^{-t} \qquad (式9-13)$$

式中：DR_t——在第 t 年为生产出口产品投入的国内资源（包括国内投资、原材料投入和劳务工资、其他投入和贸易费用）（元）；

FI——生产出口产品的外汇流入（美元）；

FO——生产出口产品的外汇流出（美元）；

i_s——社会折现率；

n——计算期。

3. 经济节汇成本

有些项目的产品虽属内销，但经主管部门批准可按替代进口对待时，则可按下式计算节汇成本，即节约1美元外汇所投入的人民币金额，它等于项目计算期内生产替代进口产品所投入的国内资源现值与生产替代进口产品的经济外汇净现值之比。经济节汇成本主要用于评价生产替代进口产品的项目的外汇效果。其表达式为：

$$\text{经济节汇成本} = \sum_{t=1}^{n} DR_t(1+i_s)^{-t} + \sum_{t=1}^{n}(FI-FO)_t(1+i_s)^{-t} \quad \text{（式9－14）}$$

式中：DR_t——在第 t 年为生产替代进口产品投入的国内资源（包括投资、原材料投入、工资、其他投入和贸易费用）（元）；

FI——生产替代进口产品所节约的外汇（美元）；

FO——生产替代进口产品的外汇流出（美元）；

i_s——社会折现率；

n——计算期。

经济换汇成本或经济节汇成本都应与国家颁布的影子汇率进行比较分析，以判断投资项目耗费国内资源的经济合理性，并要求经济换汇成本或经济节汇成本（元/美元）都应小于或等于影子汇率，表明该投资项目产品用于出口或用于替代进口产品都是有利的，投资项目可考虑接受。

总之，外贸货物与非外贸货物的划分，不能仅取决于当前的现状，还要依赖于国家在今后一段时期内（至少在投资项目寿命期内）经济发展政策及外贸政策的变化和国内外市场情况的改变。一般来说，在区分这两类货物时，主要应分析投资项目的产出或投入是影响国家进出口贸易水平还是影响国内消费与供求关系。如属前者，则为外贸货物；如属后者，则为非外贸货物。

本章小结

1. 投资项目费用和效益分析是从国民经济的角度对投资项目配置资源合理性进行经济评估的方法，关注的主要是涉及国计民生的重大投资项目。在分析的方式上，一种是对投资项目直接进行费用和效益分析，另一种是在投资项目财务分析的基础上进行费用和效益分析。

2. 投资项目国民经济评估与投资项目财务分析的主要区别：经济目标不同；计量费用和效益的价格不同；折现率不同；汇率不同；内容和方法不同。

3. 在识别与计量费用和效益时，要剔除“转移支付”。“转移支付”是指那些既不需要消耗国民经济资源，又不增加国民经济收入，只是一种归属权转让的款项，包括税金、补贴和国内借款利息。

4. 费用和效益识别与计量应注意的几个问题：考虑投资项目“有”或“没有”条件下投入和产出之间的差别；区分不同的投入物（或产出物）所带来的费用（或效益）状况；对外部效果的识别做充分的论证，弄清是否真正为投资项目所产生的；在识别时只考虑和所评估投资项目直接有关的外部效果。

5. 国家参数是指在投资项目国民经济评估中从国民经济角度为计算费用和效益，衡量技术经济指标所使用的各种参数的统称。从参数制定颁布的层次结构上可分为国家级通用参数与项目级一般参数。国家级通用参数包括影子价格、影子工资、影子汇率和社会折现率等。

1. 名词解释

投资项目国民经济评估　影子价格　社会折现率　影子汇率　影子工资　间接费用　间接效益　国家参数　经济内部收益率　经济净现值　经济净现值率　投资净增值率　投资净收益率　经济外汇净现值　经济换汇成本

2. 投资项目国民经济评估的作用是什么?
3. 投资项目国民经济评估的程序是什么?
4. 国家参数的分类是什么?
5. 投资项目国民经济评估的内部效益和外部效益如何识别与计量?
6. 投资项目国民经济评估与投资项目财务分析的区别是什么?
7. 劳动力影子价格是如何确定的?

第十章　投资项目不确定性分析和风险分析

学习目标

投资项目不确定性分析与风险分析既有区别，又有联系。通过投资项目不确定性分析可以找出影响投资项目效益的敏感因素，确定敏感程度，但可能不知道这些不确定性因素会出现的各种状况及其产生的影响。借助于投资项目风险分析可以预知各种不确定性因素出现的可能性，得知不确定性因素发生的可能性以及给投资项目带来经济损失的程度。而投资项目不确定性分析找出的敏感因素又可以作为风险因素识别和风险估计的依据。

1. 知识目标

※ 掌握投资项目不确定性分析和风险分析的内涵及相互间的关系。

※ 掌握投资项目不确定性分析的具体方法。

※ 掌握投资项目风险分析的主要内容。

2. 能力目标

※ 掌握盈亏平衡分析、敏感性分析、概率分析及风险分析的内容和步骤，并尽可能结合投资项目评估实际进行应用。

案例导入

我国石油销售企业曾面临的不确定性和风险因素

石油能源是对国民经济具有战略意义的重要物资，石油行业是中国的垄断行业之一。中国石油行业有三家重要的石油公司，分别是中国石油天然气股份有限公司（中石油）垄断原油开采，中国石化股份有限公司（中石化）垄断炼油化工，中国海洋石油集团有限公司（中海油）垄断海洋石油。中石油与中石化分别与中化进出口公司垄断石油进出口，各省石油公司进行零售业务的经营。从此，国内石油业的竞争格局开始出现，原来的纵向垄断格局被横切，两家公司大致以长江为界组建中石油和中石化两大集团，其中：中石油经营地区为长江以北，中石化经营范围为长江以南除海洋石油外的所有上下游产业。

中石油与中石化分处于产业链的上、中游，在一段时间内两家公司都没有重视石油销售企业的组建管理。但是垄断格局变动后，中石化、中石油在石油产品的开采、生产、供应、销售上都形成竞争格局，石油销售企业的重要性已经被提升至集团公司战略的高度。一段时间内国内石油企业在终端销售市场竞争力较为缺乏，过于关注炼油厂的效益，这种模式导致了石油销售企业一度市场意识比较淡薄，产品管理方式较粗放，经营理念比较落后，忽视了石油销售企业投资风险的防范研究。

我国加入WTO后，经济活动必须遵循WTO规则，自觉运用市场机制来完成。中国石油销售企业逐渐融入国际市场的竞争中，其所处的宏观经济环境和微观经济环境发生了剧烈的变化，使其面临着巨大的生存挑战。如何将石油销售企业投资过程中的各类风险降到最低程度，降低其因面临市场不确定性导致的剧烈波动，使其获得最大的综合经济效益，这些都是石油销售企业在投资过程中需要解决的问题。

请思考：

1. 当前，我国石油销售企业在项目投资过程中面临哪些不确定性因素和风险因素?

2. 为了将投资过程中的各类风险降到最低程度，应当使用哪些分析方法?

第一节　投资项目不确定性分析和风险分析概述

一、投资项目不确定性分析和风险分析的内涵

（一）投资项目不确定性分析

1. 不确定性和投资项目不确定性分析的含义

人们对未来事物认识的局限性和未来事物本身的不确定性使得未来经济活动的实际结果可能偏离预期结果。这就形成了经济活动结果的不确定性，从而使经济活动的主体可能得到高于预期的效益或遭受一定的损失。简而言之，不确定性是指发生与否不确定，发生时间不确定，发生状况不确定，发生结果不确定。

投资项目不确定性分析是对影响投资项目的不确定性因素进行分析，测算它们的增减变化对投资项目效益的影响，找出最主要的敏感因素及其临界点的过程，预测投资项目抗风险能力的大小，分析评估投资项目在财务上和经济上的可靠性。

2. 不确定性因素

（1）销售收入。影响投资项目销售收入的因素有很多，主要有产品市场价格、产

品质量、生产期限等。在市场经济条件下，由于价值规律的作用，市场价格和需求量总在不断变化，社会发展和科技进步也会促进产品不断更新换代，从而影响原计划的生产规模和生产期限。而且，原材料和能源供应得不到满足、交通运输不配套、技术操作不熟练、管理水平不高等均会造成生产能力达不到原设计水平。但最重要的是市场情况变化，产品销售不畅，被迫减少产量，使销售收入下降，从而影响投资项目的经济效益和经济评估指标。因此，销售收入是进行投资项目不确定性分析时主要考虑的不确定性因素。

（2）生产成本。影响生产成本的主要因素有原材料、能源价格、投资项目生产规模、技术创新、工资福利、管理水平等。生产成本的变化必然影响投资项目的经济效益和国民经济评估指标。

（3）投资。如果在进行项目评估时，对投资估计不足，偏低或偏高以及项目建设期和投产期缩短或延长，均会引起项目总投资发生变化，导致项目投资规模扩大或缩小，从而影响项目的经济效益。

（4）经济寿命期。投资项目评估中的很多经济指标均以项目经济寿命期为计算基础，如净现值、内部收益率等。随着科学技术的进步，项目采用的一些技术、设备、工艺等很可能提前老化，从而使其寿命期提前结束。另外，随着经济的发展和市场需求的变化，有可能使项目产品的生命周期提前到来，从而也会使项目经济寿命期缩短。这在科学技术大发展的当今，是一个不容忽略的问题。项目经济寿命期的变化，无疑会极大地影响投资项目的效益。

3. 投资项目不确定性分析的程序

（1）鉴别关键自变量。虽然未来事物都具有不确定性，但不同事物在不同条件中的不确定程度是不同的。因此，在开始分析时，首先要从各个自变量及其相关诸因素中，找出不确定性较大的自变量或因素。这些自变量或因素一般数值较大或变动幅度较大，所以对因变量数值的影响也较大，是投资项目不确定性分析的重点。其中特别注意销售收入、生产成本、投资和经济寿命期这四个自变量及其相关因素。引起它们变化的原因一般是物价上涨；工艺技术改变导致产量和质量变化；未达到设计能力；投资超出计划；建设期延长等。

（2）估计变化范围或直接进行不确定性分析。找出关键自变量后，就要估计关键自变量的变化范围，确定其边界或原预测值的变化率，也可直接对关键自变量进行盈亏平衡分析。

（3）求可能值及其出现概率或直接进行敏感性分析。对每个关键自变量，在已确定的变化范围内，估计其出现机会较多的各可能值及每个可能值的出现概率。这一步是将上一步估计的变化范围缩小为几个可能值（它们的概率之和为1），也可直接利用上一步所估计的关键自变量预测值的变化率对因变量进行敏感性分析。

（4）进行概率分析。用上一步求出的可能值及其出现概率，求关键自变量的期望值，并以期望值代替原预测值求因变量的数值。然后将新求出的因变量数值与原来的数值对比，观察第一阶段确定性分析结果的误差，并把概率分析后的数值作为原数值的修正值。

4. 投资项目不确定性分析的方法

一般根据投资项目的具体情况有选择地进行盈亏平衡分析、敏感性分析和概率分析。在大中型投资项目评估中，盈亏平衡分析只用于财务分析，而敏感性分析和概率分析则可同时用于财务分析和国民经济评估。对某些重大关键骨干项目或风险性较大的项目，可由项目评估负责人和决策者提出要求，确定分析的深度。

5. 投资项目不确定性分析的意义

为了分析不确定性因素对投资项目评估指标的影响，估计项目可能承担的风险和经济上的可靠性，需要进行投资项目不确定性分析和风险分析。应在投资项目财务分析和国民经济评估中，分析和研究项目投资、生产成本、销售收入、外汇汇率、产品价格和经济寿命期等主要不确定性因素的变化所引起的投资项目收益等各种经济效益指标的变化和变化程度，并进一步考核投资项目能否经受各种风险的冲击，以证明投资项目的可行性。

进行投资项目不确定性分析的目的，是要尽量弄清和减少不确定性因素对投资项目效益评估的影响，避免项目建成投产后不能获得预期的利润或造成亏损的现象，提高项目投资决策的科学性和可靠性。

（二）投资项目风险分析

风险是指在某一特定环境下，在某一特定时间段内，某种损失发生的可能性。风险由风险因素、风险事故和风险损失等要素组成。换句话说，是在某一个特定时间段里，人们所期望达到的目标与实际出现的结果之间产生的距离。

投资项目风险分析是风险的评估，是投资项目不确定性分析的补充和延伸。投资项目风险分析主要评估可行性研究报告是否按风险管理的要求，对项目投资活动达到预期效果目标可能存在的各种风险进行必要的分析，找出项目计算期内可能出现的影响项目生存和发展的关键风险因素，并进行专项调研和评估，提出规避风险的具体措施和建议。

二、投资项目不确定性分析和风险分析之间的关系

投资项目不确定性分析与风险分析既有联系，又有区别。

由于人们对未知事物认识的局限性、可获信息的有限性以及未来事物本身的不确定性，使得投资项目的实施结果可能偏离预期目标，这就形成了投资项目预期目标的不确定性，从而使投资项目可能得到高于或低于预期的效益，甚至遭受一定的损失，

导致投资项目“有风险”。

通过投资项目不确定性分析可以找出影响投资项目效益的敏感因素，确定敏感程度，但也可能不知道这些不确定性因素还会出现的其他状况及其产生的影响。借助于投资项目风险分析可以较准确地预知不确定性因素可能出现的各种状况，求得其对投资项目的影响，得知不确定性因素存在的可能性以及给投资项目带来经济损失的程度。

投资项目不确定性分析找出的敏感因素又可以作为风险因素识别和风险估计的依据。

第二节 投资项目不确定性分析

一、盈亏平衡分析

（一）盈亏平衡分析的作用与内容

盈亏平衡分析是对投资项目进行不确定性分析的第一步，计算简便，可直接对投资项目最关键的盈利性问题进行初步分析，是目前较为广泛使用的不确定性分析方法之一。

通过盈亏平衡分析可粗略地对投资项目的一些主要不确定性因素（如销售收入、生产成本、投资）与利润之间的关系进行计算分析，预先估计投资项目对市场需求变化的适应能力，有助于了解投资项目可承受风险的程度；通过盈亏平衡分析还有利于确定投资项目合理的经济规模和对项目工艺技术方案的投资抉择。要尽量选择盈亏平衡点低的投资方案，以确保投资项目的盈利能力和提高投资项目的经营管理水平。

盈亏平衡分析一般是根据投资项目正常生产年份的产品产量或销售量、可变成本、固定成本、产品价格、销售收入和税金等数据计算盈亏平衡点，在这点上销售收入扣除销售税金及附加等于生产成本，它标志着该项目不盈不亏的生产经营水平，反映投资项目在达到一定生产能力条件下的收益与成本费用支出的平衡关系，故亦称收支平衡点。盈亏平衡点通常用产量或最低生产能力利用率表示，也可用最低的销售收入、生产成本和保本价格来表示。由于销售收入与产品销售量、成本与产量存在线性或非线性的函数关系，因此，盈亏平衡分析可分为线性和非线性两种。

（二）线性盈亏平衡分析的计算和应用

线性盈亏平衡分析是指投资项目建成投产后正常年份的产量、成本、盈利三者之间的关系均呈线性的函数关系，说明投资项目的收益和成本都随着产品产量的增减按正比呈直线增减的关系。这种线性盈亏平衡点可采用盈亏平衡图（亦称量本利图，如图 10－1 所示）求取，也可采用公式计算盈亏平衡点。

1. 图解法

详见图 10－1 盈亏平衡图。

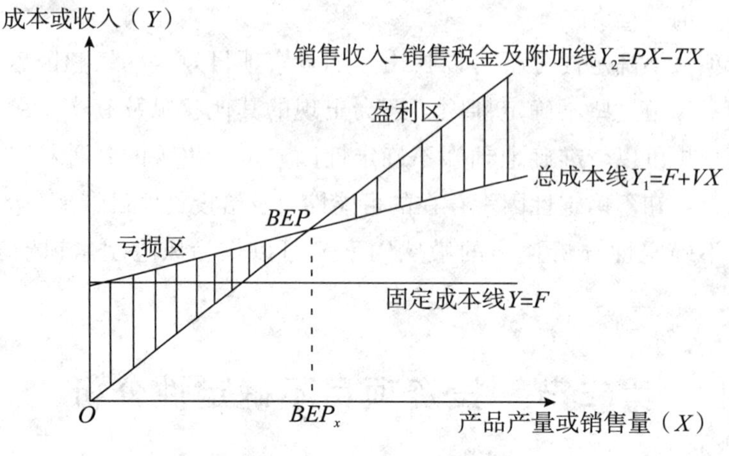

图 10－1　盈亏平衡图

在以表示成本或收入为纵轴，以表示产品产量或销售量为横轴的坐标（如图 10－1 所示）上，按照正常年份的产量画出固定成本线（$Y=F$）；再按公式 $Y_1=F+VX$ 画出总成本线；然后按正常年份的生产量、销售量和产品单价画出销售收入－销售税金及附加线（$Y_2=PX-TX$），这两条直线的交点即为盈亏平衡点。

由盈亏平衡图可见，平衡点的总成本与总收入（税后）相等，如果生产产量超过平衡点产量，项目就盈利，而低于此点，项目就亏损。因此，平衡点越低，达到平衡点的产量和销售收入与成本也就越少，只要生产少量的产品就能达到项目的收支平衡，而且达到设计生产能力时企业盈利就越多。所以平衡点的值越小，企业的生命力就越强，项目盈利机会就越大，亏损的风险就越小。要达到这个目的，就必须降低产品的固定成本和可变成本，适当提高产品质量和单价，为此应重视产品生产的科学技术进步和提高企业经营管理水平。

2. 数学计算法

在正常生产期年份，当销售收入扣除销售税金及附加等于总生产成本费用时，最低需要达到的产量、销售收入、生产能力利用率和保本价格的盈亏平衡点按下列公式计算：

（1）用产量表示的盈亏平衡点：

盈亏平衡点反映销售收入等于销售成本时的产量，盈亏平衡时的产量：

$$BEP_x=F\div(P-V-T) \qquad \text{（式 10－1）}$$

式中：T——单位产品税金；

P——单位产品价格；

V——单位产品可变成本；

F——年固定总成本。

盈亏平衡时的产量，若数值越小，反映较小的产量可以达到盈亏平衡，故数值越小，风险越小。

（2）用销售收入表示的盈亏平衡点：

盈亏平衡点的销售收入等于盈亏平衡点产量与单价之积，故盈亏平衡时的销售收入：

$$BEP_s = P \times [F \div (P - V - T)] \qquad (式 10-2)$$

式中：T——单位产品税金；

P——单位产品价格；

V——单位产品可变成本；

F——年固定总成本。

盈亏平衡点的销售收入，若数值越小，反映较小的销售收入可以达到盈亏平衡，故数值越小，风险越小。

（3）用生产能力利用率表示的盈亏平衡点：

$$BEP_R = F \div (P - V - T) \times \frac{1}{R} \times 100\% \qquad (式 10-3)$$

式中：T——单位产品税金；

P——单位产品价格；

V——单位产品可变成本；

F——年固定总成本；

R——设计年产量。

（4）用保本价格表示的盈亏平衡点：

用保本价格表示的盈亏平衡点是指项目能保本时的产品单价，其表示为：

$$BEP_P = F \div R + V + T \qquad (式 10-4)$$

式中：T——单位产品税金；

R——设计年产量；

V——单位产品可变成本；

F——年固定总成本。

用保本价格表示的盈亏平衡点，反映在此产品单价下，可以维持固定成本与变动成本。故数值越小，反映项目产品以较低的价格销售就可保本，故价格越低，风险越小。

3. 线性盈亏平衡分析的应用

【例 10-1】 假设某化纤厂设计年产量为 18 万吨涤纶纤维，总成本为 8.32 亿元，其中总固定成本为 1.12 亿元，单位可变成本为 4000 元/吨，销售单价为 7000 元/吨。试用实际生产量、销售收入、生产能力利用率和保本价格计算盈亏平衡点（此例设定产品免税）。

解：按上述公式计算：

（1）用实际生产量表示 BEP_x

$$BEP_x = F \div (P - V) = 112000000 \div (7000 - 4000) = 3.73 \text{（万吨）}$$

说明产量达到3.73万吨时，企业即可保本。

（2）用销售收入表示 BEP_s

$$BEP_s = P \times [F \div (P - V)] = 0.7 \times 3.73 = 2.61 \text{（亿元）}$$

说明当销售收入为2.61亿元时，企业即可保本。

（3）用生产能力利用率表示 BEP_R

$$BEP_R = F \div (P - V) \times \frac{1}{R} \times 100\% = 3.73 \times \frac{1}{18} \times 100\% = 20.7\%$$

说明当生产能力为设计生产能力的20.7%时，企业即可不亏不盈。

（4）用保本价格表示 BEP_p

$$BEP_P = F \div R + V = 112000000 \div 180000 + 4000 = 4622 \text{（元/吨）（计算保留整数）}$$

说明能保本的最低销售价格为4622元/吨。

计算结果说明，涤纶纤维产量达到3.73万吨，生产能力利用率达到设计生产能力的20.7%，销售收入为2.61亿元，每吨售价为4622元时，企业即可保本，不会产生亏损，该项目具有较大的风险承受能力。

采用线性盈亏平衡分析法有助于检验变量因素（如价格、固定成本与可变成本）的变化对项目收支平衡的影响。但由于盈亏平衡点的计算，要求项目在整个生产期内的产品组合是单一或相似的，符合产品组合规定，同时要求在正常生产年份内生产成本与销售价格不变，收入是销售量的线性函数，而且生产量要等于销售量等，但实际上这些约束条件不可能同时全部满足，这样就给盈亏平衡分析带来了某些不确定性。因此，这种分析方法只能作为投资项目不确定性分析的辅助手段。

（三）盈亏平衡分析的评估及局限性

对盈亏平衡分析的评估，主要是通过对项目投产运行后正常生产年份年盈亏平衡点的测算，衡量项目适应生产或销售情况变化的能力，考察项目的风险承受能力；盈亏平衡点的评估指标可按产量、销售收入、生产能力利用率和保本价格等形式分别列出；重点评估盈亏平衡分析的计算内容、方法和结果是否正确和切合实际。

通过盈亏平衡分析得出了盈亏平衡点，使决策的外部条件简单地表现出来，根据盈亏平衡点的高低，可了解项目抗风险能力的强弱。因此，这种分析方法简便实用。但它存在一定的局限性。首先，假定产量等于销售量，这实际上有些理想化；其次，这种分析方法要求产品单一并将所有不同的收入和成本都集中在两条线上表现出来，难以精确地描述出各种具体情况；再次，它所采用的数据是正常生产年份的数据，而项目投产后各年情况往往不尽相同，正常生产年份数据不易选定；最后，盈亏平衡分析是一种静态分析，没有考虑资本金的时间价值因素和项目整个寿命期的现金流量变化。鉴于上述原因，盈亏平衡分析的计算结果和结论是粗略的。

二、敏感性分析

（一）敏感性分析的作用和目的

敏感性分析是研究投资项目的投资、成本、价格、产量和工期等主要变量发生变化时，评估项目经济效益的主要评估指标发生变动的敏感程度。评估项目经济效益的评估指标主要是项目内部收益率、净现值、投资收益率、投资回收期或偿还期。通过敏感性分析，要在诸多的不确定性因素中，找出对项目经济效益评估指标反应敏感的因素，并确定其影响程度，计算出这些因素在一定范围内变化时，有关经济效益评估指标变动的数量，从而建立主要变量因素与经济效益评估指标之间对应的定量关系。

项目对某种因素的敏感程度，可表示为该因素按一定比例变化时引起评估指标的变动幅度，即计算敏感度系数（列表表示）；也可表示为评估指标达到临界点（如财务内部收益率等于财务基准收益率，财务净现值为零，或是经济内部收益率等于社会折现率）时，某个因素允许变化的最大幅度，即极限变化。超过此极限值，就认为项目不可行，可通过绘制敏感性分析图求此极限值。

敏感性分析的主要作用是为了提高对投资项目经济效益评估的准确性和可靠性，降低投资风险。通过敏感性分析达到下列具体目的：

（1）通过敏感性分析可研究相关因素的变动对投资项目经济效益评估指标的影响程度，即引起的经济效益评估指标的变动幅度和变动方向。

（2）通过敏感性分析找出影响投资项目经济效益的敏感因素，并确定其影响程度，建立变量因素与经济效益评估指标之间对应的定量关系（敏感度系数），进行投资项目风险估计，进一步分析与敏感性大的因素有关的预测或估算数据可能产生不确定性的根源，采取有效措施，进行重点监督和防范，找出风险防范的重点。

（3）通过敏感性分析和对不同投资项目方案对某关键因素的敏感程度对比，可区别不同投资项目方案对某关键因素的敏感性大小，进行排序，以便选取对关键因素敏感性小的方案，减小投资项目的风险性，粗略预测投资项目可能承担的风险，为进一步的风险分析打下基础。

（4）通过敏感性分析可找出投资项目方案最好与最坏经济效益的变化范围，使决策者全面了解投资项目方案可能出现的经济效益变动情况和风险程度，以便通过深入分析可能采取的某些有效控制措施，来选择最现实的投资项目方案或寻找替代方案，达到减少或避免不利因素的影响，改善和提高投资项目的投资效果，为最后确定有效可行的投资项目方案提供可靠的决策依据。

（5）预测投资项目经济效益评估指标达到临界点时，主要变量因素允许变化的最大幅度（极限值），如果超过此极限值，就认为投资项目不可行。

敏感性分析可采用单因素敏感性分析和多因素敏感性分析，如敏感面分析和乐观—悲观分析等。单因素敏感性分析是指一个不确定性因素变化时对评估指标的影响程度；多因素敏感性分析是指两个及两个以上不确定性因素同时变化时对评估指标的影响程度。通常只进行单因素敏感性分析。

（二）单因素敏感性分析

（1）确定敏感性分析的对象。针对不同项目的特点和要求、不同研究阶段和实际需要情况，选择最能反映投资项目经济效益的综合性评估指标（如投资利润率、投资回收期、内部收益率、净现值等），作为具体分析对象。最常用的敏感性分析评估指标是投资项目财务内部收益率，静态投资收益率常用于投资项目规划阶段的评估分析；借款偿还期适用于贷款项目和合资项目，可分析贷款和资金短缺对投资偿还能力的影响。

（2）选择对比的不确定性因素。根据投资项目特点选用对经济效益评估指标有重大影响的主要变量因素。可能发生变化的主要变量因素，一般是指产品产量（生产负荷）、产品价格、主要原材料或劳动力价格、外汇牌价、可变成本、固定成本、固定资产投资及建设工期等。

（3）计算敏感度系数（变化率）和分析敏感因素，计算各变量因素对经济效益评估指标的影响程度。按预先指定的变化幅度（±10%，±20%）先改变某一个变量因素，而其他各因素暂不变，计算改变的变量因素对经济效益评估指标（如收益率或还本期）的影响数值，并与变量因素改变前的评估指标对比，计算出该变量因素的敏感度系数；然后再选另一个变量因素。这样，针对不同变量因素计算出对同一经济效益评估指标的不同敏感度系数，再进行比较，选择其中敏感度系数最大的变量因素为该项目的敏感因素，敏感度系数小的为不敏感因素。可按下式计算敏感度系数：

$$\text{敏感度系数}(E)=\Delta A\div\Delta F=\text{效益评估指标变化幅度}(\%)\div\text{变量因素变化幅度}(\%) \quad \text{（式10-5）}$$

式中：ΔF——变量因素（F）的变化幅度（%）；

ΔA——变量因素（F）发生变化（ΔF）时，效益评估指标（A）的相应变化幅度（%）；

E——效益评估指标（A）对变量因素（F）的敏感度系数（变化率）。

（4）绘制敏感性分析图，求出变量因素变化极限值的临界点。作图表示各变量因素的变化规律，可以更直观地反映出各个变量因素的变化对经济效益评估指标的影响，而且可以求出内部收益率等经济效益评估指标达到临界点（内部收益率等于财务或行业基准收益率，或财务净现值等于零，或经济内部收益率等于社会折现率）时，各种变量因素允许变化的最大幅度，即为变量因素变化的极限值，指变量因素的变化使项目由可行变为不可行的临界数值，敏感性分析图如图10－2所示。

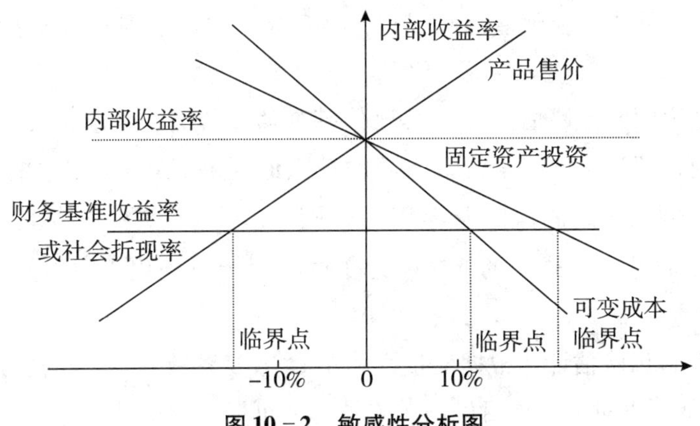

图 10－2　敏感性分析图

图中，纵坐标表示投资项目内部收益率评估指标值；横坐标表示几种不确定变量因素的变化幅度（%），图上按敏感性分析结果画出各种变量因素的变化曲线，选其中与横坐标轴相交角度最大的曲线为敏感性因素变化曲线。同时，在图上还应标出财务基准收益率曲线。从某种变量因素对投资项目内部收益率的影响曲线与财务基准收益率曲线的交点（临界点），可以得知该变量因素允许变化的最大幅度，即变量盈亏界限的极限变化值。变化幅度超过这个极限值，投资项目就不可行。如果发生这种极限变化的可能性很大，则表明投资项目承担的风险很大。因此，这个极限值对于决策十分重要。临界点可采用不确定变量因素对基本投资方案的敏感度系数来表示。临界点可通过敏感性分析图直接得到，也可采用试算法或函数求解得到。

敏感性分析结果应采用敏感性分析图如图 10－2 所示和敏感性分析表如表 10－1 所示的形式表示。

表 10－1　　敏感性分析表

序号	不确定变量因素	变化幅度（%）	内部收益率（%）	敏感度系数	临界点（%）	临界值
1	产品产量					
2	产品价格					
3	主要原材料价格					
4	建设投资					
5	汇率					

变量因素盈亏界限的极限值（临界点）的确定，可用下列表达式表明：

$$V(X_K^*) = V_O \qquad \text{（式 10－6）}$$

这一表达式说明，当评估指标与其评估基准值相等时，对应的变量因素因变化幅度允许的极限值，即为变量因素盈亏界限的极限值（临界点）。式中的 V_O 即为评估指标 V 的基准值。例如，评估指标为 NPV 时，则 $V_O=0$；当评估指标为内部收益率时，则 V_O 取行业基准收益率。式中的 X_K^* 称为变量因素相对变化 X_K 的盈亏界限的极限值（临界点）。

（5）投资项目风险估计。根据变量因素的敏感度系数（E）和盈亏界限的极限值（临界点），X_K^* 就可以对投资项目做出风险估计。可用下式估计：

$$R = \frac{|E|}{|X_K^*|} = \frac{|\text{敏感度系数}|}{|\text{盈亏界限的极限值(临界点)}|} \qquad \text{（式 10－7）}$$

这表明，变量因素变化给评估指标带来的风险取决于评估指标对变量因素变化的敏感性（敏感度系数大小）和变量因素盈亏界限的极限值。并由上式可见，投资项目的风险性与变量因素的敏感性成正比，即敏感度系数（E）大的敏感性因素对投资项目风险影响大；与变量因素盈亏界限的极限值成反比，即极限值越小投资项目风险性越高。

（6）综合分析决定投资项目方案的取舍。对找出的最强敏感性因素，应分析研究其存在不确定性的根源，并弄清哪些根源是主观原因，哪些根源是客观原因，以便采取相应的对策加以控制。如果不能有效地控制其不确定性，则此投资项目方案不可取，应重新考虑替代方案，确保达到规定的指标标准值，并注意留有余地。

（三）多因素敏感性分析

进行多因素敏感性分析时，假定同时变动的几个因素都是相互独立的，一个因素的变动幅度、方向与其他因素无关。

多因素敏感性分析要考虑可能发生的各种因素不同变动幅度的多种组合，如果需要分析的不确定性因素不超过三个，而且经济效益评估指标的计算比较简单，可以用解析法与作图法相结合的方法进行分析。

【例 10－2】某项目固定资产投资（I）为 170000 元，年营业收入（S）为 35000 元，年经营费用（C）为 3000 元，该项目的寿命期为 10 年，回收固定资产余值（L）为 20000 元，若基准收益率为 13%，试就最关键的两个因素：投资和年销售收入，对项目的净现值指标进行两因素的敏感性分析。

解：$NPV = -I + (S-C)(P/A, 13\%, 10) + L(P/F, 13\%, 10)$

$= -170000 + (35000-3000)(P/A, 13\%, 10) +$

$20000(P/F, 13\%, 10)$

设 X 表示投资变化率，Y 表示同时改变的销售收入变化率，则有

$NPV=-170000(1+X)+[35000(1+Y)-3000](P/A,13\%,10)+20000(P/F,13\%,10)$

如果：$NPV \geqslant 0$，则该投资项目可盈利在13%以上。

令：$NPV \geqslant 0$ 即 $9530.2-170000X+189917Y \geqslant 0$

$Y \geqslant -0.0502+0.8951X$

当 $X=0$ 时，$Y=-5.02\%$；当 $Y=0$ 时，$X=5.6\%$，即当投资变化增加超过5.6%时，销售收入降低超过5.02%时，$NPV<0$，两因素敏感性分析如图10-3所示。

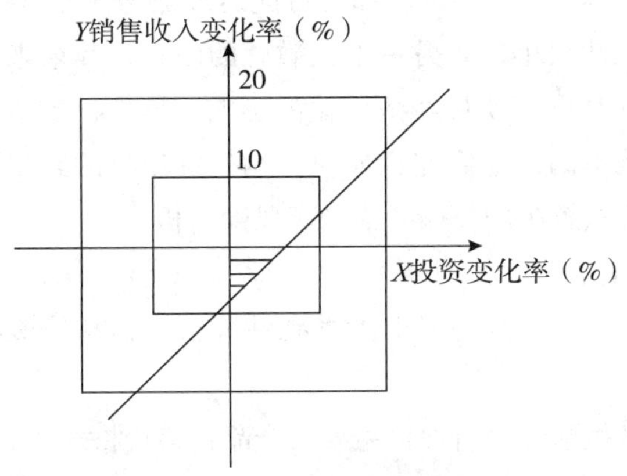

图10-3 两因素敏感性分析

由图10-3可看出，$Y \geqslant -0.0502+0.8951X$，$NPV \geqslant 0$，即斜线以上区域 $NPV(13\%) \geqslant 0$，而斜线以下区域 $NPV(13\%) \leqslant 0$，并显示了两因素同时允许变化的幅度，投资增加、销售收入减少时，项目 $NPV(13\%) \geqslant 0$ 的区域如图中阴影的区域。

根据上例，我们可继续进行三因素的敏感性分析，即对投资、销售收入、经营成本同时变化时进行三因素的敏感性分析，有关数据同上，另设经营成本的变化率为 Z，则根据：

$NPV=-170000(1+X)+[35000(1+Y)-3000(1+Z)](P/A,13\%,10)+20000(P/F,13\%,10)$

$=-170000X+189917Y-16278.6(1+Z)+25808.8 \geqslant 0$

当 $Z=0.5$ 时，$Y=0.8951X-0.0073$

当 $Z=1$ 时，$Y=0.8951X+0.0355$

当 $Z=-0.5$ 时，$Y=0.8951X-0.0930$

当 $Z=-1$ 时，$Y=0.8951X-0.1358$

例如，$Z=0.5$ 时，$Y=0.8951X-0.0073$，当 $X=0$，$Y=-0.0073$，$Y=0$，$X=0.0082\%$。即经营成本增加50%时，允许投资增加0.82%，允许销售收入减少0.73%，方能盈利，否则亏损。

同理，可求出当经营成本变动幅度为增加100%、减少50%、减少100%时，允许投资与销售收入变化的最大幅度。

敏感性分析可以帮助我们确定影响投资项目的经济效益的敏感因素，区分哪些因素是敏感的，哪些因素是不敏感的，并计算得出影响程度的定量数值，从而做到胸中有数。但是，分析不确定性因素对投资项目的影响程度时，常常带有很大的主观性，无法求出某一因素真正的变化范围以及在这一范围内变化的可能性大小，只是为了计算的方便，人为地让不确定性因素改变一定幅度。而实际上，各种不确定性因素未来发生变化的可能性大小是有所不同的。如有可能通过敏感性分析找出的某一敏感因素，其未来发生变动的可能性很小；而另一不太敏感的因素，其未来发生变化的可能性却很大，以致必须考虑其对投资项目经济效益的影响。另外，各个不确定性因素的变化方向可能相同，也可能不同，它们究竟如何影响投资项目的经济效益评估指标，这些问题都是敏感性分析无法解决的，而要借助于风险分析。

（四）敏感性分析评估

敏感性分析评估应包括投资项目财务敏感性分析评估和投资项目经济敏感性分析评估。

（1）投资项目财务敏感性分析评估主要对产品销售价格、产品成本、建设投资、产品产量、建设工期和外汇汇率等因素的变化趋势进行预测分析。根据项目的实际情况，评估单因素或多因素变化对项目经济内部收益率、财务净现值、投资回收期、借款偿还期的影响，找出最敏感的因素，进一步分析项目抗风险能力。因素变化幅度小于本行业一般情况、项目的内部收益率低于行业基准收益率时，说明项目抗风险能力差。

（2）投资项目经济敏感性分析评估主要对产品的影子价格、经营成本、建设投资和产品产量等因素的变化趋势进行预测分析。根据项目的实际情况，评估单因素和多因素变化对项目内部收益率、经济净现值、经济换汇成本的影响。根据项目最敏感的因素变化大小的合理性，进一步分析项目的抗风险能力。因素变化幅度小于本行业一般情况，项目的经济内部收益率低于社会折现率，说明项目抗风险能力差。

（3）投资项目敏感性分析要判明多种变量因素的敏感程度，并对各种因素的敏感度进行综合评估分析。分析范围可根据各因素的具体情况而定，但最大变化幅度一般不超过30%。

（五）敏感性分析的局限性

敏感性分析只能指出投资项目评估指标对各种不确定性因素的敏感程度，从中找到关键的敏感因素，以及促使投资项目可行所能允许的不确定性因素变化的极限值（临界点），据此预测投资项目可能承担风险的程度。但是，敏感性分析不能表明这些不确定性因素变化发生的可能性（概率）的大小，所以此法仍属于定性分析范畴，而要对不确定性因素进行深入的定量分析，则应采用概率分析和风险分析的方法。

三、概率分析

(一) 概率分析的目的

概率分析是使用概率来研究预测不确定性因素和风险因素对投资项目经济效益评估指标影响的一种定量分析方法。一般对大型的重要骨干项目，在进行评估时，可根据项目特点和实际需要，在有条件时进行概率分析。

概率分析的目的在于确定影响项目经济效益的关键变量及其可能的变动范围，并确定关键变量在此范围内出现的概率；然后进行概率期望值计算，得出定量分析的结果。概率分析是在对不确定性因素的概率进行大致估计的情况下，研究和计算各种经济效益评估指标的期望值及风险程度的一种分析方法。

概率分析的重点是评估统计数据和经验推断的可靠性，以及计算方法的正确性。

(二) 概率分析的方法

概率分析目前常用的方法是期望值分析法和决策树分析法。

1. 期望值分析法

期望值分析法一般是计算项目净现值的期望值及净现值大于或等于零时的累计概率；同时也可通过蒙特卡洛（Monte－carlo）模拟法测算项目评估指标（如内部收益率）的概率分布，为项目决策提供依据。

期望值计算的一般公式与分析步骤如下：

（1）确定一个或两个不确定性因素或风险因素（如投资、收益）。

（2）估算每个不确定性因素可能出现的概率。这种估算需要借助历史统计资料和评估人员的丰富经验，以先验概率为依据进行估计和推算。

（3）计算变量的期望值。按下列公式计算：

$$E(X) = \sum_{i=1}^{n} x_i P_i = x_1 P_1 + x_2 P_2 + \cdots + x_n P_n \qquad \text{（式 10－8）}$$

式中：$E(X)$——变量 X 的期望值；

$P_i = P(x_i)$——对应所出现变量 x_i 的概率值；

x_i——随机变量的各种取值。

由（式 10－8）可见，期望值实际上就是各种变量取值乘以其概率的加权平均而得的。

（4）计算标准偏差。标准偏差就是能够表示数学期望值与实际值的偏差程度的一个概念，有时也叫均方差。随机变量 x 的标准偏差（σ）可定义为：

$$\sigma = \pm \sqrt{\sum_{i=1}^{n} (x - x_i)^2 P_i} \qquad \text{（式 10－9）}$$

式中：σ——随机变量 x 的标准偏差；

x——随机变量 x 的各种取值的平均值；

x_i——随机变量 x 的各种取值；

P_i——随机变量 x 的概率值。

【例 10 -3】某公司以 25000 元购置微机一台，假设使用寿命为两年。项目第一年现金净流量的三种估计分别是 22000 元、18000 元和 14000 元，概率分别为 0.20、0.60 和 0.20；第二年的三种估计分别是 28000 元、22000 元和 16000 元，其概率分别是 0.15、0.70、0.15。折现率为 10%。试问该购置微机项目是否可行？

作为简单的概率分析，我们来研究这个项目的净现值的期望值与均方差情况。

（1）计算这两年现金净流量的期望值和均方差。计算情况如表 10 - 2 和表 10 - 3 所示，表中 Y_1 和 Y_2 表示第一年、第二年的现金净流量，它们都可能出现三种可能。

表 10 - 2　　现金净流量期望值与均方差的计算（1）

状态	Y_1（元）	概率 P	$E(Y_1)$	$Y_1 - \sum E(Y_1)$	$[Y_1 - \sum E(Y_1)]^2$	$P[Y_1 - \sum E(Y_1)]^2$
好	22000	0.20	4400	4000	16000000	3200000
一般	18000	0.60	10800	0	0	0
差	14000	0.20	2800	-4000	16000000	3200000
合计			18000	0	32000000	6400000

表 10 - 3　　现金净流量期望值与均方差的计算（2）

状态	Y_2（元）	概率 P	$E(Y_2)$	$Y_2 - \sum E(Y_2)$	$[Y_2 - \sum E(Y_2)]^2$	$P[Y_2 - \sum E(Y_2)]^2$
好	28000	0.15	4200	6000	36000000	5400000
一般	22000	0.70	15400	0	0	0
差	16000	0.15	2400	-6000	36000000	5400000
合计			22000	0	72000000	10800000

（2）计算项目净现值的期望值与均方差（计算保留整数）：

$$E(NPV) = \sum E(Y_1) \div (1+i) + \sum E(Y_2) \div (1+i)^2 - 25000$$
$$= 18000 \div (1+0.1) + 22000 \div (1+0.1)^2 - 25000$$
$$= 9546 \text{（元）}$$

$$\sigma^2(NPV) = \frac{\sigma_1^2}{(1+i)^2} + \frac{\sigma_2^2}{(1+i)^4} + \frac{2COV(Y_1, Y_2)}{(1+i)^3}$$
$$= 6400000 \div (1+0.1)^2 + 10800000 \div (1+0.1)^4 + 2 \times 19200000 \div (1+0.1)^3$$
$$= 41516289 \text{（元）}$$

均方差 $\sigma = \sqrt{41516289} = 6443$（元）

所以，项目净现值的期望值取值情况是“9546 元 ± 6443 元”，即波动范围在 3103 元与 15989 元之间，下限 3103 元大于零，故此判断购置微机项目是可行的。

2. 决策树分析法

决策树是直观运用概率分析的一种图解方法。它主要是用于对各方案的状态、概率和收益进行比选，为决策者选择最优方案提供依据。决策树分析方法特别适用于多阶段决策分析。

首先我们来了解决策树的绘制方法。图 10－4 就是一个简单的决策树。第一步先画一个方块，方块表示决策点；从方块引出若干枝线，用来代表待选各方案，称为方案枝。方案枝长短没有意义，在其旁边注明方案及方案的投资支出；后面的圆圈表示状态节点；从状态节点引出的若干枝线代表将来的不同状态（如销售情况好、中、差）。由于不同状态出现的概率已知，故可注明各自概率 P_i。这些枝线称为状态枝或概率枝，状态枝后面的数值 R_i 代表不同方案在不同状态下可获得的收益值。

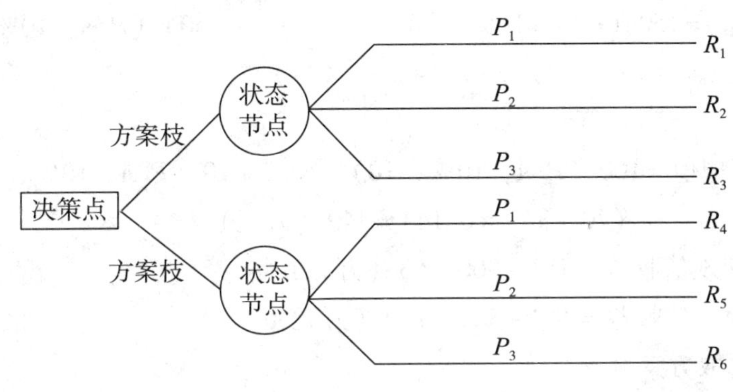

图 10－4　决策树 1

如果是多阶段（或多级）决策，则决策树在此基础上还要逐级展开。

下面通过例子来说明如何运用决策树分析法进行方案的比选。

【例 10－4】 某项目有两个预选方案 A 和 B，方案 A 需投资 500 万元，方案 B 需投资 300 万元，其使用年限均为 10 年。据估计，在此 10 年间产品销路好的可能性有 70%，销路差的可能性有 30%，设折现率 i 为 10%。由于采用的设备及其他条件不同，故 A、B 两方案的年收益也不同，项目方案在不同状态下的年收益如表 10－4 所示，试对项目方案进行比选。

表 10－4　　项目方案在不同状态下的年收益

自然状态	概率	方案 A（万元）	方案 B（万元）
销路好	0.7	150	100
销路差	0.3	－50	10

此例只有一个决策点，两个可选方案，每个方案都会面临两种自然状态，故可画出如图 10-5 所示的决策树。

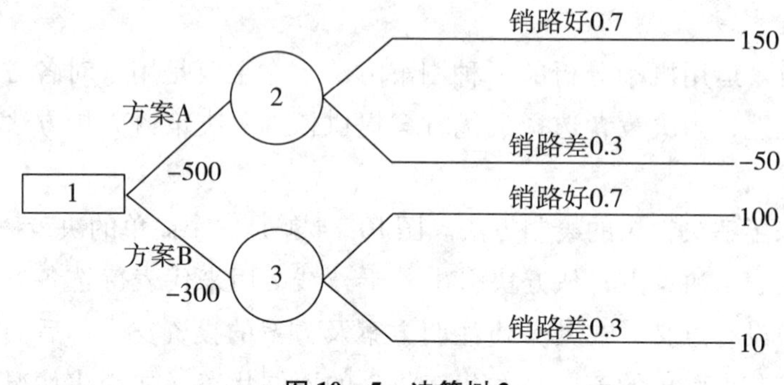

图 10-5　决策树 2

依照纵向准则，从左至右地给各节点编上序号之后，就可以计算各节点的期望值（计算保留整数）：

节点 2 的期望值 = 150（P/A，10%，10）×0.7 +（-50）（P/A，10%，10）×0.3

=（105-15）×6.144

=553（万元）

节点 3 的期望值 = 100（P/A，10%，10）×0.7 + 10（P/A，10%，10）×0.3

=（70+3）×6.144 = 449（万元）

方案 A 的净现值收益 = 553-500 = 53（万元）

方案 B 的净现值收益 = 449-300 = 149（万元）

显然，应选取方案 B。

第三节　投资项目风险分析

一、投资项目风险分析的内容和步骤

投资项目风险分析是在市场预测、技术方案、工程方案、融资方案和投资项目经济社会评估论证中已进行初步风险分析的基础上，进一步综合分析和识别投资项目在建设投资和生产运营实施过程中可能潜在的主要风险因素。通过识别风险因素揭示风险来源，采用定量和定性分析方法估计各种风险因素发生的可能性及对投资项目的影响程度，判明影响投资项目的关键风险因素，提出规避风险的对策和措施；通过风险分析的信息反馈，改进和优化设计方案、降低投资项目风险损失、提高投资决策水平。

风险分析是从投资项目建设的宏观经济条件、投资环境及投资决策的实际要求出发，借助不确定性分析的测算结果，重点分析投资项目存在哪些风险、风险的性质、类型及可能造成的影响，以及可能采取的防范措施。它是不确定性分析的补充和延伸，它与不确定性分析在内容上各有侧重。风险分析特别要把决定投资项目成功与否的关键风险因素识别出来，进行重点研究。

（一）投资项目风险分析的内容

（1）对投资项目进行风险识别及评估，要全面认真地识别和审核可行性研究报告中分析的项目资金筹措、投资建设、投产经营中可能面临的各类风险，评估风险存在的理由是否充分。为了保证将投资项目面临的各类潜在风险全部识别出来，在进行投资项目评估时，要通过调查项目（企业）的全部情况，包括市场情况，涉及社会、政治、经济、法律等投资外部环境，以及生产过程、经营管理体系与运作机制，还有项目法人的财务实力等情况，结合投资项目的具体特点，一个不漏地分析投资项目可能面临的各种风险，再进一步采取调查、访谈、分析等方式，寻找出该类投资项目风险因素存在的一般规律，充分利用同类投资项目曾经出现风险的历史经验，以及同类投资项目评估的资料，依据投资项目实际情况，正确判断投资项目存在的各类风险。

（2）在识别和分析投资项目可能面临的各类风险的基础上，进一步分析各类风险的属性和特性。分析风险因素发生的概率及其可能对投资项目造成的影响，再从中找出投资项目的主要风险，重点分析这些主要风险可能对投资项目造成的各种影响，估算其风险量并进行定量分析，据此提出规避风险的措施方案，最后对风险防范措施方案进行分析评估。

（二）投资项目风险分析的步骤

（1）风险识别。运用系统论的观点对投资项目进行全面的考察和综合分析，通过专家调查等方法辨别影响投资项目的主要风险因素，剖析风险因素的基本单元，制作投资项目风险因素的层次结构图，判断各风险因素之间的独立性。

（2）风险估计。根据主观概率和客观概率，确定风险因素基本单元的概率分布，并根据风险发生的可能性及其对投资项目的影响程度，运用概率论和数理统计分析方法（如层次分析法、蒙特卡洛模拟分析法等），对单因素风险和投资项目整体风险进行风险程度估计，计算投资项目效益指标相应的概率分布或累计概率、期望值、标准偏差，确定主要风险因素或综合风险因素的概率分布。

（3）风险评估。根据风险识别和风险估计的结果，分析投资项目风险的根本来源，依据投资项目风险评估标准，判断其可接受性，评估影响投资项目成败的关键风险因素。

（4）研究分析规避风险的对策和应对措施。根据风险评估的结果，研究分析投资项目实施过程中规避、控制与防范风险的有针对性的对策和应对措施，为投资项目全过程的风险管理提供依据。

（5）对投资项目风险进行归纳，提出风险分析评估结论。

根据投资项目特点及评估要求，对于不同投资项目风险分析评估的内容要求不同：

对于重大投资项目应按上述五个步骤进行全过程的投资项目风险分析评估；对于一般投资项目，可以直接在敏感性分析的基础上，确定各个变量因素的变化区间及概率分布，采用蒙特卡洛模拟分析法计算效益评估指标的概率分布、期望值及标准偏差，并根据计算结果进行风险评估，得出评估结论。

二、投资项目风险因素的识别

（一）投资项目风险因素识别的原则

（1）识别投资项目风险因素的基本特征。投资项目风险因素最基本的特征是其具有不确定性及其可能造成的投资项目损失，应从这个基本特征出发去识别投资项目的风险因素。

（2）投资项目风险因素具有行业和项目的特殊性。不同行业和项目（由于其自身的特点）有可能产生不同的投资风险因素，因此，要根据项目特点有针对性地去识别投资项目风险因素，做到具体项目具体分析。

（3）投资项目风险因素具有阶段性。在投资项目建设与生产运营（使用）的不同阶段会产生不同的投资风险因素，应根据不同阶段去具体分析识别可能潜在的风险因素。

（4）投资项目风险因素具有相对性。一个投资项目涉及的参与方有很多，包括项目投资者、业主、咨询公司、承包商、银行（金融机构）、政府等，对于这些与投资项目相关的不同风险管理主体会产生不同的风险因素，或者同一风险因素会对不同的参与方反映的风险影响程度不同。因此，应从不同的角度去分析识别投资项目的主要风险因素，注意风险因素识别的相对性。

（二）投资项目风险因素识别的方法

投资项目风险因素识别的总体思路是：首先，要认识和确定投资项目究竟可能会存在哪些风险因素，这些风险因素会给投资项目带来怎样的影响，风险因素产生的具体原因是什么；其次，在明确风险因素来源后，通过对风险程度的估计与评估，确定投资项目损失程度和风险发生的可能性，揭示出投资项目关键风险因素；最后，有针对性地提出风险防范对策与措施。

投资项目风险因素识别主要采用分解和分析方法，具体方法可运用系统分解法、流程图法、头脑风暴法和情景分析法等，把综合性的风险问题逐步剖析，分解为多层次的风险因素的基本单元，制作投资项目风险因素的层次结构图。例如，在系统分解法中运用的树形分析法，通过专家调查法将风险因素层层剖析，直到最根本的风险单元，可以明确风险的最根本的来源，判断各风险因素的独立性。

（三）投资项目常见的风险因素

对投资项目的风险分析评估应贯穿于投资项目建设和生产运营（使用）的全过程，

在投资项目可行性研究阶段的决策分析评估工作应着重识别下列风险因素：

（1）市场风险。对于竞争性项目，市场风险是常遇到的主要风险。市场风险一般来自三个方面：一是市场供需总量的实际情况与预测值发生偏离；二是项目产品市场竞争力或者竞争对手情况发生重大变化，致使项目产品缺乏市场竞争能力；三是项目产品和主要原材料的实际市场价格与预测价格发生较大偏离。由于市场风险导致项目产品销路不畅、项目产品价格低迷和项目产品产量与项目产品销售收入达不到预期目标，从而造成项目损失。

依据市场风险的主要来源还可以深入分解市场风险并予以识别：

①对于市场供需总量的偏差可以分解为供方市场和需方市场的偏差情况，然后再进一步把各方分解为国内与国外的情况，同时还可分解为风险来自区域的因素；

②经济环境对购买方的影响等；

③项目产品市场竞争能力风险因素又可分解为项目产品品种质量、生产成本及竞争对手等因素；

④对于价格偏离还可分解为诸多影响国内价格与国际价格的因素，并因项目产品功能不同可能存在较大差别。

（2）资源风险。矿山、油气开采等资源开发项目的重要风险因素是资源风险。如金属矿、非金属矿、石油、天然气等资源的储量、品位、可采储量、工程量等，应根据国家发展改革委批准的地质储量设计项目的生产规模，但由于地质结构复杂，受勘探技术、时间和资金的制约，实际储量与预测量会产生较大偏差，致使项目产量降低、开采成本增加或开采期缩短等风险发生，给项目造成巨大的经济损失。

（3）技术风险。技术风险系指投资项目采用技术（包括引进技术、高新技术）的先进性、可靠性、适用性和可得性与预测方案发生重大变化，造成投资项目的生产能力降低、生产成本增加、消耗指标偏高和产品质量达不到预期要求等风险。对于高新技术开发项目，还必须考虑技术的成熟程度及技术的更新速度。技术的可得性和技术与原料的匹配问题也是应考虑的风险因素。

（4）工程风险。工程风险系指由于工程地质条件、水文地质条件与预测发生重大变化，而致使项目工程量增加、投资增加和工期延长，造成项目的经济损失。对于地质复杂地区，投资项目应慎重对待这方面的风险因素。

（5）资金风险。资金风险系指投资项目由于工程量预计不足、设备材料价格上升造成投资项目资金估算与实际不符；由于计划不周或外部条件等因素导致建设工期的拖延，由于外汇汇率、利率和税率等发生不利变化导致投资项目投资金额的增加，以及资金供应不足、融资结构不合理、融资成本升高和资金来源的可靠性、充足性与及时性等风险因素造成资金来源中断、致使投资项目工期拖延或被迫终止，造成投资项目重大经济损失。

（6）外部协作配套条件风险。系指交通运输、供水、供电、供气、港口码头及上下游配套等主要外部协作和配套条件发生重大变化，没有如期落实，给投资项目建设和运营带来困难，或不能发挥投资项目预期效益而带来的风险与损失。

（7）外部环境风险。系指预测的外部自然环境、经济环境和社会环境甚至个别涉及政策和政治因素发生的变化给投资项目建设和运营带来的损失。例如，向海外投资的项目应重视国内外的投资政策和政治因素的预测。

（8）其他风险因素。如中外合资投资项目和农业投资项目中存在的不确定性因素等。

三、投资项目风险分析

投资项目风险分析一般应先划分好风险程度的等级标准，然后根据投资项目的需要与实际可能，采用合理适宜的分析方法对投资项目进行单因素风险程度或整体风险程度的估计。

（一）风险等级划分

风险等级应按风险因素对投资项目影响程度和风险发生的可能性大小进行划分，一般可分为一般风险、较大风险、严重风险和灾难性风险四个等级，具体划分标准如下：

（1）一般风险，风险发生的可能性不大，或者即使发生，造成的损失较小，一般不影响投资项目的可行性。

（2）较大风险，风险发生的可能性较大，或者发生后造成的损失较大，但造成的损失程度是投资项目可以承受的。

（3）严重风险，有两种情况：一是风险发生的可能性大，风险造成的损失大，使投资项目由可行变为不可行；二是风险发生后造成的损失严重，但是风险发生的概率很小，采取有效的防范措施后，投资项目仍然可以正常实施。

（4）灾难性风险，风险发生的可能性很大，一旦发生将产生灾难性后果，投资项目无法承受。

（二）风险分析方法

风险分析应与风险因素识别相结合，才能求得准确的风险程度，对于可量化的风险因素可采用定量分析方法进行分析；而对于不可量化的风险因素则可进行定性描述，并且尽可能深入分解，使定性因素定量化。因此，风险分析应采取定性描述与定量分析结合起来的方法，才能对投资项目可能面临的风险因素做出全面的分析。

风险分析的方法很多，在可行性研究的投资决策过程中应根据投资项目的具体情况和要求选用下面提到的简单估计法和概率分析两种通用方法：

1. 简单估计法

简单估计法包括：

（1）专家评估法。先以发函、开会或其他形式（如网上调查）向专家进行咨询调查，对投资项目风险因素及其风险程度进行评定，将多位专家的经验集中起来形成分析结论。聘请评估专家的人数最好为10～20人，以减少评估结论的主观性和偶然性，尽可能做到客观公正和符合实际。

具体操作程序：先请多位熟悉行业情况和有实际经验的专家，对投资项目各类风险因素的风险程度做出独立判断，然后将他们的意见进行集中归纳和分析评估，按照四种风险等级进行分类，编制投资项目风险因素和风险等级分析表，如表10－5所示。

表10－5　　投资项目风险因素和风险等级分析表

序号	风险因素名称	风险等级				说明
		灾难性	严重	较大	一般	
1	市场风险					
1.1	市场需求					
1.2	竞争力					
1.3	价格					
2	资源风险					
2.1	资源储量					
2.2	品位					
2.3	开采方式与成本					
3	技术风险					
3.1	先进性					
3.2	适用					
3.3	可得					
3.4	可靠					
3.5	匹配					
4	工程风险					
4.1	工程地质					
4.2	水文地质					
4.3	工程量					
5	资金风险					
5.1	汇率					
5.2	利率					
5.3	资金可靠性					
5.4	资金供应充足性					
6	政策风险					
6.1	政治条件变化					
6.2	经济条件变化					
6.3	政策调整					

续 表

序号	风险因素名称	风险等级				说明
		灾难性	严重	较大	一般	
7 7.1 7.2 7.3	外部协作配套条件风险 交通运输配套条件 供水、供电、供气配套条件 其他配套条件					
8 8.1 8.2 8.3	外部环境 社会环境 自然环境 经济环境					
9	其他					

（2）风险因素取值评定法。此法是一种专家定量评定法，就是对投资项目风险因素的最乐观估计值、最悲观估计值和最可能值向专家进行调查和定量评定，计算出期望值和平均期望值，并与投资项目可行性研究中已确定方案的数值进行比较，计算两者的偏差值和偏差程度，据以判断风险程度。偏差值和偏差程度越大，说明风险程度越高。风险因素取值评定如表 10-6 所示。

表 10-6　风险因素取值评定

专家号	最乐观估计值 A	最悲观估计值 B	最可能值 C	期望值 D
1				
2				
3				
…				
n				
平均期望值				
偏差值				
偏差程度				

注：偏差值 = 平均期望值 - 已确定方案值；

偏差程度 = 偏差值 ÷ 已确定方案值；

平均期望值 = $\sum_{i=1}^{n} D_i / n$

式中：

i——专家号；

n——专家人数。

简单估计法只能判断单个风险因素的风险程度。若需要研究风险因素发生的概率和对投资项目的影响程度，则应进行概率分析。

2. 概率分析

概率分析是运用概率方法和数理统计方法，对风险因素的概率分布和风险因素对评估指标的影响进行定量分析。首先预测风险因素发生的概率，将风险因素作为自变量，预测其取值范围和概率分布；然后将选定的评估指标作为因变量，测算评估指标的相应取值范围和概率分布，计算评估指标的期望值、均方差或标准偏差和离散系数，以及投资项目成功的概率、表示风险因素的风险程度及产生的概率和对投资项目的影响程度。

3. 投资项目整体风险估计法

上述的简单估计法和概率分析是测算单个风险因素的风险程度，可以找出影响投资项目的关键风险因素，而对于重大投资项目或估计风险很大的投资项目，则应进行投资项目整体风险估计。一般应采用概率分析法求出评估指标的概率分布，计算期望值、均方差或标准偏差与离散系数，也可求得净现值大于或等于零的累计概率，或以其他投资项目效益评估指标表明投资项目由可行转为不可行的累计概率。在具体操作中，对于离散型的风险变量，可采用概率分析的理论计算法，运用概率决算形式进行分析评估；而对于连续型的风险变量，则可采用蒙特卡洛模拟法进行分析评估。

四、风险防范对策

（一）风险防范对策研究的作用

（1）投资项目前期决策阶段的风险防范对策研究是投资项目周期内整个投资项目风险管理的重要组成部分，根据风险评估的结果，研究规避、控制与防范风险的措施，为投资项目全过程风险管理提供依据。

（2）在进行投资项目风险评估后，针对不同风险因素提出相应的规避与防范风险对策，以避免风险的发生或将风险损失降低到最低程度，将有助于提高投资项目资金安全和决策可靠性，促使投资项目成功。

（3）投资项目决策分析评估阶段的风险防范对策研究可为投资项目实施和经营过程的风险监督、控制与管理提供科学依据。

（4）风险防范对策研究的结果应及时反馈到投资项目决策分析与评估的各个方面，作为修改部分数据或调整投资方案、进行投资项目方案再设计的重要依据。

（二）风险防范对策与应对措施原则

风险防范对策与应对措施应遵循下列原则；

（1）贯穿投资项目全过程的风险管理原则；

（2）动态管理的原则；

（3）在风险防范对策与应对措施中遵循成本效益匹配的原则；

（4）风险处理成本最小原则；

（5）在投资项目评估中进行的风险防范对策研究，应遵循社会费用最小原则；

（6）总体风险权衡原则。

（三）风险防范对策的方式

投资项目决策分析评估阶段可能提出的风险防范对策主要有以下几种：

（1）风险回避。风险回避即要断绝风险来源，是一种彻底规避风险的做法。在投资项目决策分析评估阶段的风险回避就是有可能彻底改变投资方案甚至否定投资项目建设方案。这样，当采取风险回避对策时，在某种程度上就要丧失投资项目可能获利的机会。因此，只有当风险因素可能造成的损失相当严重（如产品市场存在严重风险），或者采取措施防范风险的代价过于昂贵且风险发生的频率较高，得不偿失的情况下，才应慎重地采用风险回避对策。

（2）风险控制。风险控制是针对可控制的风险，防止风险发生，或提出降低风险发生的可能性和减少风险损失程度的对策措施，也是绝大部分投资项目需采用的主要风险防范对策。从技术上可行和经济上合理的角度，这种风险防范对策对投资项目所采取的控制风险措施进行可行性与合理性的分析论证评估，并运用于投资项目方案的再设计中。风险控制应针对投资项目具体情况提出具体的应对措施，包括在投资项目内部采取技术措施、工程措施和管理措施等；同时可以通过投资项目外部的合作方式采取分散风险的措施，减少投资项目本身承担的风险，如采用多方出资的 BOT 方式就是一种很好的分散融资风险的方法。

（3）风险转移。风险转移是将投资项目可能发生的风险的一部分转移给他人承担的风险防范对策的方式。风险转移可分为保险转移和非保险转移两种。保险转移是以向保险公司投保的方式，将投资项目部分风险损失转嫁给保险公司承担，如对难以人为控制的灾害性风险可采用保险转移方式。非保险转移是将投资项目的部分风险转移给项目承包方，如项目技术、设备、施工等可能存在的风险，通过签订承包或采购合同或协议，将部分风险损失转移给合同另一方承担。

（4）风险自担。风险自担是将可能发生的风险损失留给项目业主自己承担。这种方式适用于已知风险可能发生，但可获得高利润回报的投资项目；或者是风险损失较小，发生频率不高，项目业主可以自行承担风险损失的投资项目。

上述风险防范对策的方式不是互斥的，而是在实际工作中可以组合使用。可以将这些风险防范对策运用于投资项目实施的各个方面，贯穿于投资项目投资管理周期的全过程，并应作为投资项目参与方的共同任务。

五、风险评估结论

在风险因素识别的基础上，经过综合风险评估，采用有针对性的风险防范对策研究，将投资项目的主要风险进行归纳和综述，说明其起因（主要来源）、风险程度和可能造成的后果，这样才能全面、清晰地展现出投资项目主要风险的全貌，并将风险防范对策研究结果进行综合汇总，同时，编制出风险与风险防范对策汇总表，如表 10－7 所示。

表 10－7　　风险与风险防范对策汇总表

序号	风险	风险起因	风险程度	后果与影响	风险防范对策
1	A				
2	B				
3	C				
⋮	⋮				

1. 投资项目不确定性分析是对影响投资项目的不确定性因素进行分析，测算它们的增减变化对投资项目效益的影响，找出最主要的敏感因素及其临界点的过程，预测投资项目抗风险能力的大小，分析评估投资项目在财务上和经济上的可靠性。

2. 投资项目风险分析是投资项目不确定性分析的补充和延伸，主要评估可行性研究报告是否按风险管理的要求，对项目投资活动达到预期效果目标可能存在的各种风险进行必要的分析，找出项目期内可能出现的影响投资项目生存和发展的关键风险因素，并进行专项调研和分析评估，提出规避风险的具体措施和建议。

3. 投资项目不确定性分析包括盈亏平衡分析、敏感性分析和概率分析；投资项目风险分析的主要方法有简单估计法、概率分析和投资项目整体风险估计法。

4. 盈亏平衡分析一般是根据投资项目正常生产年份的产品产量或销售量、可变成本、固定成本、产品价格、销售收入和税金等数据计算盈亏平衡点，在这点上销售收入扣除销售税金及附加等于生产成本，它标志着该项目不盈不亏的生产经营水平，反映投资项目在达到一定生产能力条件下的收益与成本费用支出的平衡关系，故亦称收支平衡点。

5. 敏感性分析是研究项目的投资、成本、价格、产量和工期等主要变量发生变化时，导致对评估项目经济效益的主要指标发生变动的敏感程度。

6. 概率分析是使用概率来研究预测不确定性因素和风险因素对投资项目经济效益评估指标影响的一种定量分析方法。一般对大型的重要骨干项目，在进行评估时，可根据项目特点和实际需要，在有条件时进行概率分析。

7. 投资项目风险分析的步骤包括风险识别、风险估计、风险评估、研究分析、规避风险的对策和应对措施及对投资项目风险进行归纳，提出风险分析评估结论。

复习题

1. 名词解释

投资项目不确定性分析　盈亏平衡点　敏感性分析　概率分析

2. 投资项目不确定性分析包括哪些内容？可采用哪些方法？

3. 盈亏平衡分析可采用哪些方法？如何计算与应用？

4. 敏感性分析的作用与目的是什么？单因素敏感性分析应进行哪些步骤？如何计算敏感度系数？

5. 概率分析的方法有哪些？如何计算期望值和标准偏差？

6. 投资项目风险因素识别的原则是什么？

7. 如何进行投资项目风险等级划分？可采用哪些风险防范对策？

第十一章　投资项目后评估

学习目标

投资项目后评估是指在投资项目建成投产或投入使用后的一定时期，对投资项目的运行进行系统的、客观的全面评估，将投资项目决策预期效果与投资项目实施后的终期实际结果进行全面、科学、综合的对比考核，并以此确定各项经济技术指标是否合理；对投资项目的实际投资、效益进行系统审计，对投资项目投产产生的财务、经济、社会和环境等方面的效益和影响进行客观、科学、公正的评估。

1. 知识目标

※ 掌握投资项目后评估的概念和作用。

※ 掌握投资项目后评估的基本内容。

※ 理解投资项目后评估与前评估的区别。

※ 了解投资项目后评估的工作程序。

2. 能力目标

※ 掌握投资项目后评估的几种主要评估方法和投资项目后评估报告的格式要求。

※ 运用基本原理、基本方法，分析和解决有关的理论问题和实际问题。

案例导入

亚洲开发银行“北京环境改善项目”后评估工作

2004 年 11 月 30 日至 12 月 6 日，亚行“北京环境改善项目”后评估团一行三人来到北京，对“北京环境改善项目”进行了后期评估。北京市发展和改革委员会外资处、基础处、市环保局等相关部门随同亚行专家考察并评估了项目进展情况。

在这次后评估工作中，专家们通过召开座谈会、实地考察等方式，对每个子项目所带来的经济效益、社会效益和环境效益进行了认真评估，并与各个项目执行单位进行了逐一核实。通过进一步的信息收集和对比分析，后评估团对“北京环境改善项目”总体进展表示满意，对项目实施所带来的经济效益、社会效益和环境效益表示充分认可。

1994 年开始的亚行贷款“北京环境改善项目”为北京的环境改善事业及时地提供了 1.12 亿美元的贷款援助。用这笔贷款成功地完成了天然气输配、区域供热、饮用水源保护和提升环保机构能力等项目。建设了 200 多公里燃气输配管线和 20 多个相关设施，帮助北京打好了天然气利用的基本框架结构；建设了 30 多公里的热水管线及蒸汽管线和一个热力监控系统，为北京增加了集中供热面积 2000 万平方米；治理了密云水库、怀柔水库水源保护区水土流失面积约 654.1 平方公里，并帮助北京进入利用先进遥感技术和全球地理信息系统管理水资源的时代。该项目还及时为市环保局增添了环保监测、科研和培训设备，为增强北京大气监测能力、培养公众环境监测意识发挥了作用。

“北京环境改善项目”的环境效益十分显著。每年为北京减少采暖用煤量 260 万吨，取代 419 台燃煤锅炉，减排灰渣 12000 吨、二氧化硫 32000 多吨、总悬浮颗粒物 2600 多吨、二氧化碳 27000 多吨。

“北京环境改善项目”的实施，对于提高北京国际金融组织贷款项目的实施和管理水平、有效推进北京在相关领域的经济改革，都起到了非常重要的作用。

资料来源：北京市发展和改革委员会。

请思考：

1. 项目后评估是指在项目建成投产或投入使用后的一定时期对项目的评估，理解项目后评估与评估的区别。

2. 项目后评估对完善已建项目、改进在建项目和指导待建项目是否有重要的意义？

3. 项目后评估是为提高投资决策水平服务吗？

第一节 投资项目后评估概述

投资项目后评估实际上是一个学习过程，这种学习是在投资项目建设完成以后通过对投资项目目标、执行过程、效益、作用和影响进行全面系统的分析与评估，总结投资项目的经验和教训，使投资项目的决策者、管理者和建设者得以学习的过程。所以，投资项目后评估可以使人们通过学习得到更加科学合理的投资项目决策方法和策略，提高未来投资项目决策、管理和建设的水平。另外，投资项目后评估也是增强投资项目决策者责任心的重要手段，因为这种评估的作用之一是可以比较公正地对投资项目决策成败进行客观分析，进而公正客观地评价投资项目决策者在实际管理中存在的问题和不足，甚至追究投资项目决策者主观错误的责任，从而促使他们提高自己的责任心和工作水平。投资项目后评估主要是为投资决策服务的。虽然后评估对完善已建项目、改进在建项目和指导待建项目有重要的意义，但更重要的是为提高投资决策服务水平，即通过评估建议的反馈，调整和完善相关方针、政策和管理程序，提高决策者的能力和水平，进而达到提高和改善投资效益的目的。

一、投资项目后评估的概念

投资项目后评估（Post Project Evaluation）与投资项目前评估和投资项目跟踪评估的作用是不同的，所以，投资项目后评估的概念、内容和做法等与投资项目前评估和投资项目跟踪评估都有所不同。

本书所讲的投资项目后评估是指在投资项目实施完成和验收并投产一段时间以后，对投资项目实际的建设成果和运行情况所作的一种评估，是相对投资项目建设前期的评估而言的。投资项目后评估是对照投资项目决策和设计中确定的投资项目技术经济要求和预测数据，分析和评价投资项目决策、实施和运行中的成绩和问题，评估投资项目实施和运行的实际效果、效益、作用和影响，判断投资项目既定目标的实现程度，通过分析评价找出成败的原因，总结经验教训，并通过及时有效的信息反馈，为未来投资项目的决策和提高完善投资决策管理水平提出建议，同时也针对投资项目实施运营中出现的问题提出改进建议，从而达到提高投资效益的目的。

投资项目后评估是投资项目监督管理的重要手段，也是投资决策周期性管理的重要组成部分，是为投资项目决策服务的一项主要的咨询服务工作。投资项目后评估以投资项目业主日常的监测资料和投资项目绩效管理数据库、投资项目中间评估、投资项目稽查报告、投资项目竣工验收的信息为基础，以调查研究的结果为依据进行分析评估，通常应由独立的咨询机构来完成。

二、投资项目后评估与前评估的差异及投资项目后评估的特点

投资项目后评估和前评估既有共同点，也有不同点。二者既是相对独立与分别进行的，又是紧密联系和相互关联的。投资项目前后评估在主要的评估原则和评估方法上没有太大的区别，都需要使用定量和定性相结合的评估方法。但是两者也有一些不同。

（一）投资项目后评估与前评估的差异

（1）开展时点不同。投资项目前评估是在投资项目决策阶段开展的，即在投资项目开始实施以前为分析和确定投资项目是否可行和开展投资项目决策服务的，投资项目前评估使用预测技术和数据来评估投资项目未来的成本和收益，以分析确定投资项目是否可行。投资项目后评估是在投资项目实施完成并运营一定时期后开展的，甚至是在投资项目全生命周期完结以后进行的，是为总结投资项目实施和运营情况而利用实际数据对投资项目成果所进行的分析和评估。

（2）目标不同。投资项目前评估的根本目的是开展投资项目决策，投资项目后评估的根本目的是总结经验教训。

（3）评估指标和方法也不同。投资项目前评估主要使用财务指标分析和判别投资项目的可行情况和收益情况，而投资项目后评估主要使用绩效指标分析和判别投资项目的绩效情况。

（4）作用不同。投资项目前评估为投资项目决策服务；后评估不仅就投资项目提出相应的补救措施，提高投资项目的经济效益，而且对前评估工作提出建议，完善前评估工作。

（二）投资项目后评估的特点

与投资项目前评估相比，投资项目后评估具有以下基本特点：

（1）投资项目后评估内容的全面性。投资项目后评估既要总结、分析和评估投资项目决策与实施过程，又要总结、分析和评估投资项目的经营状况；不仅要总结、分析和评估投资项目的经济效益、社会效益，而且要总结、分析和评估投资项目的经营管理。投资项目后评估的对象具有广泛性，评估内容具有全面性。

（2）投资项目后评估实施的动态性。投资项目后评估主要是投资项目竣工投产1～2年后的全面系统评估，也包括投资项目建设中某些中期阶段的事中评估或中间跟踪评估，具有明显的动态性。把投资项目后评估纳入投资项目管理过程，成为管理的组成部分，对投资项目进行阶段性评估，有利于及时了解、改正投资项目建设过程中出现的问题，减少投资项目建设后期的麻烦，提高投资效益。

（3）投资项目后评估方法的对比性。只有对比才能找出差异，才能判断决策、实施的正确与否，才能分析和评价成功或失误的程度。对比，是将实际结果与原定目标对比，将已经实施完成的结果或某阶段性结果，与投资项目批准的可行性报告设定的各项预期目标进行详细对比，找出差异，分析原因，总结经验教训。投资项目后评估有强烈的对比性。

（4）投资项目后评估依据的现实性。投资项目后评估是对投资项目已经完成的现实结果进行分析研究，依据的数据资料是投资项目实际发生的真实数据和真实情况，对将来的预测也是以评估时点的现实情况为基础。因此，投资项目后评估依据的有关资料，数据的采集、提供、取舍都要坚持实事求是的原则，否则将违反后评估的客观性，导致错误的结论。

（5）投资项目后评估结论的反馈性。投资项目后评估的目的是为改进和完善投资项目管理提供建议，为投资决策部门提供参考和借鉴。只有将后评估的成果和结论进行有效的反馈才能实现这个目的。也就是说，没有反馈机制，后评估的目的就无法实现，作用就无法发挥，后评估工作本身也就失去了存在的意义。这是投资项目后评估的最大特点。由于投资项目后评估内容包含对投资项目投资决策工作的“评头论足”，后评估成果和结论的反馈要有十足的勇气和能力。作为投资项目后评估实施部门，也应敢于正视工作中的失误和教训，将投资项目后评估的成果和结论反馈给相应的领导部门。

三、投资项目后评估的作用

投资项目后评估的主要作用是为改善未来的投资项目决策服务，因为投资项目后评估是在投资项目实施完成并投产和运营以后开展的，所以，它对已建成投资项目的后续指导意义并不大，但是，对指导未来投资项目的决策具有十分重要的意义。因为通过投资项目后评估的反馈，人们可以调整和完善相关的方针、政策和管理程序，提高决策者的能力和水平，进而达到提高和改善投资效益的目的。例如，世界银行就设有独立的投资项目后评估局，该局的主要作用就是通过开展投资项目后评估去总结经验教训和找到解决问题的方法，然后用这些来修订世界银行的软硬贷款的具体政策和评估方法，从而为提高世界银行未来的投资项目贷款决策服务。

（一）反馈信息的作用

投资项目后评估能及时反馈信息。信息反馈得越及时，越有利于改进或完善投资项目的决策，越有利于投资项目的可持续发展。

（二）客观评价的作用

投资项目后评估有助于客观评价投资项目管理绩效。通过开展投资项目后评估可获得投资项目初始决策和跟踪决策的成败以及投资项目管理的绩效信息，这些信息客观、详细，有利于投资项目决策者的评价与决策。

（三）总结学习的作用

总结投资项目管理中的经验教训并学习提高是投资项目后评估的作用之一。通过投资项目后评估去总结与反馈信息以改进和完善组织的投资项目决策方针和政策，改进未投资计划和投资项目的管理，提高投资效益。

第二节　投资项目后评估的基本内容

一、对技术、财务、国民经济的适应和影响的后评估

在投资决策前的技术经济评估阶段所做出的技术方案、工艺流程、设备选型、财务分析、经济评价、环境保护措施、社会影响分析等，都是根据当时的条件和对以后可能发生的情况进行的预测和计算的结果。随着时间的推移，科技在进步，市场条件、投资项目外部环境、竞争对手都在变化。为了做到知己知彼，确保项目主体立于不败之地，就有必要对原先所做的技术方案、财务分析、经济评价的结论重新进行审视。投资项目对技术、财务、国民经济的适应和影响的后评估主要包括三个方面：一是投资项目对技术的适应和影响的后评估；二是投资项目对财务的适应和影响的后评估；三是投资项目对国民经济的适应和影响的后评估。

（一）对技术的适应和影响的后评估

投资项目对技术的适应和影响的后评估主要是对工艺技术流程和技术装备的可靠性、适用性、配套性、先进性、经济合理性的再分析。在决策阶段认为可行的工艺技术流程和技术装备，在使用中有可能与预想的结果有差别，许多不足之处会逐渐暴露出来，在评估中就需要针对实际中存在的问题、产生的原因认真总结经验，这样既可以及时对投资项目技术进行适当的调整，也可以使人们在以后的投资项目技术设计中做得更好。这种后评估的主要内容包括：对投资项目技术可靠性的评估，对投资项目技术合理性的评估，对投资项目技术适用性的评估，对投资项目技术配套性的评估，以及对投资项目技术先进性的评估。这些评估都需要从两个方面开展工作，一是分析和评估投资项目技术是否跟得上整个社会技术进步的步伐；二是分析和评估投资项目技术是否对整个社会技术进步具有促进作用。

（二）对财务的适应和影响的后评估

投资项目对财务的适应和影响的后评估的内容和做法与投资项目前评估中的财务分析基本相同，都要进行投资项目的财务盈利能力分析和投资项目的财务清偿能力分析。但在投资项目后评估中人们注重的是投资项目在财务方面是否能够适应所处的环境和条件，或在未来的投资项目决策中能够更合理地开展投资项目的财务分析。投资项目对财务的适应和影响的后评估的主要内容包括：投资项目的财务盈利能力评估（主要是投资项目财务净现值和内部收益率等指标的实际数据与投资项目前评估的预测数据进行对比分析），投资项目的财务清偿能力评估（主要是将投资项目实际的财务清偿能力和投资项目前评估预计的财务清偿能力进行对比分析）。

在财务盈利能力评估中要通过全部投资和自有资金现金流量表，计算全部投资税前内部收益率、净现值，自有资金税后内部收益率等指标，通过编制损益表，计算资金利润率、资金利税率、资本金利润率等指标，以反映投资项目和投资者的获利能力。财务清偿能力评估主要通过编制资产负债表、借款还本付息计算表，计算资产负债率、流动比率、速动比率、偿债备付率等指标，反映投资项目的清偿能力。

对财务的适应和影响的后评估中采用数据不能简单地使用实际数据，应将实际数据中包含的物价指数扣除，并使之与前评估中的各项评估指标在评估时点和计算效益的范围上都具有可比性。

（三）对国民经济的适应和影响的后评估

投资项目对国民经济的适应和影响的后评估同投资项目对财务的适应和影响的后评估十分相似，只是其主要内容是分析和评估投资项目对国民经济的适应和影响。这种后评估主要通过编制全部投资和国内投资经济效益和费用流量表、外汇流量表、国内资源流量表等计算投资项目实际的国民经济成本与国民经济营利性指标（全部投资和国内投资经济内部收益率、经济净现值、投资项目经济换汇成本、投资项目经济节汇成本等指标），此外，还应分析投资项目的建设对国民经济发展、所在行业和社会经济发展的影响。这种后评估的做法是通过将投资项目后评估指标与前评估指标进行对照和比较，分析投资项目前评估和投资项目决策质量、分析投资项目实际的国民经济成本效益情况，以及分析和给出投资项目的可持续性发展情况。

二、对投资项目绩效评价的后评估

对投资项目绩效（不仅是项目实施绩效）评价的后评估是在投资项目完成和运行一段时间以后所进行的评估，一般认为投资项目完成并运行 2 ~ 3 年就可以作投资项目绩效评价的后评估。其主要目的是检查和确认投资项目所达到的实际效果及其目标的实现程度，以便评估投资项目实施和运行的实际效果是否实现了既定的目标及目标的实现程度。当然，这种后评估也有总结投资项目决策和管理的经验教训、为组织未来投资项目决策和管理提供反馈信息的作用。

对投资项目绩效评价的后评估需要对照在项目立项或可行性分析阶段所做的前评估与可行性研究报告，以及对照投资项目既定的目标和指标去分析和评估投资项目实际实施和运行的结果，并且需要通过对投资项目实际指标和目标指标的比较找出二者之间的差异并分析造成这些差异的原因。所以，这种后评估的具体工作包括投资项目实际合同执行情况分析、投资项目实施与管理情况分析、投资项目运行绩效情况分析、投资项目资金来源和使用情况分析，以及投资项目实施效果的各种指标的全面分析和评估。

投资项目绩效评价的后评估，一方面要将投资项目开工前的计划目标同实际目标进行对比分析，另一方面应把投资项目的实际环境变化情况与计划时的环境情况进行对比分析，只有充分考虑投资项目环境的发展变化才能客观地做好投资项目绩效评价的后评估。然后，在此基础上要找出造成投资项目计划同实际之间出现偏差的原因，并且严格区分是人为决策失误的原因还是投资项目环境发展变化的原因，进而科学正确地总结投资项目管理和决策中的经验和教训。由于这种实际和计划对比的数据存在着统计时间和口径等方面的不同，所以，需要对这些数据进行可比性处理，这也是此类后评估需要做的工作。所以，对投资项目绩效评价的后评估具体包括如下几个方面。

（一）投资项目既定目标和计划的正确性与合理性评估

这种后评估中的首要任务是要对投资项目既定目标和计划的正确性与合理性进行分析和评估。因为如果投资项目既定目标和计划不符合实际情况，投资项目在实施和运行过程中就无法实现既定目标和计划。这包括对投资项目可行性研究报告或投资项目前评估中关于市场上供求状况的预测分析和据此确定的投资项目既定目标的科学合理性，对投资项目产品或服务对象、市场定位、价格和质量、售后服务、盈利等既定目标和计划是否合理，对投资项目投入、产出、经济效果等既定目标和计划是否正确与合理做出科学的评估。

（二）投资项目实际环境与条件的发展变化评估

这种后评估中的第二项任务是要对制定投资项目目标和计划时的环境与条件假设的正确性和合理性进行分析和评估。开展这方面的分析和评估的目的主要是对照投资项目后来的实际环境和条件，分析和确认当初在制定投资项目目标和计划时所作的环境与条件假设的正确性和合理性程度。如果当初制定的环境与条件假设的正确性和合理性不足，投资项目在实际环境和条件下是无法实现当初既定的各种目标和计划的。这种评估的主要内容包括：投资项目所在国家及地区的宏观经济条件、市场供需情况和投资项目建设的各种宏观和微观环境与条件的发展变化情况，这些发展变化与最初的环境与条件假设的偏差情况，以及由于这种环境与条件的发展变化对实现投资项目既定目标和计划的影响程度等。

（三）投资项目既定目标和计划的实现情况评估

这种后评估中的第三项任务是对投资项目既定目标和计划实现情况的分析和评估，从而最终给出投资项目绩效评价的后评估。这方面的评估主要是分析和确认投资项目实现的各种目标和计划的情况及其合理性，以及评估投资项目实际与既定目标和计划的一致性程度。这种后评估在对照投资项目既定目标和计划去分析和评估投资项目实际完成情况的时候，不仅需要使用绝对数和相对数的评估指标，而且需要使用平均数和指数等评估指标去检查投资项目实际实现目标和计划的情况，从而用绝对数、相对数、平均数和指数等表述方式给出投资项目既定目标和计划与实际实现目标和计划之间的发展变化情况。

三、对投资项目改善决策的后评估

对投资项目改善决策的后评估是一种十分独特的投资项目后评估，它又可以分成投资项目可持续发展的后评估和改善组织未来的投资项目决策的后评估。

（一）投资项目可持续发展的后评估

这种后评估是对投资项目生命周期尚余部分的后续发展情况进行全面的评估，然后对照投资项目前评估中的预测和未来可能的投资项目环境与条件，全面修订投资项目后期运行和改造的某些方针和政策，从而更好地适应和改进投资项目未来的运行环境与条件，甚至进一步采取各种改进的技术与经济措施，以确保投资项目在未来能够可持续发展和产生更好的效益。这种投资项目可持续发展的后评估的评估时点，一般是在投资项目投入运营后的某个时点，且投资项目的生命周期还存在较长的后续发展阶段。这种后评估一般不涉及关于投资项目前评估和投资项目决策与计划的评价，而只为投资项目后续阶段提供改善的意见和方案。

这种后评估的主要方法与投资项目前评估基本是一致的，但是评估的对象是投资项目后续发展阶段的可持续发展方案和办法，所以被称为投资项目可持续发展的后评估。

虽然这种后评估可以使用投资项目前评估的方法，但是它与投资项目前评估最大的不同是：投资项目前评估使用的是根据假定的投资项目环境和条件而预测的数据，而这种后评估使用的是投资项目已经完成的实施和运行的实际数据和投资项目后续阶段的预测数据。

（二）改善组织未来的投资项目决策的后评估

这种后评估主要是全面地总结和评估投资项目的最终情况，然后对照投资项目前评估给出的结果，分析、评价整个投资项目的决策问题、计划问题、经验教训，以便在未来的投资项目中吸取经验教训，改进完善投资项目的决策和管理。

四、投资项目对环境影响的后评估

（一）投资项目对自然环境影响的后评估

投资项目对环境影响的后评估是指对照投资项目前评估时批准的《环境影响报告书》，重新审查投资项目对环境影响的实际结果。审核投资项目环境管理的决策、规定、规范、参数的可靠性和实际效果，实施环境影响的后评估应遵照国家环保法的规定，根据国家和地方环境质量标准和污染物排放标准以及相关产业部门的环保规定。在审核已实施的环评报告和评价环境影响现状的同时，要对未来进行预测。对有可能产生突发性事故的投资项目，要有环境影响的风险分析。如果投资项目生产或使用对人类和生态危害极大的剧毒的物品，或投资项目位于环境高度敏感的地区，或投资项目已发生严重的污染事件，那么，还需要提出一份单独的投资项目环境影响评估报告。环境影响的后评估一般包括 3 部分内容：投资项目的污染控制评估、投资项目的自然资源利用和保护评估、投资项目对区域生态环境影响的评估。

（1）投资项目的污染控制评估。这种后评估的主要工作有：分析和评估投资项目产生的废气、废水和废渣及噪声是否在总量和浓度上达到了国家和地方政府颁布的标准，投资项目实际的污染控制情况与投资项目设计目标之间的差距，投资项目的环保治理措施是否运转正常和投资项目环保的管理是否有效等。

（2）投资项目的自然资源利用和保护评估。包括投资项目对于水资源、海洋、土地、森林、草原、矿产、渔业、野生动植物等自然资源的合理开发、综合利用、积极保护等方面的评估。这种自然资源利用方面的评估其重点是节约资源和资源的综合利用等。对于上述内容的评估方法要根据国家和地区环保部门制定的有关规定和办法进行。

（3）投资项目对区域生态环境影响的评估。主要是评估投资项目对所在区域的自然生态环境的影响，其内容包括投资项目对人类、植物和动物种群，特别是珍稀濒危的野生动植物等生态环境所造成的综合影响。这方面的后评估主要是评估投资项目实际对区域生态环境的影响，以及对投资项目前评估的预计情况和投资项目后评估的实际情况进行必要的对比分析。

（二）投资项目对社会环境影响的后评估

投资项目对社会环境影响的后评估主要是分析和评估投资项目对国家或地方的社

会发展目标的实际影响情况，以及对照投资项目社会环境影响的前评估与后评估结果最终给出投资项目对社会环境影响的后评估结论。投资项目对社会环境影响的后评估内容主要包括：投资项目对就业的影响评估，投资项目对地区收入和分配的影响评估，投资项目对地区居民生活条件和生活质量的影响评估，投资项目对地方和社区发展的影响评估，投资项目对文化教育、妇女和民族宗教的影响评估。

（1）投资项目对就业的影响评估。这里主要是指投资项目对于其所在地区或社区就业的实际和直接影响，这种影响的评估可以使用绝对量指标（投资项目总共创造多少就业机会），也可以使用相对量指标（投资项目投资总额与创造就业机会的比值）。使用绝对量指标可以评估投资项目对就业的绝对影响，使用相对量指标可以评估投资项目对就业的相对影响。

（2）投资项目对地区收入和分配的影响评估。这主要是指投资项目对地区的收入和分配的影响，即投资项目对公平分配和扶贫等方面的影响。投资项目对这方面的影响的后评估，主要是评估投资项目实际的影响和投资项目实际情况与投资项目前评估的预计情况的差距，以及造成这些差距的原因，从而修订决策或采取相应的改进措施。

（3）投资项目对地区居民生活条件和生活质量的影响评估。投资项目对其所在地区居民生活水平和生活质量的影响评估包括分析和评估投资项目实际引起的所在地区居民收入的变化、人口和计划生育情况的变化、住房条件和服务设施的改善、教育和卫生条件的提高、体育活动和文化娱乐活动的改善等，以及相应的投资项目前后评估的对比分析。

（4）投资项目对地方和社区发展的影响评估。投资项目对当地和投资项目所在社区发展的影响，主要评估投资项目实际上对地区和社区的基础设施建设以及整个社会发展的各种影响，包括投资项目对地方和社区的社会安定、社区福利、社区组织和管理等方面的影响。这种后评估的内容也要进行投资项目实际情况与投资项目前评估预计情况的比较。

（5）投资项目对文化教育、妇女和民族宗教的影响评估。这方面的后评估内容主要包括：投资项目对文化、教育事业的影响，投资项目对妇女的社会地位的影响，投资项目对少数民族和民族团结的影响，投资项目对当地人民的风俗习惯和宗教信仰的影响等。这种后评估也包括对投资项目实际情况的评估和投资项目前后评估指标的对比。

第三节　投资项目后评估的工作程序和评估方法

一、投资项目后评估的工作程序

（一）投资项目后评估的计划阶段

投资项目后评估的计划阶段涉及以下三个步骤：

（1）组织后评估机构，选择后评估专家。投资项目后评估合同或协议签订后，开展后评估的单位就应及时任命后评估工作负责人，成立后评估小组。投资项目后评估的实施工作通常可以采用组织自我评估或独立专家评估两种方式，但是多数情况下应该使用独立专家评估的方式，从而保障投资项目后评估的客观、公正。在独立专家开展投资项目后评估的时候可以委托给独立的投资项目评估机构或咨询单位去实施，也可以由企业去组织独立的投资项目评估专家去实施。此时需要组织独立的投资项目后评估专家组，专家组中的专家可以由内部和外部两部分专家组成，组织内部专家更为熟悉投资项目前评估和投资项目跟踪评估的情况和过程，而外部专家则更为客观公正和更加熟悉投资项目后评估的专业和程序，二者合作就能更好地做出独立的投资项目后评估的结论。

（2）拟订后评估计划。投资项目后评估计划最好是在投资项目前评估和投资项目实施的过程中就确定下来，以便投资项目管理者和执行者在投资项目实施过程中就开始收集资料。从投资项目全寿命周期的角度出发，每一个投资项目都应计划和准备投资项目后评估的工作。因此，有些国家和地方会以法律或法规的形式，把投资项目后评估作为投资项目管理中一个必不可少的阶段。投资项目前评估和投资项目计划是投资项目后评估的基础和对象，所以，应同时考虑投资项目后评估的计划安排与投资项目前评估和项目跟踪评估的实施，以便能够更好地为组织的决策服务。

（3）确定投资项目后评估的范围和内容。投资项目后评估涉及的范围十分广泛，一般投资项目后评估的内容要予以具体确定，而且要限定在可行的范围之内。因此，在投资项目后评估进行之前必须明确具体的投资项目后评估的范围和内容。投资项目后评估的范围和内容通常要以投资项目后评估任务书的形式确定，任务书中主要的内容包括：后评估的目的、对象；后评估的范围和内容；后评估的质量要求；后评估的方法；后评估采用的指标；后评估的经费预算和工程进度等。

（二）投资项目后评估的实施阶段

投资项目后评估的实施阶段是投资项目后评估的工作程序中最重要的阶段，投资项目后评估实施阶段的主要内容包括如下几个方面。

（1）收集投资项目后评估的书面数据资料。对于一个在建或已建项目来说，业主单位在评估合同或协议签订后，都要围绕被评估项目给评估单位提供材料。这些材料一般称为项目文件。评估小组应认真阅读项目文件，从中收集与未来评估有关的资料。投资项目后评估的项目文件应该包括：投资项目自我后评估的报告、投资项目完工报告、投资项目竣工验收报告；投资项目决算审计报告、投资项目概算调整报告及其审批文件；投资项目开工报告及其批复文件、投资项目初步设计及其批复文件；投资项目前评估报告、投资项目可行性研究报告以及投资项目审批文件等。

（2）投资项目后评估的现场调查与资料整理。在收集投资项目资料的基础上，为了核实情况、进一步收集评估信息，必须进行现场调查与分析。调查与分析主要是为了了解投资项目的真实情况，如投资项目自身的建设情况、运营情况、效益情况、投资项目目标的实现情况、投资项目目标的合理性、投资项目的作用和影响等。然后把各种资料进行归纳和整理。

（3）分析资料并做出结论。全面分析收集到的投资项目后评估资料和现场调查结果，得出投资项目后评估的结论。这方面的工作主要包括：一是投资项目实际情况的分析与评估，主要分析投资项目的绩效和成败及其原因，包括投资项目成本收益情况、投资项目目标实现情况和投资项目成败的经验等；二是投资项目前后评估结果的对比分析与评估，主要内容是比较投资项目前评估和投资项目后评估中各项指标的差异，分析造成这些差异的原因，评估投资项目前评估的有效性和可信度等；三是投资项目未来发展预测的分析与评估，主要分析投资项目可持续发展情况、投资项目经验教训和投资项目未来发展对策等。

（三）投资项目后评估的结果和报告

投资项目后评估的结果和报告是投资项目后评估的最后一项工作。投资项目后评估报告是调查研究工作最终成果的体现，是投资项目实施过程阶段性或全过程的经验教训的汇总，同时又是反馈评估信息的主要文件形式。对评估报告的编写总要求是：

（1）投资项目后评价报告的编写要真实反映情况，必须客观地说明分析问题，认真总结经验，全面地给出投资项目后续发展的对策和建议。评估结论要与未来的规划和政策的制定联系起来。投资项目后评估报告不但有报告的功能，还有投资项目绩效评估的功能、改善和提高投资项目可持续发展的功能，以及提高企业或组织未来决策水平的功能。

（2）投资项目后评估报告没有固定的内容和格式要求，但是对投资项目后评估报告的质量有要求，主要包括：投资项目后评估报告的文字和数据必须准确、清晰，投资项目后评估报告尽可能不要过多使用专业化词汇。投资项目后评估报告中应该包括摘要、投资项目概况、评估内容、主要问题、原因分析、经验教训、结论和建议、评估结论等内容。

二、投资项目后评估的评估方法

投资项目后评估有很多具体的评估方法，其中使用最多的是以下几种评估方法：

（一）逻辑框架法

（1）逻辑框架法的含义。1970 年，美国国际开发署（USAID）最早开发并使用了逻辑框架法，其最初是作为一种项目设计、计划和评估的方法使用的。目前大部分的国际组织把逻辑框架法作为援助项目计划、管理和评估的主要方法，逻辑框架法已经成为一种集成的系统研究和分析问题的思维框架模式。在投资项目决策、可行性研究以及投资项目管理和投资项目后评估等工作中都可以采用逻辑框架法，它有助于对关键因素和问题做出系统的合乎逻辑的分析。

逻辑框架法是将几个内容相关且必须同步考虑的动态因素组合起来，通过分析其间的关系，从设计策划到目的目标等方面来评估一个项目或工作。逻辑框架法为项目计划者和评估者提供一种分析的思路和框架，通过对项目目标及其实现手段的逻辑关系分析来确定如何实现或如何评估其结果。表 11－1 给出了投资项目后评估依据的逻辑框架法的基本模式。

表 11－1　　投资项目后评估依据的逻辑框架法的基本模式

层次描述	客观验证指标	验证方法	重要外部条件
目标/影响	目标指标	检测和监督手段和方法	实现目标的主要条件
目的/作用	目的指标	检测和监督手段和方法	实现目的的主要条件
产出/结果	产出物定量指标	检测和监督手段和方法	实现产出的主要条件
投入/措施	投入物定量指标	检测和监督手段和方法	实现投入的主要条件

目标：体现为企业发展计划、规划、政策方针等对投资项目提出的目标要求，往往是企业投资决策的整体目标。这个层次的目标要求必须与国家发展目标、国家产业政策和行业规划等要求相联系。投资项目目标往往需要多个具体目标（单项工程）的贡献才能实现。

目的：指“为什么”要实施这个投资项目，是投资项目达到的直接效果和作用，是投资项目后评估的重要依据，一般应考虑投资项目为企业和社会群体带来的效果。

产出：这里的“产出”是指投资项目“干了些什么”，即投资项目的建设内容或直接产出物。一般要提供可计量的直接结果，要直截了当地指出投资项目所完成的实际工程。

投入：该层次是指投资项目的实施过程及内容，包括人、财、物和时间等的投入。投入活动要详细到可以运作的程度，要做到可行性和可信度的结合。

（2）逻辑框架法在投资项目后评估中的应用。逻辑框架法主要针对三个方面进行评估：一是投资项目原定目标和目的达到的程度；二是投资项目对环境的影响程度；三是投资项目未来可持续发展的情况。

投资项目后评估所使用的逻辑框架法的逻辑框架客观验证指标一般应能反映投资项目实际完成情况与投资项目前评估预测指标的差别，以及投资项目后续发展变化情况与投资项目前评估预测情况和投资项目实施已发生情况的差异。因此，在编制投资项目后评估的逻辑框架之前，应编制一张投资项目前评估、投资项目实际情况和投资项目后续发展预测数据的对比表，投资项目后评估用逻辑框架指标对比的示意如表 11－2 所示。

表 11-2 投资项目后评估用逻辑框架指标对比的示意

指标	对比			
	项目前评估的原定预测值	项目实施和运行阶段实际指标值	项目后续阶段预测值	变化和差距
项目成本指标				
项目效益指标				
项目时间指标				
项目质量指标				

采用逻辑框架法进行投资项目后评估时，可根据投资项目后评估的特点和投资项目的具体情况来设计后评估的内容和指标，以适应具体项目不同的后评估要求。

（二）对比分析法

对比分析法是根据后评估调查得到的投资项目的实际情况，对照投资项目立项时所确定的直接目标和宏观目标，以及其他指标，找出偏差和变化，分析原因，得出结论和经验教训。投资项目后评估的对比分析法包括有无对比分析法、前后对比分析法。

（1）有无对比分析法。有无对比分析法是指在投资项目周期内，“有项目”（实施项目）相关指标的实际值与“无项目”（不实施项目）相关指标的预测值进行对比，从而度量出投资项目的真实效益、影响和作用。有无对比分析法的重点是要分析投资项目的实际效果、作用和影响，这种方法可用在侧重于投资项目效益后评估和投资项目影响后评估中，所以其是投资项目后评估的一个重要评估方法。

（2）前后对比分析法。前后对比分析法是指将投资项目前评估结果与投资项目后评估结果进行对比分析的评估方法。因为投资项目前评估结果是根据预测数据做出的评估结果，而投资项目后评估是使用投资项目实际结果和部分投资项目后续阶段预测数据做出的评估结果。所以，通过二者的对比分析可以了解投资项目的绩效和投资项目所存在的问题以确定应对的措施。

（三）层次分析法

层次分析法是一种定性和定量相结合的分析方法。其基本思路是根据问题的性质和要求将评估对象分解为不同层次的因素，按照各个因素之间的隶属关系自上而下排列成相应的层次结构，在每一层次上依照某一特定准则对该层次各因素进行分析比较求得每一层次因素的相对重要程度和各项因素的权重值，然后将投资项目前后评估的数据进行比较分析并最终给出评估结果，由于投资项目后评估往往会涉及众多的因素和指标，所以运用层次分析法可以对投资项目总体效果给出一个全面而客观的整体后评估结果。

（四）因果分析法

由于一些投资项目的建设周期较长，在整个建设过程中会受到经济发展变化与国家政策等内外部因素的影响，导致投资项目实际的经济技术指标与前评估阶段的预测发生了一定的偏差，而且对投资项目的实施和运行效果产生较大影响。因此，在进行投资项目后评估时除了要评估这些因素影响的结果以外，还要使用因果分析法去发现问题、分析问题，分析问题产生的原因和提出解决这些问题的对策、措施和建议，以便使今后投资项目的运营效果能够得以改善。

（五）成功度评估法

成功度评估法是对投资项目实现预期目标的成功程度给出一个定性的结论。成功度就是对成功程度的衡量标准。投资项目成功度评估法需要对照投资项目前评估所确定的目标来分析投资项目的实际结果，以评估原定目标的实现程度。评估时要十分注意投资项目原定目标的合理性、可实施性，以及投资项目条件与环境发展变化的影响，以便根据实际情况评估投资项目的成功度。成功度评估法需要依靠评估专家或专家组的经验，综合投资项目各项指标的评估结果，对投资项目的成功程度做出最终的评估和结论。成功度评估法可以使用逻辑框架法及对比分析法的评估结论作为基础数据，然后对投资项目目标和效益的成功程度进行全面系统的评估。

第四节　投资项目后评估信息的反馈和应用

投资项目后评估的结果必须通过投资项目后评估报告的模式给出反应和反馈，所以任何一个投资项目的后评估工作都必须撰写和给出相应的投资项目后评估报告。

一、投资项目后评估报告的要求

投资项目后评估报告是评估结果的汇总，是反馈经验教训的重要文件。投资项目后评估报告的基本要求包括内容要求和格式要求两个方面。

（一）投资项目后评估报告的内容要求

投资项目后评估涉及的内容较多，投资项目后评估报告的主要内容一般包括以下几个部分：

（1）投资项目背景。投资项目的背景主要包括投资项目的目标和目的、投资项目的工作内容、投资项目的范围、工期、成本和资金的来源等。

（2）投资项目前评估的情况。这主要包括投资项目前评估的依据和结论，投资项目的必要性和投资项目可行性的分析与结论，投资项目对国家、部门或地方发展的影响，以及投资项目的预测数据等。

（3）投资项目实际实施情况。这主要包括投资项目建设实施情况的数据、投资项目建设实施过程中出现的各种变化及其影响、投资项目建设实施的实际情况与投资项目前评估的预测情况的差异等。

（4）投资项目实际运营情况。这主要包括投资项目实施完成以后所开展的实际运营情况的各种数据与投资项目前评估中有关投资项目运行预测数据的差异等。

（5）投资项目后评估数据。这主要包括使用经过调整后的数据，投资项目实施和运行结果的评估指标和方法，对评估投资项目产生的效果和造成的影响，以及投资项目未来的情况等方面的内容。

（6）投资项目对比评估数据。这主要包括投资项目前评估结果指标和投资项目后评估结果指标的对比分析数据、投资项目有无对比分析数据和投资项目综合评估分析数据等方面的内容。

（7）结论和经验教训。这主要包括有关投资项目后评估的结论和经验教训、投资项目前后对比和有无对比的结论、投资项目综合评估的结论，以及投资项目经验教训的说明等内容。

（8）建议与对策。这主要包括对投资项目后续阶段运营的改进建议和对策说明以及对未来组织决策的改进建议等方面的内容。

（二）投资项目后评估报告的格式要求

根据投资项目后评估报告的主要内容，人们可以设计投资项目后评估报告的格式，一般的投资项目后评估报告格式要求如下：

（1）报告封面与简介。这包括报告的编号、密级、评估者名称、日期等，封面内页（包括汇率、权重指标及其他说明）；投资项目基础数据；地图；报告摘要和目录等。

（2）报告的正文。这包括投资项目背景、投资项目目标、投资项目内容、投资项目工期、成本和质量等规定指标、投资项目资金来源和预算、投资项目建设实施评估、投资项目目标的实现程度、投资项目的运营和管理情况、投资项目实际财务和经济效益评估、投资项目环境和社会效果评估、投资项目的可持续性评估、投资项目的结论和经验教训、综合评估结论以及改进建议和措施等。

（3）报告的附件。这包括支持投资项目后评估结果的各种文件和资料，有投资项目前评估方面的文件资料、投资项目实际实施情况的文件资料和投资项目实际运行情况的文件资料，以及投资项目发生的各种变更的文件和资料等。

二、投资项目后评估信息的反馈和应用

投资项目后评估信息的反馈和应用是投资项目后评估体系中的一个重要环节，是一个沟通和使用后评估成果的过程。它可以使投资项目后评估的结果和经验教训在未来新建投资项目中得以采纳和应用，以及能够用于改善被评估投资项目未来的可持续发展。

投资项目后评估信息的反馈是指将投资项目后评估的结果送达投资项目相关主体

的工作，投资项目后评估信息的反馈是投资项目后评估成果能否真正起到作用的关键环节之一。

投资项目后评估信息的反馈和应用是一个动态的过程，因此必须建立一个能够使投资项目后评估信息进行反馈和应用的机制与系统。这样投资项目后评估的结果就可以用于改进投资项目管理和投资项目决策。为了保证投资项目后评估信息反馈的及时性、针对性、易接受性和系统性，需要对投资项目后评估机构、投资项目后评估信息反馈和应用机制与系统进行科学的设计和合理使用，这样可以使投资项目后评估中得出的经验教训得到应有的重视和应用。投资项目后评估信息反馈和应用机制与系统的有效性主要受四个方面的影响，即投资项目后评估与政策制定者的联系、投资项目后评估与投资项目计划管理者的联系、投资项目后评估与投资项目决策者的联系、投资项目后评估与投资项目实施者的联系。

1. 投资项目后评估是对已全部建成投产的投资项目，在一定时期内，对投资项目评审检查、建设实施和生产经营状况进行总结评估。投资项目后评估是相对投资项目前评估而言的。

2. 投资项目后评估与前评估的差异有：开展时点不同、目标不同、评估指标和方法不同、作用不同。投资项目后评估的内容有：对技术、财务、国民经济的适应和影响的后评估；对投资项目绩效评价的后评估；对投资项目改善决策的后评估；投资项目对环境影响的后评估。

3. 投资项目后评估的评估方法有：逻辑框架法、对比分析法、层次分析法、因果分析法、成功度评估法。投资项目后评估报告的基本要求包括内容要求和格式要求两个方面。

1. 名词解释

投资项目后评估　逻辑框架法　对比分析法　成功度评估法　层次分析法

2. 投资项目后评估与投资项目前评估的主要区别是什么？

3. 投资项目后评估的评估方法有哪些？

4. 投资项目后评估报告的内容要求是什么？

参考文献

[1] 周惠珍，徐澂．投资项目评估［M］.6 版．大连：东北财经大学出版社，2018.

[2] 王瑶琪，李桂君．投资项目评估［M］. 北京：中国金融出版社，2011.

[3] 苏益．投资项目评估［M］.3 版．北京：清华大学出版社，2017.

[4] 张阿芬，傅庆阳．投资项目评估［M］.5 版．厦门：厦门大学出版社，2019.

[5] 王红岩，王立国，宋维佳．投资项目评估［M］.2 版．北京：高等教育出版社，2019.

[6] 张少杰．项目评估［M］.3 版．北京：高等教育出版社，2018.

[7] 简德三．投资项目管理［M］. 上海：上海财经大学出版社，2019.

[8] 戚安邦．项目论证与评估［M］.3 版．北京：机械工业出版社，2018.

[9] 徐强．投资项目评估［M］.3 版．南京：东南大学出版社，2020.

[10] 刘艳博．投资项目评估［M］. 北京：清华大学出版社，2017.

[11] 李晓蓉．投资项目评估［M］.3 版．南京：南京大学出版社，2017.

[12] 郑敏华，肖丹桂，毛莹，等．投资项目评估实务与案例［M］. 武汉：武汉大学出版社，2022.

[13] 戚安邦．项目评估学［M］.2 版．北京：科学出版社，2019.

[14] 高志云，邵志华．建设项目评估［M］.2 版．北京：北京大学出版社，2017.

[15] 宋维佳，王立国，王红岩．可行性研究与项目评估［M］.5 版．大连：东北财经大学出版社，2020.

[16] 李建英，王晓翌，杨雪美．项目评估与管理［M］. 北京：中国人民大学出版社，2022.

[17] 路君平．项目评估与管理［M］.2 版．北京：中国人民大学出版社，2013.

[18] 周春喜．投资项目评估［M］.2 版．杭州：浙江大学出版社，2010.

[19] 沈悦．投资项目评估［M］. 北京：对外经济贸易大学出版社，2010.

[20] 王国玉．投资项目评估学［M］.2 版．武汉：武汉大学出版社，2000.

[21] 吴大军，王立国．项目评估［M］. 大连：东北财经大学出版社，2002.

[22] 杨华峰．项目评估［M］. 北京：科学出版社，2008.

[23] 李德荃，陈秀花，赵国庆．项目评估［M］. 北京：对外经济贸易大学出版

社，2012.

［24］虞和锡．公共项目评估［M］．天津：天津大学出版社，2011.

［25］张宇．项目评估实务［M］.2 版．北京：中国金融出版社，2011.

［26］闫军印．建设项目评估［M］.2 版．北京：机械工业出版社，2011.

［27］范忠宝．投资项目评估教程［M］．北京：经济科学出版社，2002.

［28］潘彬．公共投资项目绩效评估研究［M］．北京：中国人民大学出版社，2012.

［29］白思俊．项目管理案例教程［M］.2 版．北京：机械工业出版社，2009.

［30］王勇，陈延辉．项目可行性研究与评估——典型案例精解［M］．北京：中国建筑工业出版社，2008.

［31］田皓．项目评估方法及应用［M］．修订版．西安：陕西人民出版社，2005.

［32］中国（双法）项目管理研究委员会．国际卓越项目管理评估模型及应用［M］．北京：电子工业出版社，2008.

［33］中国国际工程咨询公司．投资项目经济咨询评估指南［M］．北京：中国经济出版社，2000.

［34］王立国．项目评估理论与实务［M］．北京：首都经济贸易大学出版社，2006.

［35］徐强．投资项目评估［M］.2 版．南京：东南大学出版社，2010.

［36］冯为民，付晓灵．工程经济学［M］．北京：北京大学出版社，2006.

［37］浙江省标准化研究院，浙江大学能源评估中心，中国质检出版社第二编辑室．工业固定资产投资项目节能评估和审查国家标准汇编（上）［M］．北京：中国质检出版社，中国标准出版社，2011.

［38］浙江省标准化研究院，浙江大学能源评估中心，中国质检出版社第二编辑室．工业固定资产投资项目节能评估和审查国家标准汇编（下）［M］．北京：中国质检出版社，中国标准出版社，2011.

［39］理查德·D. 宾厄姆，克莱尔·L. 菲尔宾格．项目与政策评估：方法与应用［M］．朱春奎，杨国庆译.2 版．上海：复旦大学出版社，2008.

［40］斯蒂芬·A. 德沃克斯．全面项目控制：项目经理人整合项目规划、评估与跟踪的工作指南［M］．张莉，译．北京：人民邮电出版社，2004.